Ruzbeh N. Bharucha

Der Fakir – Mein Leben mit einem Meister

RUZBEH N. BHARUCHA

Der Fakir

Mein Leben mit einem Meister

Der Eine, dessen Donnergrollen die Erde beben lässt, vernimmt auch den Seufzer eines Schmetterlings

tb
AQUAMARIN

2. Auflage 2009
3. Auflage 2010

Voglherd 1 • D-85567 Grafing

Titel der indischen Originalausgabe: The Fakir

Dt. Übersetzung: Irene Roelen

Umschlaggestaltung: Annette Wagner
Satz: Sebastian Carl

Druck: Bercker • Kevelaer

ISBN: 978-3-89427-481-8

Für Shirdi Sai Baba,

die Großen Meister und die Göttliche Mutter

Der kleine Junge mit dem zerzausten Lockenschopf hatte einen verschmitzten Ausdruck in den Augen und Grübchen auf der Wange. Er flüsterte: „Paaapa, bitte geh nicht!“

Das junge Mädchen hatte Haare wie Gold, aber harte und anklagende Augen. In einem Tonfall, der ihm vorkam, als ob es ihn bereits begraben hätte, spuckte es förmlich aus: „Was bist du bloß für ein erbärmlicher Versager, Paps.“

Genau wie unzählige Male vorher, wachte er plötzlich auf, und seine müden Augen fielen auf den alten Wecker. Er stöhnte, sein Magen tat weh und er fluchte. Es war noch nicht einmal drei. Gerade mal eine halbe Stunde hatte er geschlafen. Er blieb mit geschlossenen Augen liegen, atmete tief ein und betete um Schlaf. Eine lange Zeit hatte er nicht gut geschlafen. Eine zu lange Zeit – und er wollte nicht wach bleiben, nicht noch eine Nacht.

Das Zimmer wurde durch eine Kerze erhellt, die mit ihrem goldgelben Glanz still die Dunkelheit liebkoste. Er war davon überzeugt, dass Feuer die Dunkelheit vertrieb und gute Geister (er pflegte sie *Schutzengel* zu nennen) einlud. Was aber am wichtigsten war, es hielt unerwünschte Geister (er pflegte sie *Astralschnorrer* zu nennen) fern. Aber was konnte man schon gegen die eigenen Gedanken ausrichten? Nur die Flamme des Friedens könnte das Chaos, das in seinem Inneren herrschte, vertreiben. Soweit es um Frieden ging, war bei ihm allerdings Pleite auf der ganzen Linie angesagt.

Er war durstig, wie üblich. Entweder war der Whiskey nicht so gut wie das Etikett versprach oder er hatte mehr als üblich getrunken. Mit geschlossenen Augen versuchte er das Quantum, das er am Vortag wie ein trockener Schwamm aufgesogen hatte, zu ermitteln. Angefangen hatte er schon ziemlich früh. Zu früh, sogar für ihn, wohl um die Mittagszeit. Nachdem er sich ungefähr eine Stunde oder so mit dem 'Erdgeist' angefüllt hatte, war er zu seinem üblichen Sieben-Meilen Spaziergang aufgebrochen. Inklusive Flachmann, versteht sich, und er hatte dann weiter bis .... hm ... na, irgendwann später halt, getrunken.

Der Mann stöhnte laut auf, als ob er seinen unsteten Geist inständig bat, endlich Ruhe zu geben und sich aufs Schlafen zu konzentrieren.

Sekunden später war er tatsächlich eingeschlafen.

Er wusste, dass er sich wieder auf den Weg machen musste. Eigentlich hatte er gar keine Wahl. Seine Träume und Albträume verfolgten erbarmungslos nur ein einziges Ziel: Ihn auch noch der letzten Überreste seines Verstandes zu berauben. Seit Jahren lebte er schon wie ein Zigeuner, niemals hielt er es länger als ein paar Monate an einem Ort aus. Elf Monate waren eine bisher unerreichte Spitzenleistung. Natürlich lag dies hauptsächlich daran, dass er drei Monate lang in der Waagerechten verbracht hatte – auf einem Bett im Krankenhaus, wo er verschiedenen Tests unterzogen worden war. Aber die Krankheit, die er hatte, wusste niemand zu diagnostizieren und folglich auch nicht zu heilen.

Er brauchte einen Tag, um alle Rechnungen zu bezahlen und seine spärlichen Habseligkeiten einzupacken. So oft hatte er schon gepackt, dass er es immer perfekt hinbekam, sogar im Halbschlaf oder im Vollrausch, völlig losgelöst von jeder Realität. Man hielt ihn für einen Zigeuner und Hippie, obwohl er sich in Wahrheit nach nichts mehr als nach Wurzeln und Verbundenheit sehnte. Aber das war, so viel war ihm klar, nicht in seinem Karma vorgesehen, zumindest nicht für sein jetziges Leben.

Freunde hatte er keine. Außer seinem Vermieter kannte niemand seinen vollständigen Namen. Vermissen würden ihn die Straßenkinder, denen er Geld und Essen gab, und die Angestellten der wenigen Restaurants, die er gelegentlich besuchte, entweder um menschliche Gesellschaft um sich zu haben, die ihn wieder in die Normalität eintauchen ließ, oder um einfach mal nicht mehr aus der Dose zu essen. Ja, am meisten würde ihn sicherlich der alte Sikh mit seinem Turban vermissen, der ihm Alkohol verkaufte und von seiner Kindheit erzählte, die er auf den Feldern eines kleinen Dorfes verbracht hatte, nur eine halbe Stunde vom „Goldenen Tempel“ in Amritsar entfernt. Der alte Mann fing gewöhnlich an zu weinen, wenn er trank, was oft der Fall war, und dann erzählte er von Ereignissen aus seiner Kindheit, seinem Dorf und seiner Familie. Meist weinte er aber, weil er die Stadt, in der er die vergangenen sechzig Jahre gelebt hatte, nicht verlassen und 'nach Hause' zurückkehren konnte.

„Warum gehst du denn nicht zurück?“

„Zurück zu was? Alles ist doch weg. Wie soll ich überleben? Wer wird sich um mich kümmern, wenn ich krank werde? Nein, mein Sohn, ich kann nicht zurück … ich hätte vor vierzig Jahren zurückgehen sollen, habe mir aber immer wieder gesagt, ich werde schon noch gehen, später, und jetzt ist es zu spät. Hätte eher gehen sollen. Das hätte ich wirklich machen sollen. Jetzt ist es zu spät. Bin zu alt, und es wird auch nicht mehr so sein wie früher. Meine Seele ist dort, aber unglücklicherweise muss mein Körper hier bleiben, in dieser Hure von Stadt ohne Herz. Warum bin ich nicht gegangen, als ich noch konnte? Ich war ein Idiot. Mein ganzes Leben lang hab ich mich nach meinem Dorf gesehnt, in das ich leicht hätte zurückkehren können, wenn ich nicht so durcheinander und so gierig gewesen wäre. Was war ich nur für ein Narr!"

Der junge Mann nickte dann gewöhnlich und pflegte zuweilen, wenn er selber betrunken war, zu erwidern: „Ja, ich weiß, was du meinst. Wenn Herz und Seele sich danach sehnen, an einem bestimmten Ort zu sein, ohne dass der Körper – ganz egal warum – ihnen folgen kann, dann ist das die Hölle. Man muss nicht sterben, um in die Hölle zu gelangen. Meistens findet die Hölle einfach im Kopf statt."

Entweder mache das, wonach sich deine Seele wirklich sehnt.
Wenn du das aber – aus was für Gründen auch immer – nicht kannst, dann schließe Frieden mit dir und akzeptiere deine gegenwärtige Situation mit Würde als den Willen des Herrn.
Einen anderen Weg gibt es nicht ...

Gewöhnlich flüsterte dann eine leise Stimme in seinem aufgewühlten Herzen: „Sohn, dann ändere doch einfach den Inhalt deines Kopfes: Entweder mache das, wonach sich deine Seele wirklich sehnt. Wenn du das aber – aus was für Gründen auch immer – nicht kannst, dann schließe Frieden mit dir und akzeptiere deine gegenwärtige Situation mit Würde als den Willen des Herrn. Einen anderen Weg gibt es nicht, Sohn ..."

Er wusste, dass die leise Stimme in seinem Inneren Worte der Alten Wahrheit sprach, doch er ignorierte sie. Entweder war er zu wütend, zu schwach oder nicht bereit, den einzigen Weg, der ihm erlauben würde, in Frieden ein- und mit geistiger Gesundheit wieder auszuatmen, ganz und gar zu akzeptieren und zu umarmen. Es braucht Weisheit, um sein Bestes zu geben und dann loszulassen und all das mit Würde zu akzeptieren, was Schicksal oder Vorsehung im Leben für einen jeden bereithalten. Mit absoluter positiver Hingabe.

Er war sich darüber im Klaren, dass er wieder anfangen müsste zu arbeiten. Er hatte genug gespart, um etwas mehr als zwei Jahre sein Auskommen zu haben. Jetzt blieben ihm noch ein paar Monate, um so zu leben, wie er es gewöhnt war. Und danach – wieder ein Teil der Zivilisation werden, oder noch besser, ein paar Tabletten in seinen Lieblingswhiskey werfen, der Welt zum Abschied den Finger zeigen und ins La-La-Land eingehen.

Die zweite Alternative fand er eigentlich ideal, aber für alle Lästermäuler wäre sie ein gefundenes Fressen, weil sie ihn dann noch mehr als bisher verleumden könnten. Wenn er tot und abgetreten wäre, mit Flügeln am Hintern, einer Harfe in der einen und einem Drink in der anderen Hand, dann würde das seine Kinder ein für allemal davon überzeugen, dass ein bestimmter Teil der Welt Recht hatte und er sie tatsächlich verlassen hatte. Wobei es in Wirklichkeit doch so ganz anders gewesen war.

Hm. Was stand an? Ungeliebtes Leben oder großer Abgang? Hm? Also dann! Weitermachen mit dem Leben, wenn auch nicht für irgendeinen bestimmten Zweck, dann doch wenigstens als Stein des Anstoßes der Welt erhalten bleiben – vor allem dem Teil der Welt, der ihm weder Raum noch Luft zum Leben lassen wollte. Die Freude eines vorzeitigen Abgangs wollte er den Lästermäulern nicht machen. Für seine Kinder würde er weiterleben, … auch wenn seine Tochter ihn hasste und sein Sohn aller Wahrscheinlichkeit nach glaubte, dass er sie einfach verlassen habe.

„Rudra, alter Junge, dich ham se voll am Arsch.“ Während er dies aussprach, schaute er sich im Zimmer um, nickte, als ob er den Geistern, die mit ihm den Raum bewohnt hatten, danken wollte, und lächelte das Bild Ganeshas an – Ganesha, der untersetzte Gott mit dem Elefantenkopf, Sohn von Shiva und Parvati –, der ihn schon so oft davon abgehalten hatte, sich umzubringen. Er faltete seine Hände und grüßte Ganesha mit einem Namaste. Dann hob er seine zwei Provianttaschen vom Boden auf, drehte sich um, seufzte und verließ das gemietete Zimmer, um niemals wiederzukehren.

Es war nötig, dass er ständig die Kontrolle über seine Emotionen behielt. Er musste im Augenblick leben, sonst würde ihn der Kummer, der sich aus Erinnerungen speiste, in den Wahnsinn treiben und die Last des Kreuzes, das er trug, würde ihn endgültig niederwerfen und begraben. Weder verdrängte er seinen Schmerz noch verbrämte er sein Elend auf romantische Weise, und ganz gewiss stellte er sich kein Happy End vor. Alles, was er tat, um bei Verstand zu bleiben, war, im gegenwärtigen Augenblick zu leben. Das bedeutete, bei allem, was er tat, präsent zu sein. Wenn er Musik hörte, ging er völlig in der Musik auf. Wenn er aß, war seine Aufmerksamkeit allein aufs Essen gerichtet. Befand er sich auf seinem Sieben-Meilen Spaziergang, dann ging er, beobachtete und befand sich einfach ganz und gar in dem „vermaledeiten“ Moment. Keine Gedanken. Keine Sehnsucht nach der Vergangenheit. Keine Angst vor der Zukunft. Die Worte Seines Ewigen Meisters kamen ihm wieder in den Sinn.

„Rudra, Gott ist im Augenblick. Er ist nicht in der Vergangenheit oder in der Zukunft. Wenn du nicht im Augenblick leben kannst, wenn du nicht so leben kannst, als ob jeder Augenblick dein letzter sein könnte, dann lebst du nicht, Sohn, du existiert einfach nur. Lebe so, als ob du niemals wieder leben würdest. Freue dich an dieser Erfahrung, als ob du niemals wieder eine Gelegenheit erhieltest, dich an ihr zu erfreuen. Gerade jetzt isst du diese saftige Mango. Iss sie so, als ob dies deine letzte Mango sei. Iss sie so, als ob deine Zähne nie wieder in dies gold-orangefarbene Fruchtfleisch beißen würden. Jetzt fühle den Unterschied. Diesen Geschmack wirst du nie wieder vergessen. Nun, wie schmeckt's, Sohn?"

„Ganz wunderbar … Aber ich könnte die Mango noch zehn Mal mehr genießen, wenn du meinen Fuß nicht platt treten würdest, oh großer Meister."

Rudra lächelte. Seine Augen füllten sich mit Tränen. Er atmete tief ein. Wie wenig war ihm damals klar geworden, dass ihn diese einfache Philosophie am Leben halten würde, ihn nicht verrückt werden lassen und auch davon abhalten sollte, von Hass und Negativität erfüllt zu werden, vor allem denen gegenüber, die er damals zu seinen Vertrauten gezählt hatte. Seine Träume konnte er nicht kontrollieren, aber in seinen Wachstunden rettete ihn dieses Leben im Augenblick, vor lauter Gedanken und Erinnerungen verrückt zu werden. Und was noch viel wichtiger war, sein Leben im Augenblick bewahrte ihn auch davor, jemand zu werden, den er verabscheuen müsste.

Natürlich konnte er inzwischen keine Mangos mehr essen. Ironischerweise war der Tag, an dem ihn sein Meister gelehrt hatte, wie er den gegenwärtigen Augenblick genießen und umarmen könne, auch der letzte gewesen, an dem er diese Königin der Früchte genossen hatte – vor so vielen Jahren. Vor wie vielen Jahren? „Kommt mir vor wie in einem anderen Leben. Aber trotzdem, Du hast schon Recht, Alter Mann, der Geschmack ist noch da."

Es braucht Weisheit, um sein Bestes zu geben und dann loszulassen und all das mit Würde zu akzeptieren, was Schicksal oder Vorsehung im Leben für einen jeden bereithalten. Mit absolut positiver Hingabe.

Der schwarze Lieferwagen war seine Verbindung zur Außenwelt. Er ermöglichte ihm zu reisen, wohin und wann er wollte, besonders wenn der Drang, von einem Ort oder vor seinen Suizidvorstellungen zu fliehen, übermächtig wurde. Der Lieferwagen war Zeuge seiner Tränen und Verzweiflung gewesen und hatte auch oft die Rolle eines Kameraden übernommen.

Wenn er sich in seinem Lieferwagen aufhielt, fühlte er sich oftmals vor allen Stürmen gefeit, vor inneren ebenso wie vor den Anstürmen der Welt da draußen. Es gab Tage, an denen er sich in den Lieferwagen zurückzog und spürte, dass dieser Rückzug in sich selbst ihm Kraft gab – wie einem Baby, das im Mutterleib genährt wird. Jedenfalls Kraft genug, um dem übermächtigen Drang, sein Leben zu beenden, zu widerstehen.

Der schwarze Lieferwagen war einst als Ambulanz genutzt worden. Entweder verstand sich die Privatklinik, der er gehörte, nicht darauf, die Kranken zu versorgen, oder alle in der kleinen Stadt waren urplötzlich gesund geworden, jedenfalls zu gesund für die Finanzlage der Klinik. Welcher Grund auch immer vorgelegen haben mochte, er konnte den Lieferwagen jedenfalls zu einem lächerlich geringen Preis erstehen.

Er baute ihn zu einem mobilen Heim um, mit keinen großartigen, aber allen grundsätzlich notwendigen Ausstattungen eines komfortablen Zuhauses. Mit diesem Umbau verbrachte er beträchtlich viel Zeit, doch schließlich hatte er ja auch alle Zeit der Welt. Natürlich war ihm klar, dass sein Wagen nicht nur ein bloßes Transportvehikel darstellte, sondern in vielerlei Hinsicht sein Lebensretter war, sein Schiff, das überall ankern wie auch absegeln konnte, wenn die Winde der Depression drohten, ihn gnadenlos in kleine Stücke zu zerreißen.

Im Bauch des schwarzen Lieferwagens verbrachte er Tage auf Berggipfeln und Nächte in Tälern oder Vororten von irgendwelchen Dörfern oder Städten, wohlig eingepackt, im Bett. Entweder las er dann in seinen Büchern, schaute einen Film auf seinem Laptop an oder trank und hörte Musik – allein, aber niemals wirklich einsam. Immer war sein Meister bei ihm. Rudra konnte Seine Gegenwart spüren. Allein Seine Gegenwart machte es der Mühe wert, in der ständigen Hölle, die sein Leben war, auszuharren.

Häufig kam es Rudra in den Sinn, dass sein schwarzer Lieferwagen, der aus Metall und unzähligen Bolzen und Schrauben bestand, ihm mehr Komfort, Wärme und Schutz gab als viele, die er einst als die Seinen angesehen hatte.

Rudra wusste, dass sein Leben zu Ende ging. Sehr wohl war er sich der Tatsache bewusst, dass er nicht mehr viel Zeit hatte. Vor seinem Tod musste er noch etwas tun, damit sich seine Gegenwart auf dem Planeten Erde gelohnt hätte, und das ging nur, indem er denen, die Hilfe brauchten, eine helfende Hand entgegenstreckte und zu Diensten war. „Aber ich hab keine Ahnung, wie ich das anstellen soll, Pa. Für so was bin ich nicht ausgebildet. Hab null Erfahrung. Null Kontakte. Hab echt nichts, außer diesem Schmerz, der in meinem Herzen losgeht, bis runter zum Hintern, dann wieder rauf und raus durch den Schädel. Hab nur diesen Schmerz, Pa. Und Schmerz hat noch nie irgendwem irgendwas gebracht." Darauf erklang dann die Stimme seines Meisters, die tief im Inneren seines Herzens und Geistes widerhallte.

„Sohn, Schmerz ist das größte Geschenk, das Gott Seinem Kind geben konnte, denn Schmerz öffnet die Tür zu Mitgefühl und Liebe. Und nur Mitgefühl und Liebe zu allen Geschöpfen öffnen die Türen zum Paradies und zum Gottesbewusstsein. Wenn du selber Schmerz erlebt hast, dann verstehst du den Schmerz anderer und kannst mit ihnen fühlen. Er macht dich offener gegenüber dem eigenartigen Verhalten und den Schwächen anderer, denn als du selber Schmerzen hattest, hast du dich auch daneben benommen oder zumindest daran gedacht, dich schlecht zu benehmen oder andere zu verletzen. Vielleicht hast auch du in einem Moment der Schwäche Dinge getan, die du nicht hättest tun sollen. Du lernst, weniger zu urteilen. Du wirst offener. Schmerz bringt dich allen Geschöpfen und Gott näher. Schmerz macht dich gegenüber den Tränen und Sorgen anderer sanfter und menschlicher. Er befähigt dich auch dazu, gute Zeiten, gute Menschen und echte Kameradschaft wertzuschätzen. Hast du Schmerzen im Körper, Geist oder Herzen, bedeutet dies, dass du ein fruchtbarer Acker geworden bist, auf dem Gott anfangen kann, deine Seele zu bestellen. Wenn du es allerdings zulässt, dass Schmerz dich bitter, negativ, gemein und rachsüchtig werden lässt … ach Sohn, dann hast du die größte Gelegenheit versäumt, im Schatten Gottes zu wandeln. Aber wenn du, mein Kind, dem Schmerz gestattest, das Gute in dir zu ernten, dann ist das Königreich im Himmel dein! Und zwar nicht erst, wenn du deinen letzten Atemzug tust und deine körperliche Hülle abstreifst, nein, schon zu Lebzeiten wird es dein, mit jedem einzelnen Atemzug in deinem Leben. Das Kreuz wird bleiben, aber deine Schultern werden stärker. Die Peitsche wird auf deinen Körper niedersausen, aber Gottes Balsam wird die Schmerzen nicht eindringen lassen. Das himmlische Königreich ist voller Wunder, Sohn. Das größte Wunder von allen aber ist es, Schmerz in Gottesbewusstsein umzuwandeln … wach auf, Rudra. Ich weiß, du hörst mich, trau dich bloß nicht, mir jetzt wegzuschnarchen, Sohn … Rudra!“

Nachdem er die Stadt weit hinter sich gelassen hatte, fuhr er durchs offene Land. Der schwarze Lieferwagen passierte Felder (oft unfruchtbar oder zu klein zum Überleben), Berge (könnten auch Hügel sein … waren jedenfalls wirklich majestätisch) und Kinder (meist halb nackt und unterernährt, aber in der Regel extrem lebhaft), die von zwei oder drei geselligen Hunden begleitet wurden, die ihren jungen Herren mit Ausdrücken von ‚Mann, ist mir vielleicht langweilig', über ‚Hier geht's mir schlecht' bis zu ‚Menschen haben echt nen Knall' nachliefen. Unter einem unermesslich großen Himmel, mit den verschiedensten Farbtönungen, fuhr er an Tieren (an unterernährten Kühen, erschöpften Ochsen, unbekümmerten Schweinen und extrem beschäftigten Vögeln), an Kleinstädten, die Großstädten nachäfften, und kleineren Dörfern vorbei, die an wunderbaren, aber sterbenden Traditionen festhielten sowie lächerlich spießigen, prähistorischen Denkstrukturen voller Aberglauben verhaftet blieben, die jedes Jahrzehnt nur weiter zunahmen.

Während er Songs von Neil Diamond und Leonard Cohen lauschte, gab er sein Bestes, um Bus- und LKW-Fahrern im Verkehr auszuweichen. Er hatte die Überzeugung gewonnen, dass Bus- und LKW-Fahrer das letzte bisschen Energie aus sich herausholten, um die Zahl derjenigen, die dumm genug waren, sich auf nationale Schnellstrassen zu wagen, drastisch zu reduzieren.

Zu schnell fuhr er nie. Schon immer war er der Ansicht gewesen, dass Reisen genauso wichtig wie Ankommen war; und da man oftmals mehr Zeit mit Reisen als am Ziel selbst verbrachte, machte es mehr Sinn, die Reise so weit wie möglich zu genießen.

Er sah, wie ein Lastwagen, nur ungefähr zwanzig Meter vor ihm, noch versuchte, das ihm entgegenkommende Auto auf seiner Spur zu überholen. Sicherlich war allen Beteiligten klar, dass dieses Manöver nur als Selbstmord, versuchter Mord oder geistesgestörte Tat in die Verkehrsannalen eingehen könnte. Lag letzterer Fall vor, hätte man den Fahrer wegsperren und den Schlüssel einschmelzen sollen.

Rudra trat heftig auf die Bremse, und nur Sekunden später schaffte es der Lastwagen gerade noch um Haaresbreite, das andere Auto zu überholen und sich an seinem stillstehenden Lieferwagen vorbeizuquetschen. Wenn er weitergefahren wäre, wäre er jetzt tot. Hm! Das hätte dann sein Ende bedeutet! Und? Na, mit seinem Glück wäre er wahrscheinlich noch am Leben, aber irgendein lebenswichtiger Körperteil würde nicht mehr funktionieren oder wäre ganz weg. Also, auf ein Neues!

Nur Bruchteile von Sekunden später, er hatte den Wagen noch nicht wieder angelassen, sah Rudra den Alten Mann, der in einer Lache Blut am Straßenrand lag. Sekundenlang erwog er, einfach weiterzufahren, doch dann seufzte er auf. Er hatte keine Wahl mehr, die sanfte Stimme in seinem Inneren hatte sich gemeldet und die Entscheidung war gefallen, ohne sein Einverständnis abzuwarten. Als er aus dem Lieferwagen stieg, fiel ihm auf, dass sich niemand um einen Alten Mann zu kümmern schien, der schwer verwundet direkt neben der Straße lag, und das, obwohl reger Verkehr herrschte. Das konnte nur zwei Gründe haben: Alle fuhren entweder zu schnell oder waren nicht bei der Sache. Er wollte nicht weiter bei der dritten Möglichkeit verweilen, dass nämlich alle zu schnell fuhren, nicht bei der Sache waren und sich um nichts außer sich selbst kümmerten. (Eigentlich verbrachten die meisten Menschen ihr Leben wie eine Fahrt auf der Autobahn: Zu schnell, zu gedankenlos und mit erschreckend wenig Mitgefühl.)

Gott ist im Augenblick. Er ist nicht in der Vergangenheit oder Zukunft. Wenn du nicht im Augenblick leben kannst, wenn du nicht so leben kannst, als ob jeder Augenblick dein letzter sein könnte, dann lebst du nicht, du existiert einfach nur. Lebe so, als ob du niemals wieder leben würdest. Freue dich an dieser Erfahrung, als ob du niemals wieder eine Gelegenheit erhieltest, dich an ihr zu erfreuen.

Wenn sie sich aber doch Gedanken machten, wollten sie wahrscheinlich nicht in irgendwelche Schwierigkeiten verwickelt werden. In den USA oder in vielen Teilen Europas hätten Verkehrsteilnehmer wenigstens die Behörden angerufen, den Unfallort beschrieben und wären dann erst weggefahren, denn sie könnten sich sicher sein, dass eine Ambulanz oder ein Helikopter sofort an den Unfallort geschickt würde. Während er durch Amerika reiste, hatte er oft beobachten können, mit welcher Effizienz und Schnelligkeit medizinische Bereitschaftsdienste Erste Hilfe leisteten. Fragen über die Versicherung und ähnliche Dinge wurden erst später gestellt. Zuallererst wurde Hilfe geleistet. Falls man später die erforderlichen Papiere nicht beibringen konnte, wünschte man sich natürlich, dass man gar nicht erst überlebt hätte. Aber erst einmal wurden jede notwendige Hilfe und medizinische Versorgung so schnell wie möglich geleistet, ohne Fragen zu stellen.

Vor allem im Landesinneren von Entwicklungsländern waren Technologie, Kommunikation und medizinische Grundversorgung entweder nicht der Rede wert oder gar nicht erst vorhanden. Die Regierung stellte selbst auf Schnellstraßen keine Erste-Hilfe-Telefone zur Verfügung. Gesetzt den Fall, sie ständen zur Verfügung und es gäbe sogar eine funktionierende Notfallnummer, würde trotzdem nie jemand auf die Idee kommen, auch tatsächlich anzurufen. Warum nicht? Die Antwort ist denkbar einfach: Weil ja sowieso keine Hilfe käme! Versuche es nur. In Städten könnte man eventuell noch Glück haben. Draußen auf dem Land wäre allerdings ausschließlich mit Göttlicher Intervention irgendetwas zu erreichen, und das auch nur, wenn sie in wirklich großem Stil daherkäme.

Vielleicht ist dies der Grund, warum die westlichen Länder als fortschrittlich gelten. Dort stellt menschliches Leben noch einen Wert dar, und deshalb kann man sich auf einen Notruf auch verlassen. Wir hingegen sind groß in Bezug auf Kultur, Tradition und Moral und klammern uns an unsere Geschichte. Doch was nützt es, wenn man sich so fest wie möglich an seine altehrwürdige Kultur klammert und seine Abstammung bis in die Eiszeit zurückverfolgt? Wenn Leben an sich keinen Wert mehr besitzt, dann sind solch eine Kultur und Abstammung wertlos und haben versagt. Dann sind sie nur ein Mühlstein um den Hals, während man versucht, ans rettende Ufer zu schwimmen.

Viele westliche Länder können wohl nicht auf eine so alte Kultur und Herkunft wie die unsere zurückblicken. Keine Vergangenheit, mit der man lauthals prahlen kann. Aber wenigstens haben sie den gegenwärtigen Augenblick. Jedes einzelne Leben wird als wertvoll angesehen, und man versucht, die Lebensqualität für Tiere, Menschen und die gesamte Umwelt zu verbessern. Das Leben als wertvoll anzusehen, ist weit wichtiger als alles, was Menschen oder Götter jemals erreicht oder hervorgebracht haben.

Rudra stieg aus seinem Lieferwagen und näherte sich langsam dem Alten Mann. Weder über sein weiteres Handeln noch über seine eigentliche Absicht war er sich wirklich im Klaren. Er folgte der sanften Stimme in seinem Inneren, denn er hatte gelernt – oft auf die harte und schmerzhafte Tour und, bei Nichtbeachtung, mit katastrophalen Konsequenzen –, dass die sanfte Stimme am besten Bescheid wusste. Und zwar immer.

Der Alte Mann trug einen weißen Baumwollkaftan, ganz ähnlich dem Gewand, das auch Rudras Meister getragen hatte. Ein weißes Tuch, das wie ein altmodisches Halstuch aussah, war zu einem Band um Seinen Kopf geschlungen. Es war teilweise rot verfärbt, weil Blut heraustropfte. Der Alte Mann lag direkt am Straßenrand, und Seine wenigen Habseligkeiten lagen verstreut um Ihn herum. Obwohl die Außenwelt in verschiedenen Graden von Schnelligkeit, Selbstbewahrungsinstinkt und Selbstbezogenheit vorbeirauschte, stand Rudra ein paar Sekunden lang nur an der Seite des Alten Mannes und hörte nichts außer dem Schlagen seines eigenen Herzens und seinem langsamen, tiefen Ein- und Ausatmen.

Er kniete bei dem Alten Mann nieder, der wie ein Fötus zusammengerollt dalag, und berührte sanft Seine Schulter. Das Gesicht des Alten Mannes war kaum zu erkennen. Blut tropfte an Seinem weißen Bart hinab, und die Vorderseite Seines Gewandes war mit getrockneten Blutflecken übersät. Das bedeutete zwei Dinge. Da noch Blut von Seinem Vorderkopf hinabtropfte, war wahrscheinlich noch etwas Leben in den alten Adern; und da das Blut auf Seinem Gewand und auf Seinem Bart bereits angefangen hatte zu trocknen, konnte dies nur bedeuten, dass Er schon länger verwundet und sterbend am Straßenrand lag.

Menschenskinder! Im Land der Heiligen und Weisen lag ein Fakir sterbend am Straßenrand. Und das, weil niemand Zeit, Mut oder Bereitschaft aufbrachte, eine helfende Hand auszustrecken. Rudra versuchte, den Puls am kalten, aber erstaunlich kräftigen Handgelenk des Alten Mannes zu ertasten. Er fand den Leben verkündenden Pulsschlag und atmete erleichtert aus. Auf einmal hielten Autos, und Rudra konnte Fußschritte aus verschiedenen Richtungen kommen hören.

„Was ist denn passiert?“

„Ist Er tot?“

„Er sieht wie ein muslimischer Weiser aus …“

„Er sieht wie Shirdi Sai Baba aus …“

„Was sollen wir tun?“

„Du wirst dich jetzt benehmen, du Schlingel, oder du liegst auch gleich neben dem Alten Mann …“

Rudra kniete noch neben dem Alten Mann und fragte sich, was zu tun sei. Es gab kein Krankenhaus in der Nähe. Sie befanden sich praktisch zwischen zwei Städten, zwei Zivilisationen in Indien, zwischen denen Jahrhunderte von Vernachlässigung und Armut lagen. Er drehte sich um und sah die Angehörigen von zwei Familien – sieben Erwachsene, zwei Kinder – hinter sich versammelt. Augenscheinlich war das ältere Kind vor Schreck erstarrt. Das andere Kind, das höchstwahrscheinlich noch vor Sekunden als Schlingel gescholten worden war, verfügte nach Rudras Meinung über ausgezeichnete Anlagen, sich zu einem geballten Sorgenpaket für seine Eltern und die gesamte Menschheit zu entwickeln.

„Wo ist das nächste Krankenhaus?“, fragte Rudra.

„Zwei Stunden entfernt. Haben Sie gesehen, wer das getan hat?“

„Nein. Er wird es nicht schaffen, wenn wir jetzt nichts unternehmen. Wir müssen etwas tun …“

„Und was ist, wenn Er uns wegstirbt?“

„Wir können doch einen Mann nicht sterben lassen, nur weil wir Angst haben, dass Er vielleicht sterben könnte und wir ein paar Probleme kriegen …“

„Und was ist, wenn Er tatsächlich stirbt? Was dann? Bloß weil sie eine Gelegenheit wittern, nebenher schnell zu Geld zu kommen, werden uns die Behörden noch das letzte Hemd ausziehen … Lasst uns bloß machen, dass wir hier wegkommen.“

Rudra atmete tief ein. Er verurteilte sie nicht. Er verstand, wo ihre Ängste und Unsicherheiten herrührten, und war sich sicher, dass sie geholfen und allen möglichen Problemen die Stirn geboten hätten, um den Alten Mann zu retten, wenn sich ihre Angst vor einem korrupten System nicht letztlich als stärker herausgestellt hätte. Falls der Alte Mann Seinen Wunden erliegen sollte, dann würde Er aufgrund eines Systems, das die Hilfsbereiten grundlos verfolgte, sterben. Der Alte Mann würde sterben, weil Polizei und Krankenhausbehörde den hilfsbereiten Engeln das Leben so zur Hölle machen würden, dass sie es vorzogen, sich menschlich zu geben und so zu tun, als ob es Elend und Tod gar nicht gäbe. Das schien ihnen besser, als sich lange Zeit mit Bestechungsgeldern, Rechtsstreitigkeiten und vielerlei anderen Schwierigkeiten herumzuschlagen.

Schmerz ist das größte Geschenk, das Gott Seinem Kind geben konnte, denn Schmerz öffnet die Tür zu Mitgefühl und Liebe. Und nur Mitgefühl und Liebe zu allen Geschöpfen öffnen die Türen zum Paradies und zum Gottesbewusstsein.

Rudra hörte, wie die Autos gestartet wurden und sich entfernten. Er atmete aus und nahm den Alten Mann vorsichtig in seine Arme. Aus irgendeinem Grund wollte er, dass der Alte Mann am Leben blieb. Eigentlich aus verschiedenen Gründen, von denen viele rein persönlicher und egoistischer Natur waren. Der Alte Mann erinnerte Rudra an seinen Meister. Seine Kleider, Sein Aussehen, Sein Alter – all dies war so ähnlich wie bei Rudras Altem Mann, seinem Meister. Das war der Hauptgrund. Jedoch ein weiterer zwingender Grund war, dass Rudra einen gewissen Frieden verspürte, wenn er bei dem Alten Mann und Ihm zu Diensten war, als ob seine eigene Existenz dadurch einen Nutzen, eine Berechtigung erhielt. Außerdem war es Rudra natürlich auch wichtig, für das Leben dieses Alten Mannes zu kämpfen, da er es nicht ertragen könnte, mit noch einem Schmerz im Herzen und noch einem weiteren Kreuz zu leben, mit dem Schuldgefühl, nicht alles in seiner Macht Stehende für die Rettung des Alten Mannes unternommen zu haben. Er trug den Alten Mann zu seinem Lieferwagen.

„Okay, Süßer, du und ich, wir sind auf uns allein gestellt, und – he da, Gott! – hoffen wir mal, dass Du wach und auch bei uns bist. Mach schon, Alter Mann, stirb mir nicht weg. Donner und Doria, du wiegst ganz schön viel. Du siehst nicht so schwer aus, aber – Mann oh Mann – du wiegst bestimmt eine Tonne. Vielleicht hat's deine Spiritualität ja in sich. Das wird's wohl sein. Jetzt liegst du hier auf meinem weichen Bett, und, ächz, gleich bricht mein Rücken durch. Okay, bleib bei uns, wir rufen jetzt schnell mal an." Rudra nahm sein Handy und stellte es an. Kein Signal, es gab kein Netz.

„Verdammte Hacke, und das schimpft sich globales Netz! Sogar auf einer Schnellstrasse kriegt man kein Netz! Scheiße! Und was jetzt, Alter Mann? Es sind zwei verdammte Stunden bis zum nächsten Krankenhaus." Er war wirklich in einer Zwangslage. Sollte er selbst die Wunden des Alten Mannes versorgen oder sollte er Ihn so schnell wie möglich ins nächste Krankenhaus bringen? Würde der Alte Mann die lange Fahrt überleben? „Würde Er denn deine Erste Hilfe überleben, Rudra? Menschenskind! Hättest auf die Familie hören und Arzt werden sollen! Dann wärst du jetzt wenigstens zu irgendwas nütze, du verkorkster Versager."

Urplötzlich geriet Rudra so außer sich, dass er fast neben sich stand – der Alte Mann öffnete Seine Augen und brachte Sekunden später ein schwaches Lächeln zustande.

Einige Augenblicke lang vermochte Rudra nichts anderes zu tun, als den Alten Mann einfach nur anzustarren. Obwohl Er weiterhin blutete, zeigte der Alte Mann keine Anzeichen von Schmerz, Unbehagen oder Verwirrung. Er schaute Rudra mit einem so sanften Blick an, dass ihm zum ersten Mal in Jahren schien, als ob es sich nicht nur gelohnt hätte, all die durchlittenen Schmerzen, Erniedrigungen, Anschuldigungen, all sein Herzeleid und das Gefühl der Nichtigkeit seiner Existenz durchzustehen, sondern als ob sie auf einmal sogar Sinn ergäben. Was für einen? Darüber war sich Rudra noch nicht im Klaren. Was er allerdings mit Bestimmtheit spürte, war, dass zum ersten Mal sein Herz und – noch viel wichtiger – auch seine Seele, seine Vergangenheit, Gegenwart und Zukunft mit Würde und einer solchen Hingabe zu akzeptieren schienen, dass es nicht nur wohltuend und beruhigend, sondern geradezu schockierend war.

Hast du Schmerzen im Körper, Geist oder Herzen, bedeutet dies, dass du ein fruchtbarer Acker geworden bist, auf dem Gott anfangen kann, deine Seele zu bestellen. Wenn du es allerdings zulässt, dass Schmerz dich bitter, negativ, gemein und rachsüchtig werden lässt … ach, dann hast du die größte Gelegenheit versäumt, im Schatten Gottes zu wandeln. Aber wenn du, mein Kind, dem Schmerz gestattest, das Gute in dir zu ernten, dann ist das Königreich im Himmel dein! Und zwar nicht erst, wenn du deinen letzten Atemzug tust und deine körperliche Hülle abstreifst, nein, schon zu Lebzeiten wird es dein, mit jedem einzelnen Atemzug in deinem Leben.

Das Kreuz wird bleiben, aber deine Schultern werden stärker. Die Peitsche wird auf deinen Körper niedersausen, aber Gottes Balsam wird die Schmerzen nicht eindringen lassen. Das himmlische Königreich ist voller Wunder, das größte Wunder von allen aber ist es, Schmerz in Gottesbewusstsein umzuwandeln …

Es kam ihm so vor, als ob er – wenn der Alte Mann ihm auftragen würde, eins seiner Handgelenke aufzuschlitzen – nur eine Frage stellen würde: Welches denn? Falls der Alte Mann ihm befehlen würde zu sterben, würde Rudra sich nur nach dem Wie, Wann und Wo erkundigen. Was ihn aber am meisten schockierte, war die Erkenntnis, dass er – wenn der Alte Mann ihm auftragen würde, sein Leben weiterhin in Würde zu führen – nur nicken und sich nach besten Kräften daran machen würde, dies zu bewerkstelligen. Rudra war sich genauso sicher, wie er von seiner eigenen Existenz und der Liebe zu seinen Kindern überzeugt war, dass er für diesen Alten Mann nicht nur sterben, sondern auch weiterleben würde. Warum? Er hatte keine Ahnung, und es scherte ihn auch nicht.

Dann passierte etwas Seltsames. Der Alte Mann hob Seine Hand und streichelte Rudras Gesicht. Rudra konnte das heiße Blut von der blutenden Handinnenfläche des Alten Mannes auf seiner rechten Wange spüren. Was dann folgte, schockierte ihn noch mehr. Er begann zu weinen. Tränen flossen ihm die Wangen herunter, vermischten sich mit dem Blut auf seinem Gesicht und rannen seine Kehle herunter. Anfangs flossen ihm die Tränen in einem sanften Strom aus den Augen, aber nur Augenblicke später legte Rudra seinen Kopf auf die Brust des Alten Mannes und schluchzte herzzerreißend wie ein Kind.

Der Alte Mann streichelte während der ganzen Zeit, in der Rudra weinte, sanft dessen Rücken. Rudra konnte spüren, wie sich eine ihm unbekannte Energie seine Wirbelsäule hinauf und hinab bewegte. Sein Atem beruhigte sich, langsam hob er den Kopf und kniete an der Seite des Alten Mannes nieder. Rudra war sich sicher, dass das, was auch immer da gerade passierte, nicht mehr dem Reich der Normalität angehörte. Nichts war mehr normal. Schon gar nicht der Alte Mann, oh nein, bei Ihm war nichts normal. Obwohl Er schwer verwundet war, lächelte Er unentwegt – wie der Lachende Buddha, nur in einer dünneren Version. Obwohl Er verwundet war, war Er nicht einmal vor Schmerz zusammengezuckt oder hatte aufgestöhnt. Dann waren da noch Seine göttlichen Augen. Sie verströmten unendlichen Frieden, urteilten nicht und waren so voller Mitgefühl, dass man immer weiter in sie hineinschauen und sich gehalten und sogar vergeben fühlen konnte. Sie schienen der ganzen Welt mitteilen zu wollen, dass alles gut und der Gott aller Geschöpfe viel segensreicher und cooler sei, als alle Priester und Ausleger der Heiligen Schriften Ihn jemals auch nur annähernd dargestellt hatten.

Seine Augen verkündeten, dass jeder Heilige eine Vergangenheit und jeder Sünder eine Zukunft hat; dass der Gott, der den Grand Canyon und die Himalayas mit dem majestätischen Mount Everest geschaffen hatte, derselbe Gott war, der sich die Zeit nahm, jeden Tag einen anderen Sonnenauf- und -untergang zu malen, und der dafür sorgte, dass die Bäume, die wild neben der Straße und den Parkplätzen wuchsen, jeden Morgen erneut mit Tau getränkt wurden. Er kümmerte sich um genau den richtigen Zeitpunkt, an dem eine ganz bestimmte Raupe, die eigenwillig irgendwo in Afrika herumkroch, in einen Schmetterling verwandelt wurde. Genauso wie Er sicherstellte, dass eine Mutter automatisch wusste, ob ihr Baby schrie, weil es Hunger, Schmerzen oder einfach die Windeln voll hatte. Oder weil es müde oder gelangweilt war und vielleicht gerade eine liebevolle Umarmung brauchte.

Der Alte Mann war so normal wie das Erblühen des Frühlings auf dem Mars oder wie die plötzliche Erkenntnis der Menschheit, dass es zu ihrem eigenen Besten sei, in Frieden miteinander zu leben und die Ressourcen der Erde mit all denen zu teilen, die sie dringend zum Überleben benötigten, mit all den Verhungernden und Sterbenden.

„Dieser Fakir glaubt, dass du nicht mehr viel Zeit zum Leben hast, Sohn?"

Rudra hätte aus einer Vielzahl von Gründen schockiert sein müssen. Erstens, weil der Alte Mann Englisch sprach. Er sah aus wie ein muslimischer Weiser, und solche Weisen redeten normalerweise nur in der regional gebräuchlichen Landessprache. Zweitens, weil die Vorhersage des Alten Mannes genau den Nagel auf den Kopf getroffen hatte, was noch verblüffender war. Es traf zu, dass Rudra wirklich nur noch eine kurze Zeit auf dem Planeten Erde hatte, und er hoffte, dass es ihm vergönnt sei, diese in Frieden zu verbringen. Und letztlich, weil ihm all diese Informationen durch Zeichensprache und Lippenbewegungen vermittelt wurden, wobei Rudra erstaunlicherweise alles verstand. Es schockierte ihn nicht mehr, dass er Zeichensprache und Lippenlesen auf einmal mühelos verstehen konnte. Das einzige, was ihn noch in Erstaunen versetzte, war die beiläufige

Art und Weise, mit der er all diese Anormalitäten akzeptierte. Normalität war nur eine Geisteshaltung, nichts als ein anerzogener Reflex. Wer kann schon mit Entschiedenheit bestimmen, was normal ist und was nicht? Rudra wusste es nicht mehr, und es scherte ihn keinen Pfifferling.

Der Alte Mann gestattete Rudra, Seine Wunden zu versorgen. Er hatte eine tiefe, klaffende Wunde am Kopf, aber glücklicherweise nur kleinere Schnitte und Blutergüsse an den Ellbogen. Er war offensichtlich auf den Rücken gefallen und hatte zuerst mit den Ellbogen und dann dem Kopf den Sturz abgefangen. Ohne ein Wort zu verlieren, säuberte Rudra die Wunden mit Antiseptikum und bandagierte dann den Kopf und rechten Ellbogen mit der erstaunlichen Gewandtheit und Grazie eines sturzbetrunkenen Elefantenbullen, der in voller Fahrt durch einen Porzellanladen rast. Doch jede dieser Handlungen verrichtete er mit unendlicher Zärtlichkeit.

„Ich weiß, dass ich ein fürchterlicher Krankenpfleger bin, aber das ist das Beste, was ich hinkriege. Wir werden zu einem wirklichen Arzt gehen, damit der dich besser versorgen kann." Rudra sprach langsam. Er war sich nicht sicher, ob der Alte Mann ihn hören konnte. Warum sollte Er sonst mit ihm in Zeichensprache kommunizieren und nur die Lippen bewegen, anstatt die Worte laut auszusprechen? Der Alte Mann lächelte und tätschelte Rudras Wange.

„Mach dir keine Sorgen. Es gibt nichts, worüber du dich schämen müsstest, wenn du dein Bestes gegeben hast, Sohn. Nur Menschen sind an Resultaten interessiert. Die Natur will nichts als deine Absichten wissen. Ein Hund ist einfach glücklich und wedelt mit seinem Schwanz. Er schert sich nicht darum, ob er seinen Schwanz mit besonderer Raffinesse hin und her schwingt oder ob er dabei komisch aussieht. Er weiß nur, seinen Herrn zu lieben. Er gibt sein Bestes. Vielleicht bringt er dabei regelmäßig alles durcheinander, aber das kümmert dich nicht. Und warum nicht? Weil du weißt, dass dein Hund sein Herz auf dem rechten Fleck hat. Er gibt sein Bestes für dich. In der gleichen Weise beurteilen Gott oder die Natur dich nicht nach deinen Leistungen oder den Resultaten, die du erzielst. Sie sind nur daran interessiert, ob deine Absichten gut sind, dein Herz auf dem rechten Fleck ist und du dein Bestes gibst, bei allem, was du tust. Alles andere ist reine Statistik, nichts weiter."

Rudra war immer noch über ihre Form von Kommunikation verwundert. Obwohl der Alte Mann keinen Laut von sich gegeben hatte, verstand Rudra jedes einzelne Wort.

Rudra musste an seine Großmutter denken, die ihm oft gesagt hatte, dass das ‚Warum du etwas getan hast' viel wichtiger als das ‚Was dabei herauskam' war. Und dass es das ‚Warum' war, das im Himmel oben zählte. Die Engel würden die Reinheit des Herzens, mit dem ein Gebet gesprochen wurde, vernehmen – weit mehr als das Gebet selbst oder seine wohlgewählten Formulierungen. Auch sei Arbeit, die mit intelligenter Aufmerksamkeit verrichtet werde, bei weitem höher als harte Arbeit, die mit viel Anstrengung, aber ohne großes Nachdenken verrichtet werde, anzusehen. Immer stünde allerdings die Absicht, mit der eine Arbeit unternommen wurde, an erster Stelle, – weit vor Intelligenz, Anstrengung oder Resultaten.

Erfolg ist ein komplexer Begriff. Was für den einen Erfolg bedeutet, ist für den anderen ein Misserfolg. Nimm nur einmal die

Schöpfung als Beispiel. Für einige ist sie die absolute Nummer Eins auf der Bestsellerliste. Andere dagegen halten sie für einen totalen Flop.

Nur Menschen sind an Resultaten interessiert. Die Natur will nichts als deine Absichten wissen.

Rudra parkte seinen Lieferwagen unter einem freundlichen Banyan-Baum, der ihnen reichlich Schatten spendete. Sein lieblicher Duft und das fröhliche Tirilieren der etwas über einhundert Vögel auf den ausladenden Ästen des Baumes ließen den Platz angenehmer erscheinen, als er tatsächlich war. In Wirklichkeit waren sie mitten in der Pampa, umgeben von unfruchtbarem Land und von Autos, die es wunderbarerweise schafften, aneinander vorbeizufahren ohne zusammenzustoßen. Auf einer Schnellstrasse in Indien zu fahren, ist nichts für Weichlinge. Jedes Fahrzeug bewegt sich mit dem einzigen Ziel fort, sein Fahrziel schnellstmöglich zu erreichen und dabei sämtliche Gesetze der Physik, Schwerkraft und Geschwindigkeit außer Kraft zu setzen. Um schnell weiter- und anzukommen, werden Geschwindigkeit, die schiere Masse des Fahrzeugs oder nervtötende Manöver in Szene gesetzt – und wenn man richtig Pech hat, dann kann es passieren, dass einem ein Fahrzeug entgegenkommt, das alle drei Varianten voll ausschöpft.

„Genau so gehen sie auch durch ihr Leben. In großer Eile. Aber wenn du sie fragst, warum, dann wissen sie keine Antwort. Vielleicht kommen sie ein oder zwei Stunden früher an, aber meistens machen diese paar Stunden keinen Unterschied aus.

Alle sind in Eile, ein Ziel zu erreichen, das sie sowieso erreichen werden. Die ganze Fahrt lang ist der Fahrer angespannt, macht unüberlegte Manöver, vermeidet mit viel Glück Zusammenstöße, beschimpft andere Fahrer und macht allen Mitfahrern in seinem Fahrzeug das Leben schwer. Keiner hat Spaß an der Reise. Die Vernünftigen schlafen die ganze Fahrt über. Die Weisen übergeben ihr Schicksal in die Hände ihres Meisters. Die Ängstlichen machen alle anderen Mitfahrer verrückt, und der Fahrer fährt immer weiter, mit dem Wunsch, andere zu überholen, schneller zu sein und früher anzukommen als sein Boss, sein Nachbar oder der Fahrer vor ihm. Sie vergessen, dass das Leben kein Hundert-Meter-Sprint, sondern ein langer Marathonlauf ist. Ich habe Hunger. Hast du noch etwas anderes in deiner schwarzen Proviantasche außer Whiskey und Gin?"

Rudra grinste verlegen. Die Provianttasche war verschlossen, aber der Alte Mann wusste von ihrem Inhalt, ohne sie geöffnet zu haben. Er dachte angestrengt nach. Hatte er etwas zu essen dabei? Oh, ja.

Die Augen des Alten Mannes leuchteten auf, und freudig nahm Er das kleine Päckchen entgegen, das Rudra ihm aushändigte. Der Alte Mann sprach ein kurzes Gebet und bestand darauf, dass Rudra das Essen mit ihm teilte.

Rudra beobachtete, wie dieser Meister, der in der Zukunft lesen, über den Inhalt einer verschlossenen Provianttasche Bescheid wissen und philosophische Reden über das Leben und die himmlischen Mächte führen konnte, die nächsten Minuten das Wunder eines Kit-Kat-Schokoladenriegels genoss, wie nur ein Kind es vermag.

Obwohl die Sonne bald untergehen würde, hatten die beiden Männer es nicht eilig, weiterzufahren. Es stand fest, dass Rudra den Alten Mann Baba nennen würde.

Das Wort Baba kann verschiedene Bedeutungen haben. Wörtlich übersetzt heißt Baba „Vater". Kinder reden ihre Väter mit Baba an, was besonders in den Dörfern in Maharashtra üblich ist. Das Wort kann auch „Alter Mann" bedeuten, wird dann aber als respektvolle Anrede verstanden. Auf Hindi hat dieser Ausdruck nichts Abwertendes an sich. Wenn man jemanden mit „Alter" auf Deutsch anredet, ist dies schlicht und ergreifend unhöflich oder hört sich so an, als ob man sich über ihn lustig machen würde. Aber wenn man die Anrede „Baba" in Indien benutzt, dann heißt das so viel wie: „Ich respektiere Ihr Alter und die Erfahrungen, die Sie in Ihrem Leben gewonnen haben."

Interessanterweise kann dasselbe Wort auch dazu verwendet werden, ein Kind anzureden. Zum Beispiel könnte man zu einem Kind sagen: „Baba, ich weiß auch, dass diese Medizin wie Pferdepisse schmeckt, aber es hilft alles nichts, also runter damit." Oder man könnte resigniert seufzen: „Okay, Baba, wenn du diesen Mann, der allerdings direkt nach seiner Geburt von seiner Mutter oder dem Familienarzt hätte erdrosselt werden sollen, unbedingt heiraten willst, dann mach das ruhig. Aber sag mir später ja nicht, ich hätte dir doch eine E-Mail schreiben und dich warnen sollen."

Doch die wirkliche Bedeutung des Wortes kommt erst dann zum Tragen, wenn es in seinem spirituellen Kontext gebraucht wird. Baba bedeutet Meister, Guru, Herr über das Schicksal des

Schülers. In Indien ist es üblich, dass Meister mit diesem Titel angeredet werden. Es bedeutet Vater – Guru oder Lehrer – alles, was ist. Aus diesem Grund wird die Anrede Baba bei Shirdi Sai Baba, Meher Baba, Baba Nanak, Kamu Baba, Makhdum Baba, Baba Nityanand und Baba Muktanand sowie vielen anderen Großen Meistern an deren Namen angehängt. Kann man mit dem Wort Baba auf den Lippen aus dem Leben scheiden, ist man wahrhaft gesegnet.

Also musste es einfach „Baba" sein.

„Warum bleiben wir nicht die Nacht über hier?", gestikulierte Baba. Manchmal 'sprach' Er, und Rudra las von Seinen Lippen. Oftmals gestikulierte Baba mit den Händen und 'sprach' gleichzeitig. Ganz gleich welche Art von Kommunikation Er auch wählte, Rudra verstand Ihn immer ganz leicht. Es war seltsam. Dieser eigenartig gelungene Zugriff auf das Unausgesprochene kam ihm zeitweise sogar etwas unheimlich vor. Rudra fühlte sich jedoch durch diese stille Form der Interaktion dem Alten Mann sehr nah, näher als jemals zuvor irgendeinem anderen Menschen.

Rudra merkte schnell, dass Baba sehr gut hören konnte. Er war weit davon entfernt, taub zu sein. Manches Mal spürte Rudra, dass der Alte Mann sogar das hören konnte, was gar nicht gesagt wurde.

Aus irgendeinem Grund sprach Baba nicht laut. Vielleicht wollte Er es einfach nicht. Genauso wie bemerkenswert viele Leute, die gar keinen Hörschaden hatten, sich weigerten zu hören. Oder noch schlimmer, die so taten, als ob sie nicht hören konnten, weil sie in Wirklichkeit nicht zuhören wollten.

Für Kommunikation muss man offen sein. Offen gegenüber der Tatsache, dass es verschiedene Arten gibt, Dialoge zu führen, verschiedene Arten, Ideen auszutauschen, und unzählige Arten zuzuhören. Oft werden Worte in so vielen unterschiedlichen Arten geäußert und vernommen.

Der Eine, dessen Donnergrollen die Erde beben lässt, vernimmt auch den Seufzer eines Schmetterlings.

Also verbrachten sie die Nacht unter dem Banyan-Baum. Rudra hatte noch ein paar Dosen mit Suppe, Bohnen und Hähnchen dabei, außerdem verreiste er nie ohne seinen Kocher und die notwendigsten Kochutensilien. Er verbrachte sehr oft ganze Tage in seinem Lieferwagen und kampierte auf Bergen oder außerhalb von Städten und Dörfern, wenn er mit sich allein und nicht in einem stickigen Zimmer eingesperrt sein wollte.

Es gab manche Tage und Nächte, in denen er sich so sehr in sich zurückzog, dass es keinen Sinn machte, die Nähe anderer Lebewesen aufzusuchen, seien es nun Menschen, Tiere oder andere Lebensformen. Er sah sich außerstande, diesen schweigenden Rückzugsphasen einen Namen zu geben, ohne sie gleich abzustempeln. Waren diese Phasen negativ und destruktiv oder ging es darum, sich tief in sich zu versenken und das Unbekannte zu erforschen, ohne dies auf der bewussten Ebene wirklich fassen zu können? Früher hätte er diese Phasen als Depressionen bezeichnet, aber jetzt war er sich nicht mehr so sicher.

In der gleichen Weise beurteilen Gott oder die Natur dich nicht nach deinen Leistungen oder den Resultaten, die du erzielst. Sie sind nur daran interessiert, ob deine Absichten gut sind, dein Herz auf dem rechten Fleck ist und du dein Bestes gibst, bei allem, was du tust. Alles andere ist reine Statistik, nichts weiter.

Mehrfach hatte er mit Depressionen zu kämpfen gehabt und war sehr oft fast der Versuchung erlegen und dem verlockenden Ruf des Todes gefolgt, dieser beseligenden Melodie, die er vernehmen konnte und die ewiges Schweigen, immerwährenden Schlummer verhieß. Was er wirklich wollte, war, sein Leben zu beenden, zu schlafen und nie mehr aufzuwachen, weder auf dem Planeten Erde noch sonst irgendwo. Noch nicht einmal, um der himmlischen Harfe (einem Instrument, das er sowieso nie besonders toll gefunden hatte) zu lauschen oder sich am Anblick all der weiblichen Schönheiten, die den Himmel bevölkern, zu ergötzen (ein Konzept, das indischen Kindern zwecks erbaulicher Mystifikation schon früh eingetrichtert wird). Nein. Er wollte einfach sterben und niemals mehr zu irgendeiner Bewusstheit aufwachen, sei sie nun physischer, emotionaler, mentaler oder astraler Art. Er wollte aufhören zu existieren.

Der Schmerz war unerträglich. Sein Herz fühlte sich oft so an, als ob es brechen wolle, ständig schlug es im Rhythmus von Qual und nicht enden wollender Pein. Tränen, die ihm in die Augen stiegen, war es nicht erlaubt, zu fließen. Manchmal konnte er es nicht verhindern, Tränen zu vergießen, aber dies geschah selten, und nie gab er dieser Neigung aus eigenem Antrieb nach. Wie heulende Windböen aus einem schier endlosen Krater im Kosmos brachen dann Ströme von Tränen aus ihm hervor und ließen ihn ausgelaugt und elend zurück. Sie kamen, ohne sich vorher anzukündigen – wenn er einen Film anschaute, ein Buch las, einem Schlager lauschte, ein Kind beobachtete, wie es jemanden, den es liebte, umarmte. Bei vergnügtem Kinderlachen, wenn er ein einsames Kind mit traurigen Augen bemerkte, bei dem Anblick von zwei Kindern mit ihren Eltern oder allein mit ihrem Vater auf einem Motorrad, Cartoon Network, Eltern und Kindern, die sich bei MacDonalds einen schönen Tag machten – aus zu vielen Gründen oder vielleicht auch aus gar keinem besonderen Grund. Er versuchte, niemals die Kontrolle über sich zu verlieren, aber ohne jede Warnung konnten ihn Erinnerungen aus der Vergangenheit einholen und sein Herz zerreißen und seine Seele martern.

Nichts machte mehr Sinn. Sein Lebensgemälde war bar jeder Farbe. Sein Gaumen hatte jedweden Geschmackssinn eingebüßt. Er kam sich wie ein Leichnam vor, aber natürlich existierte er noch. Sein Leben war ein einziges Paradox. Ein lebender Leichnam gehört keiner Welt wirklich an. Da es auf dem Planeten Erde oftmals schon keine Verwendung mehr für die Lebenden gibt, ist ein lebender Leichnam dort völlig überflüssig, und aus offensichtlichen Gründen will die Geisteswelt keinen grobstofflichen Körper bei sich aufnehmen. „Zutritt nur für Mitglieder mit einer *geistigen* Aufenthaltsgenehmigung." Ha, ha!

Wenn solche Zeiten anstanden, setzte er sich in seinen treuen Lieferwagen und zog sich – wie ein guter Toter – aus der Welt zurück. Da sich Hunger und Durst allerdings trotzdem zu melden pflegten (genau wie gewisse Körperfunktionen, denen es im wahrsten Sinne des Wortes scheißegal war, ob Herz und Geist in Grund und Boden gestampft wurden), hatte Rudra immer einen gut sortierten Vorrat an Alkohol, Wasser, Büchern, Filmen, Dosenkost und Benzin in seinem Lieferwagen parat.

„Iss niemals, wirklich niemals, allein", gestikulierte der Alte Mann. Rudra nickte. Er konnte die wortlose Kommunikation des Alten Mannes genau nachvollziehen und stimmte ihr zu. „Du magst glauben, dass du deine gesamte Zeit allein verbringst, aber weißt du, mein Junge, nur ein Narr glaubt das wirklich. Gott und deine Führer, deine Geistigen Führer, sind immer um dich. Es ist egoistisch und undankbar, wenn du isst, ohne alle Speisen und Getränke, die du zu dir nimmst, auch Ihnen anzubieten und Sie einzuladen, alles mit dir zu teilen."

Der Eine, dessen Donnergrollen die Erde beben lässt, vernimmt auch den Seufzer eines Schmetterlings.

„Stell dir nur mal vor, dein Meister und deine Führer sitzen alle bei dir und du stopfst den ganzen Unsinn, den die meisten Leute Essen nennen, in dich hinein, ohne Sie nicht einmal einzuladen, an deinem Essen teilzunehmen. Nur weil du Sie nicht sehen kannst, bedeutet das ja nicht, dass Sie nicht bei dir sind. Fändest du das nicht selbstsüchtig und traurig? Lass nie den Gedanken zu, dass du alleine bist. Denn wenn du wirklich davon überzeugt bist, dass du alleine bist, wenn du dich wirklich in der Illusion wiegst, dass du es bist und nur du, der Dinge in Gang setzt, dann werden deine Führer dich langsam verlassen, weil es unzählige hilfsbedürftige Seelen gibt, die Führung brauchen und daran glauben, sie von der anderen Seite auch bekommen zu können. Deine Führer werden immer wieder versuchen, mit dir Kontakt aufzunehmen und Ihre Präsenz spürbar zu machen, schließlich jedoch seufzen und fortgehen, und dann bist du wirklich alleine. Wenn dir noch etwas Verstand geblieben ist, wird dir klar werden, dass du dich wie ein ausgemachter Trottel verhalten hast, und du wirst nach Ihnen rufen, damit Sie zu dir zurückkehren. Du rufst einmal nach Ihnen, und Sie sind wieder bei dir – natürlich nur, wenn Sie spüren, dass du Sie auch wirklich um dich haben willst. Sie sind sensibel. Manchmal sogar etwas übersensibel, schließlich gibt es auch in der Geisteswelt die unterschiedlichsten Typen.“ Baba lächelte, und für Rudra war es das schönste Lächeln in der gesamten Schöpfung.

„Ist es wirklich wahr, dass wir alle von Meistern und Führern umgeben sind?“

„Führer umgeben uns alle. Natürlich sind die Art der Meister und Führer abhängig von der spirituellen und karmischen Stufe, auf der die Individualseele steht. Sehr alte oder hohe Seelen werden selbstverständlich höher entwickelte Geistführer haben, die sie führen und begleiten. Ein Erstklässler hat einen Lehrer, der seinem Entwicklungsstand entspricht, und ein Magisterabsolvent oder Promovierter in Philosophie braucht einen anderen Tutor. Versteh mich richtig, nicht die Lehrer will ich miteinander vergleichen, sondern nur ihre speziellen Fähigkeiten. Was die individuelle Seele lernen und erfahren soll, ist ein weiterer entscheidender Faktor. Es hängt von vielen Voraussetzungen ab, welche Führer und Lichtarbeiter jemand bekommt. Deine Entwicklungsstufe bestimmt deine Führer und Meister. Falls du allerdings in mehreren Leben einen Meister verehrt und Ihm gedient hast, dann wird dieser Meister immer, in jedem deiner Leben, um dich sein, entweder physisch oder geistig. Er wird dich auf deinem spirituellen Weg führen und dein Karma verbessern. Du wirst es vielleicht noch nicht einmal mitbekommen, dass dein Meister und deine Führer dich leiten und dir helfen. Vielleicht verehrst du deinen Meister in diesem Leben gar nicht, hast sogar noch nicht einmal etwas über Ihn oder Sie gehört, aber dein Meister ist trotzdem immer für dich da. Genau wie eine Mutter, die ihr Kind speist und umsorgt, ganz gleich ob das Kind in ihrem Bauch einen Tag alt oder schon sechzig geworden ist, ob es zurückgeblieben, blind, taub oder dumm ist – für eine Mutter macht das keinen Unterschied. Noch tausend Mal größer ist die Liebe eines Meisters denen gegenüber, die sich in Seiner Linie befinden oder unter Seinem Schutz stehen. Aus diesem Grund steht in unseren Schriften, dass der Meister oder Guru Brahman (der Schöpfer), Vishnu (der Erhalter, Bewahrer) und Shiva (der Zerstörer) ist – dass der Meister oder Guru in Wahrheit Gott selber ist, der unentwegt dafür arbeitet, dass der Schüler spirituell wächst und eins mit Gott wird. Das ist das Ziel der Meister: Den Schüler zur Einheit mit Gott zu führen. Kann ich jetzt mal – sofern du nichts dagegen hast – etwas zu essen kriegen, bevor ich vor Hunger und Erschöpfung noch umkippe? Hörst du das, den Krach, den dieser Käfer veranstaltet? Weißt du, dass Gott mehr als tausend verschiedene Käferarten erschaffen hat? Warum, fragst du? Ich hab keine Ahnung. Vielleicht wollte Er einfach etwas Zeit totschlagen. Ha, ha!"

Wie üblich wurde er im Schlaf von Träumen hin und her geworfen. Er vermisste seine Kinder. Sehnte sich so stark nach ihnen, dass er keinen Geschmack, keine Farben, keine Musik und keinen Rhythmus in seinem Leben mehr wahrnehmen konnte. Er vermisste sie so sehr, dass sogar der Tod diese Pein nicht aufheben könnte, denn längst war sie nicht mehr nur in seinem Herzen eingeschlossen, sondern schon ein Teil seiner Seele geworden.

Diese Erkenntnis kam ihm auf einer Reise durch die USA, in der ihm vergönnt war, all die Straßen und Alleen zu besuchen, die auf der ganzen Welt berühmt waren. Er konnte den amerikanischen Traum leben. Er konnte Städte besuchen, für die Millionen von Menschen in vielen Teilen der Welt einen Arm und ein Bein und vielleicht sogar noch mehr geben würden, wenn sie sie aufsuchen und erleben dürften.

Er blickte auf absolut fantastische Sonnenuntergänge und sah sich umgeben von traumhaften Naturwundern, was schon immer etwas gewesen war, das ihn tief berührt hatte. Er hatte alles, das Beste der materiellen und der spirituellen Welt.

Und es gab ihm nichts.

Genauso gut hätte er – mit geschlossenen Augen – in seinem Lieferwagen oder einer gemieteten Wohnung liegen und jede Nacht erneut mit seinen Dämonen kämpfen können. Er respektierte die Amerikaner (gebürtige wie eingewanderte, die die USA zu ihrer Heimat gemacht hatten) und ihre ausgeprägte Lebensfreude. Aber für ihn änderte sich durch seinen Aufenthalt dort nichts. New York, Kalifornien, Pennsylvania, New Jersey und ihre jeweiligen glitzernden, von Leben pulsierenden Städte und einzigartigen Landschaften berührten weder sein Herz noch seine Seele. Er war sich sicher, dass er sich sogar im Himmel ähnlich betäubt fühlen würde.

War diese Unfähigkeit, etwas zu fühlen, die Hölle? War dies etwa identisch mit der Art von Hölle, von der in Heiligen Büchern wieder und wieder die Rede ist? Mit lodernden Feuern voller Ruhelosigkeit, Negativität, Schuld, Eifersucht, Ärger und den eiskalten Tiefen von ständigem Herzeleid, Erstarrung, Albträumen sowie dem beharrlichen Wunsch, endlich für immer schlafen zu können.

Wie kommt es, dass niemand den Aspekt der Hölle erwähnt, der – jedenfalls was die Schriften angeht – völlig abgefahren ist? Warum wird immer darauf herumgeritten, dass man erst sterben muss, damit man in mythisch lodernde Feuer und all den anderen melodramatischen Quatsch geworfen wird, mit dem für gewöhnlich Höllenqualen ausgemalt werden, wahrscheinlich um uns Sterblichen eine Heidenangst einzujagen? Warum erst sterben, wenn man weder ein Visa noch sonst einen großartigen Wohnungswechsel braucht, um in die Hölle zu gelangen? Die Hölle befindet sich im Hier und Jetzt. Die Hölle ist nichts weiter als eine Geisteshaltung.

Beim Aufwachen brauchte er wie üblich ein paar Sekunden zur Orientierung. Er erinnerte sich an Begebenheiten des gestrigen Tages und suchte mit den Augen nach dem Alten Mann. Als er Ihn nicht auf dem provisorischen Bett liegen sah, stieg Rudra aus seinem Schlafsack und schaute aus dem Lieferwagen. Er konnte Bauernhäuser und ein paar grasende Schafe sehen, aber der Alte Mann war nirgends in Sicht. Rudra wusste, das der Alte Mann in der Nähe sein musste, denn er konnte den Duft des Tabaks riechen, den der Alte Mann in Seiner Chillum rauchte, einer in Indien weit verbreiteten Pfeife, die sich bei Hippies wie Weisen großer Beliebtheit erfreute.

Gib nie jemandem die Macht, dir wehzutun. Gib nie jemandem die Macht, deinen Seelenfrieden anzutasten. Das bedeutet einzig und allein, du willst in die Hölle. Diese Macht sollte ausschließlich deinem Gott und Meister vorbehalten bleiben, niemals jedoch einem anderen Menschen oder irgendeinem anderen Lebewesen. Die Entwicklung der Menschheit vollzieht sich in einem viel zu rasanten Tempo, als dass man ihr ein so wertvolles Gut wie den eigenen Seelenfrieden anvertrauen könnte. Liebe alle, aber vertraue nur Gott und deinem Meister. Niemandem sonst.

Rudra setzte sich aufrecht hin, verbeugte sich vor der aufgehenden Sonne und verließ dann den Lieferwagen. Er hatte auf dem Boden geschlafen, während der Alte Mann das provisorische Bett benutzt hatte. Als Er Rudra zu Gesicht bekam, lächelte der Alte Mann.

„Du bist mir ja ein unruhiger Schläfer. Du wälzt dich von einer Seite auf die andere, und außerdem stöhnst und ächzt du die ganze Zeit. Erstaunlich für einen Mann, der äußerlich so ruhig und gelassen wirkt. Du trägst ein schweres Kreuz. Nicht gut, junger Mann. Ein Kreuz zu tragen, hat noch nie irgendjemandem etwas gebracht. Selbst Mein Bruder wurde so barbarisch ans Kreuz geschlagen, aber schließlich war Er ja auch jemand Besonderes." Es war offensichtlich, dass der Alte Mann von Jesus Christus sprach. Es war gar nicht so sehr das, was Er sagte, sondern die Art, in der Seine Augen sanft und Sein Gesichtsausdruck milder wurde, was Rudra eine Gänsehaut über den ganzen Körper laufen ließ. Es war, als ob der Alte Mann den Sohn Gottes persönlich kannte und Sich danach sehnte, Ihn wiederzutreffen. Als ob beide Sich wahrhaft vertraut wären und jeder Sich ohne den anderen unvollständig vorkäme.

„Wie geht es dir, Baba?"

„Besser als einem Lastesel, aber nicht so gut wie einem Pferd. Ha, ha." Rudra lächelte und ging in den Lieferwagen, um Tee zu machen. „Wenn ich erst einmal deinen Ingwer- und Pfefferminztee getrunken habe, dann wird es mir noch besser als einem Pferd gehen." Rudra spürte, wie ein Kribbeln seine Wirbelsäule hochstieg. Er kletterte aus dem Wagen und sah dem Alten Mann direkt ins Gesicht.

„Woher wusstest du, dass ich Ingwer- und Pfefferminztee machen würde?"

„Mein Sohn, dafür musst du einfach nur deine Augen offen halten. Auf diese Art lernst du mehr über deine Mitmenschen, als wenn du ihr Horoskop studierst. Ich sah die Ingwer- und Pfefferminzbeutel neben deiner Tee- und Zuckerdose. So etwas nennt man die Kraft logischer Schlussfolgerung, Sohn. Das ist genauso klar wie die Tatsache, dass du deine Kinder vermisst. Du bist durch die Hölle gegangen. Du bist ein guter Mann, der sein Leben verpfuscht hat, weil er bestimmte Entscheidungen nicht treffen wollte, die seinen Lieben wehgetan haben könnten. Aber sie haben dein Mitgefühl ausgenutzt und dich mit ihrem Hass, ihrem Gift und ihren lächerlichen Anschuldigungen fertig gemacht.

Das kann ich in deinen Augen lesen. In deinem Gesicht. Weißt du, Sohn, wenn man im Zweifelsfall einige Male zugunsten einer Person entscheidet, ist das durchaus edel. Es weiter zu tun, ist einfach nur dumm. Es danach immer noch weiter zu tun, ist masochistisch und bedeutet nichts anderes, als lauthals nach der Hölle zu rufen. Gib nie jemandem die Macht, dir wehzutun, Sohn. Gib nie jemandem die Macht, deinen Seelenfrieden anzutasten. Das bedeutet einzig und allein, du willst in die Hölle, mein Junge. Diese Macht sollte ausschließlich deinem Gott und Meister vorbehalten bleiben; niemals jedoch einem anderen Menschen oder irgendeinem anderen Lebewesen. Die Entwicklung der Menschheit vollzieht sich in einem viel zu rasanten Tempo, als dass man ihr ein so wertvolles Gut wie den eigenen Seelenfrieden anvertrauen könnte. Liebe alle, aber vertraue nur Gott und deinem Meister. Niemandem sonst. Zweifle weder, noch lass dich überraschen. Es gibt nur ein einziges Wesen in der gesamten Schöpfung, das dich niemals im Stich lässt. Das ist dein Gott und Meister."

„Manchmal glaube ich, dass es gerade Gott und Meister sind, die einem am meisten wehtun können. Vor allem, wenn man allen Glauben in Sie gesetzt hat und Sie dann das ganze Vertrauen enttäuschen. Es in kleine Stücke zerschmettern …"

„Glaube, mein Sohn, ist ein sehr emotionsgeladenes Wort. Wir glauben daran, dass wahrer Glaube die gesamte Schöpfung sowie alles darüber hinaus umfasst. Wahrer Glaube ist viel tiefer, erhabener und näher an Gott und Meister als alle Philosophien und Schriften zusammen genommen. In der Tat, solltest du alle Spiritualität der Welt auf eine Waagschale und nichts außer wahrem Glauben auf die andere Waagschale legen, dann wird ohne jeden Zweifel die Waagschale mit allem Spirituellen immer noch leichter wiegen als die, auf der sich als einziges Gut wahrer Glauben befindet. Aber, mein Sohn, es gibt einen großen Unterschied zwischen dem, was ich wahren Glauben nenne, und dem, was du als Glaube bezeichnest." Der Alte Mann zündete erneut Seine Chillum an und nahm ein paar tiefe Züge. Dann lächelte Er und gab die Chillum an Rudra weiter. Er nahm sie entgegen und inhalierte tief. Fühlte, wie der warme Rauch in seinen Körper drang und der süße Geschmack des Tabaks ein leichtes Kribbeln auf seiner Zungenspitze auslöste. „Hol uns Tee und dann erzähl ich dir den Unterschied zwischen den beiden Arten von Glauben. Einer ist ein echter Diamant. Der andere Glauben sieht genauso schön aus, ist aber aus Glas. Ein Diamant kann nicht zerbrechen. Glas aber bricht, das ist unvermeidlich."

Während er Tee kochte, kamen Rudra unerwartet seine Reisen ins Ausland in den Sinn. Nach Amerika, Singapur, Sri Lanka,

Dubai. Ohne zu wissen warum, musste er an einen bestimmten Tag denken, an dem er mehrere Stunden im Londoner Heathrow Flughafen (Terminal 3) verbrachte. Er saß im Starbucks Coffee Cafe und schaute dem Treiben der Welt zu. Menschen verschiedener Nationalitäten, Farben und Rassen gingen vorbei – und alle befanden sich in ihrer eigenen Welt! Jeder Einzelne bewegte sich ausschließlich in seiner ureigenen Welt. Wie viele Welten gab es dann wohl? Menschen schleppten Gepäck vorbei, sichtbares und nicht sichtbares; letzteres wurde schon seit Jahren oder Leben in ihrem Herzen, ihrem Geist, ihrer Seele mitgeführt. Er erinnerte sich auch an die ausgesprochen liebevolle Bedienung eines Farbigen, der ein wenig dunkler als er selber war, und dessen Lächeln und die Herzenswärme, die er ausstrahlte, viel echter als alles waren, was Rudra jemals selbst zustande bringen könnte.

Ein paar Stunden vorher war er mit Viya zusammen gewesen, der ihm näher als sein eigener Bruder stand. Ganze Tage hatte er mit ihm und seiner liebenswerten Hündin Spens verbracht.

Zu dieser Zeit machte Viya im emotionalen wie im finanziellen Sinn eine regelrechte Dürreperiode durch, weigerte sich jedoch standhaft, sich vom Schicksal geschlagen zu geben. Er stand immer wieder auf und sah dem Leben ins Auge; und, was noch wichtiger war, all dies mit ruhigem Herzen und einem breiten Lächeln auf dem Gesicht. Er verstand, durch was Rudra hindurchging. Sie hatten sich treiben lassen, diese zwei vom Leben und Schicksal hart geprüften Männer. Waren die Straßen von Manhattan entlang geschlendert. Hatten lange Nächte in Manhattans Stadtteil „The Village" verbracht, auf hölzernen Hockern, in Straßencafes, mit Bud Light oder Kaffee. Hatten den letzten Zug zurück nach New Jersey genommen und waren schlafen gegangen, wenn die Nacht zögernd der Morgenröte das Feld überlassen hatte.

Zwei Männer, die sich weigerten, verbittert oder negativ zu werden. Verletzt waren sie schon. Das war nur natürlich, aber sie weigerten sich, das Lächeln und den Glanz aus ihren Augen und Herzen zu verbannen. Sie sprachen miteinander über ihre Lebenserfahrungen und Vergangenheit und waren sich einig, dass sie ihre Herzen mit all den Wunden und Albträumen keinem anderen öffnen würden. Nur denen, die ihnen am nächsten standen, und davon waren ohnehin nicht mehr viele übrig.

Natürlich war es auch Viya klar, dass es mit Rudra abwärts ging. Auch er war besorgt, dass Rudra eines Tages sein Leben beenden könnte. Ganz allein, ohne einen Abschiedsbrief oder eine Notiz. Was gab es schon groß zu schreiben? Schicksal, Verhängnis, Karma oder wie man es auch immer nennen wollte, hatte schon die meisten der lesenswerten Seiten aus dem Buch seines Lebens gerissen.

Keine gute Tat wird je vergessen, kein schlechter Gedanke und keine schlechte Tat werden je ad acta gelegt. Die Bilanz ist in deiner eigenen Seele gespeichert. Die eigene Seele führt genau Buch, und alles wird automatisch aktualisiert – wie in einem Computer, der allerdings so hoch entwickelt ist, dass die Menschheit eine Ewigkeit und noch länger brauchen würde, um diesen Stand auch nur im Entferntesten zu erreichen. Die Natur ist ein phänomenaler Buchhalter, und die Seele hält die Bücher auf dem Laufenden. Es gibt keinen anderen, der ein wachsames Auge auf deine Handlungen hat. Deine eigene Seele führt die Bücher und entscheidet dann, was ansteht – eine Belohnung oder eine Kurskorrektur.

„Muss man hier verschärfte Buße tun, um eine heiße Tasse Tee zu kriegen?”, fragte Baba mit einem breiten Lächeln auf dem Gesicht.

„Ich war ganz in Gedanken …“

„Das ist gefährlich, Sohn. Gedanken sind gefährlich. Sehr sogar. Komm raus, und wir werden Tee unter dem Baum trinken und lächeln und leben und ein wenig sterben und uns über wahren Glauben unterhalten. Komm mit raus, Sohn.

Sohn, du weißt, dass es verschiedene Arten von Glauben gibt. Genauso wie es verschiedene Dimensionen von Himmel und Hölle gibt. Zum Beispiel, lass uns mal die betrachten, die in den Himmel gehen …“

„Gibt es wirklich so einen Ort wie den Himmel?“

„Lass mich deine Frage umformulieren und sie an dich zurückgeben. Erst einmal, glaubst du, dass es eine Macht gibt, welche die gesamte Schöpfung erschaffen und erhalten hat und die sie auch wieder zerstören kann? Einfach gefragt, glaubst du an Gott?“

Rudra nickte zustimmend. Er hatte kein Problem damit, seine eigene Existenz zu verneinen, aber dass es einen Gott gab, dessen war er sich sicher. Sogar wenn es schien, als ob Gott sich zu einer überlangen Ferienreise in einen weit entfernten Teil der Galaxie zurückgezogen hätte, wo nicht nur die Rezeption sehr zu wünschen übrig ließ, sondern jede Art von Kommunikation meistens gestört bis völlig unverständlich ablief. Aber ja, er glaubte fest daran, dass es eine Macht gab, die sich beträchtlicher Anstrengung und Mühen unterzogen hatte, um das Universum, die Galaxien, Planeten, Sterne, Dinosaurier, Menschen, Ameisen, Amöben, Kunst und – ja, ja – sogar Frauen und hunderttausende von Spezies und Subspezies, was auch immer das heißen mochte, zu erschaffen. Ja, er glaubte an den Alten Mann.

„So, du glaubst also an Gott, und wenn du das tust, dann musst du eigentlich auch davon überzeugt sein, dass unser Gott nicht parteiisch, ungerecht, verrückt oder senil ist. Stimmt das? Gut. Du glaubst an einen Gott, der geistig zurechnungsfähig ist. Dafür sei Gott schon mal gedankt. Das bedeutet, du glaubst auch an Reinkarnation …"

„Moment mal, nur weil ich vage daran glaube, dass es irgendwo einen Gott gibt, heißt das doch noch lange nicht, dass ich an all das metaphysische Zeug glaube, das uns die letzten paar tausend Jahre aufgetischt wurde …"

„Aber wenn du an Gott glaubst, dann musst du doch zwangsläufig an Reinkarnation glauben."

„Aber wieso denn bloß, Baba?"

„Mein kleiner Sturkopf, wenn es einen Gott gibt, dann ist dieser Gott auch gerecht. Wenn Gott gerecht ist, dann wird Er nicht aus einer Laune heraus handeln oder Partei für irgendjemanden ergreifen. Wenn Er gerecht ist, dann wird Er jeden in derselben fairen und unvoreingenommenen Weise behandeln. Wenn du nicht an Reinkarnation glaubst, dann glaubst du an einen ungerechten Gott, denn sonst gibt es keine logische Erklärung, warum einige Kinder auf der Straße geboren werden und um ihr Überleben und jedes bisschen Wasser oder Essen kämpfen müssen, wohingegen andere Kinder allen Luxus und alle Annehmlichkeiten haben, die sich Eltern und Werbeagenturen nur vorstellen können. Wenn du nicht an Reinkarnation glaubst, warum werden dann einige blind, lahm, taubstumm, zurückgeblieben oder in mehr als nur einer Weise verkrüppelt geboren, während andere derartig vor Gesundheit strotzen, dass einem schon fast schlecht werden könnte? Übrigens will ich damit nicht andeuten, dass die, die zurückgeblieben oder verkrüppelt geboren werden, mit solch einem Schicksal für ihre Sünden bezahlen. Nicht in einer Million Jahren. Ich werde dir dies später erklären. Ich rede nicht von einem strafenden Gott. Tatsächlich ist es so, dass Gott dem Menschen meist das ganze Planen überlässt. Auch das können wir später besprechen. Lass uns jetzt auf unser voriges Thema zurückkommen: Warum verbringen einige Menschen ihr Leben in Einsamkeit, Elend und Armut, werden schikaniert, gequält, missbraucht und fallen gelassen, während andere ein Leben führen, das wie der Himmel auf Erden scheint? Warum, mein verwirrtes Lämmchen, seufzen und stöhnen einige die ganze Nacht lang, während andere den Schlaf der Gerechten schlafen? Kurz gefragt, mein Sohn, warum gibt es solch unvereinbare Gegensätze? Entweder glaubst du, dass es keinen Gott und deshalb auch kein Gesetz und keine Gerechtigkeit gibt – so würde dann all dies Ungleichgewicht durchaus einen Sinn machen. Oder aber es gibt einen Gott, und da Er nicht ungerecht sein kann, muss es irgendwo einen Sinn in all dieser Verrücktheit geben. Dieser Sinn liegt in der Reinkarnation, das ist die einzig logische Schlussfolgerung."

„Warum?"

„Okay, dann lass uns noch mehr Gründe anführen. Gib mir noch mehr von diesem Zeugs, von dem du steif und fest behauptest, dass es Tee ist. Ha, ha! Reinkarnation ist die Art, wie die Natur alle noch anstehenden Rechnungen begleicht und wie sie uns erlaubt, durch all die Erfahrungen zu gehen, die nötig sind, um uns auf der Evolutionsleiter weiter nach oben steigen zu lassen. Ohne Reinkarnation hätten wir nicht die Möglichkeit, unser Schicksal zu gestalten und unser Karma abzuarbeiten. Sag mir doch, edler Rudra, der du dich die ganze Nacht lang stöhnend hin und her wälzt und dann einen Tee braust, auf den sogar Satan sich etwas einbilden könnte, warum einige Menschen immer wieder schwierige Erfahrungen durchleben müssen, wohingegen andere ihr Leben wie einen Sonntagsspaziergang im Park verbringen?

Warum werden einige so reich geboren, dass sie gar nicht mehr genau wissen, wie viel Geld sie eigentlich haben, während andere jeden Paisa, Cent oder Penny einzeln umdrehen müssen, um Leib und Seele zu erhalten? Einige werden gesund geboren und andere werden ihr ganzes Leben von Krankheiten verfolgt. Einige haben so viel Glück, dass ihnen, obwohl sie weder Talent noch Intelligenz oder irgendwelche besonderen Fertigkeiten vorweisen können, Erfolg, Ruhm und Reichtum geradewegs nachlaufen. Andere dagegen haben zwar viel Talent und sogar Genie, erfahren aber nie Anerkennung und Achtung, so dass sie ein elendes Leben führen, weil sie zwar wissen, dass sie weit über dem Durchschnitt stehen, aber gezwungen sind, dem Pfad der Mittelmäßigkeit zu folgen. Einige werden als Aussätzige geboren, wieder andere haben die Statur und das Aussehen von Göttern. Warum? Bestimmt nicht, weil Gott einige bevorzugt und andere verabscheut. So etwas ist in Gottes DNS nicht vorhanden. Gott hat keine Favoriten. Er ergreift keine Partei.

Da du an vielen sportlichen Wettkämpfen teilgenommen hast, werde ich dir ein Beispiel aus diesem Bereich geben. Im Fußball oder Basketball gibt es feststehende Regeln. Nach diesen Regeln muss sich jeder Spieler richten. Wenn sich ein Spieler nicht nach diesen Regeln richtet und foul spielt, kann er vom Spielfeld entfernt oder sogar für zukünftige Spiele gesperrt und mit einer Strafe belegt werden. Warum? Weil er sich nicht nach den Regeln des Spiels gerichtet hat, und das Leben, mein Junge, ist das größte aller Spiele, mit den kniffligsten Regeln überhaupt.

Du richtest dich nach den Regeln – alles klar. Du tust es nicht – dann musst du die Konsequenzen tragen. Diese Konsequenzen können auch erst im nächsten Spiel zum Tragen kommen. Oftmals kriegt ein Spieler die rote Karte gezeigt und ist für das Folgespiel disqualifiziert. Erst kürzlich wurde der Kapitän des indischen Cricket-Teams von einigen One-Day-Cricket-Spielen gesperrt, weil er beschuldigt wurde, beim Platzieren der einzelnen Feldspieler das Spiel verzögert zu haben und auch die Spielgeschwindigkeit der Over viel zu langsam gehalten hatte. Also wurde er für ein paar Spiele gesperrt. Da er einen Fehler in einem Spiel gemacht hatte, musste er eine Strafe in den Folgespielen abbüßen. Seine Strafe wurde in die Zukunft übertragen. Stell dir nur mal vor, der Spieler behauptet später, nichts über irgendeine anstehende Strafe zu wissen. Macht nichts, andere wissen ja Bescheid, nämlich die, die ein wachsames Auge auf alles haben. Der Spieler kann ruhig „Foul" schreien und wettern, dass alle gegen ihn sind, aber Regeln sind Regeln, und es macht gar nichts, ob er sich an seine Strafe erinnert oder nicht. Es gibt die Gründer und Wächter der Regeln, die sich an alles erinnern und nicht die Regeln zugunsten irgendeines Spielers beeinflussen können, da dies bedeuten würde, den anderen Spielern gegenüber unfair zu sein. Mit so einem Verhalten würde man kein gutes Beispiel geben. Natürlich handelt Reinkarnation im eigentlichen Sinne nicht wirklich von Buße und Bestrafung. Dieser Aspekt ist nur ein kleiner Teil des gesamten wunderbaren Gewebes der Schöpfung.

Jedes Mal, wenn du richtig handelst, hilfst du mit, die Waage zugunsten der Wahrheit zu neigen, und dieser Beitrag wirkt sich auf die Schwingung im gesamten Kosmos aus. Jeder von uns, der die richtige Schwingung aussendet, kann auf diese Weise dabei helfen, die innere Einstellung von mehr und mehr Menschen zu ändern, bis die Welt mit positiven Schwingungen und richtigen Handlungen pulsiert. Jeder Einzelne ist für Gottes Vorsehung von Bedeutung und leistet einen Beitrag für die Schöpfung und Evolution.

Es gibt Leute, die sehr hart arbeiten und ihre Zeit, Intelligenz und ihren gesunden Menschenverstand so einsetzen, dass sie das, was andere in drei Jahren schaffen, in nur einem Jahr zu Ende bringen. Für ein fünfjähriges Studium braucht solch ein intelligenter und fleißiger Student vielleicht nur drei Jahre. Nach all der harten Arbeit kann er dann eine gute Ernte einfahren. Im Leben hat er einen Vorsprung von zwei Jahren vor den anderen, weil er hart gearbeitet, Tag und Nacht studiert, seine Intelligenz eingesetzt und auf Vergnügen und Freizeit verzichtet hat. Was wäre, wenn jetzt seine Mitstudenten „Foul" schreien, die Behörde beschuldigen, voreingenommen und ungerecht zu sein, und darauf bestehen würden, dass ihnen auch zwei Jahre erlassen werden oder aber der Überflieger noch zwei weitere Jahre absitzen muss? Wäre das fair? Nein! Du erntest, was du gesät hast. Du bekommst, was du verdienst. Wir glauben daran, dass keine Anstrengung jemals umsonst unternommen wird. Kein Studium, keine Fertigkeit, Kunst oder erworbene Fähigkeit geht jemals verloren. Sie werden in andere Leben mitgenommen. Aus diesem Grund haben manche Menschen in bestimmten Bereichen eine so starke Intuition. Einige werden intelligent geboren oder sind Genies in den Künsten, Wissenschaften oder Technologien, im Kochen, Gärtnern, Fahren, Reden oder in einem edlen Lebensstil. Diese Seelen haben Leben damit verbracht, hart und mühsam zu arbeiten. Keine Anstrengung geht je verloren. Natur und Schicksal achten nur auf deine Absicht und Anstrengung. Aus diesem Grund glauben wir auch, dass keiner jemals zu jung oder zu alt ist, um etwas zu lernen. Den Lohn für Wissenserwerb wirst du schon bekommen – entweder in diesem oder einem anderen Leben.

Bist du nicht der Meinung, dass es falsch ist, einem anderen Menschen Intelligenz oder Genie zu missgönnen? Oder Gott vorzuwerfen, dass einer weniger und ein anderer mehr davon hat? Jener Mensch hat es sich doch verdient. Die Natur zeigt sich nicht nur ein paar Auserwählten gegenüber großzügig. Entweder gegenüber allen oder keinem. Entweder bekommen alle es umsonst oder alle müssen es sich verdienen. Deshalb ist Reinkarnation so wichtig. Keine gute Tat wird je vergessen, kein schlechter Gedanke und keine schlechte Tat werden je ad acta gelegt. Die Bilanz ist in deiner eigenen Seele gespeichert. Die eigene Seele führt genau Buch, und alles wird automatisch aktualisiert – wie in einem Computer, der allerdings so hoch entwickelt ist, dass die Menschheit eine Ewigkeit und noch länger brauchen würde, um diesen Stand auch nur im Entferntesten zu erreichen. Die Natur ist ein phänomenaler Buchhalter, und die Seele hält die Bücher auf dem Laufenden. Es gibt keinen anderen, der ein wachsames Auge auf deine Handlungen hat. Deine eigene Seele führt die Bücher und entscheidet dann, was ansteht – eine Belohnung oder eine Kurskorrektur. Deshalb ist Reinkarnation so wichtig. Die Seele hasst es, Gepäck herumschleppen zu müssen. Die Seele entscheidet sich, durch bestimmte Erfahrungen zu gehen, um alles über das *Sanatana Dharma* – den göttlichen Urplan, der allem Leben und allen Religionen zugrunde liegt – zu lernen und den Weg zu Gott zurück finden zu können. Niemand ist darauf erpicht, deinen Allerwertesten in ewigen Feuern zu rösten! Über Himmel und Hölle entscheidet deine eigene Seele. Darüber werden wir später noch sprechen. Alles in Maßen und zu seiner Zeit. Lass uns jetzt eine Pfeife rauchen und noch etwas von dem scheußlichen Tee trinken, den du mit so viel Liebe zubereitest. Ich mag ihn. Ha!“

Der Bach war Babas Idee. Mit geschlossenen Augen informierte Er Rudra, dass er zum einen grauenhaften Tee braue (dem der Alte Mann gerne und ausgiebig zusprach) und es außerdem etwas weiter entfernt einen Wald gebe, durch den ein Bach flösse. Es war ein schöner Tag. Der Himmel war bedeckt, und eine kühle Brise strich über ihre Gesichter und entspannte ihre Körper.

Erinnerungen an seine Kindheit stiegen in Rudra auf. Es war ein idealer Tag, um mit Freunden aus der Nachbarschaft zu spielen. Er dachte an sie, und sein Herz krampfte sich zusammen. So viele waren schon gestorben, und die, die noch lebten, wohnten weit verstreut und waren alle vom Leben gezeichnet. Aber heute war wirklich ein idealer Tag, um sich im Freien aufzuhalten. Der Banyan-Baum, auf dessen einladenden Ästen unzählige Vögel saßen, kam ihm wie ein Zuhause vor. Rudra beobachtete den Baum. Er fühlte sich mit ihm verbunden. Obwohl sie nur wenige Stunden zusammen verbracht und kein Wort miteinander gewechselt hatten, kam ihm dieser Baum irgendwie sehr vertraut vor. Um den Baum als Mittelpunkt drehte sich eine ganze Welt: Vögel saßen auf seinen Ästen, Eichhörnchen kletterten an ihm herauf und herunter, Schmetterlinge flatterten um die Kletterpflanzen und Ameisen krochen in emsigen Reihen auf den dicken Ästen entlang und gingen ihren wie auch immer gearteten Geschäften nach. Was Rudra wirklich in Erstaunen versetzte, war, dass er diese Welt nur zufällig betreten hatte. Tausende von Autos fuhren jeden Tag an dem Baum vorbei, ohne ihn auch nur eines Blickes zu würdigen. Nicht nur keinen zweiten Blick warfen sie ihm zu, nein, schon ein einziger Blick war höchst unwahrscheinlich. Dabei war sich Rudra sicher, dass dieser Baum eine wichtige Rolle in der Schöpfung spielte. Dieser Baum hatte auch ein Wörtchen mitzureden bei globaler Erwärmung, dem Monsun, dem Gleichgewicht in der Natur, dem Duft in der Luft, bei der Bestäubung und der Unterstützung all der unzähligen Aktivitäten, die für die Natur und die kleine Welt der Vögel, Eichhörnchen, Ameisen, Schmetterlinge und dem vielfältigen Leben, das in und um den stillen, bescheidenen und unauffälligen Baum pulsierte, wichtig waren.

Immer wenn ein Kind in Liebe nach Mir ruft, bin Ich bei diesem Kind. Wenn das Kind möchte, dass Ich für immer bei ihm bleibe, dann muss es Mich auf solch eine Art lieben. Alles, was Ich brauche, ist Liebe, selbstlose Liebe. Lebe im Hier und Jetzt, mein Kind.

„In derselben Weise ist jeder einzelne Mensch für Mutter Natur und Gott bedeutsam, mein Sohn“, sagte Baba und schaute tief in Rudras Augen. „Jeder Mensch stellt für sich selbst eine eigene Welt dar. Jede Seele leistet ihren Beitrag und hat sogar ein wenig in der Schöpfung und beim Lauf des Universums mit seinen unzähligen Galaxien mitzureden. Genau wie dieser Baum, haben auch wir unsere Bedeutung und leisten unseren Beitrag zur Gestaltung des Lebens auf Mutter Erde und in der Geisteswelt.

Jedes Mal, wenn du richtig handelst, hilfst du mit, die Waage zugunsten der Wahrheit zu neigen, und dieser Beitrag wirkt sich auf die Schwingung im gesamten Kosmos aus. Jeder von uns, der die richtige Schwingung aussendet, kann auf diese Weise dabei helfen, die innere Einstellung von mehr und mehr Menschen zu ändern, bis die Welt mit positiven Schwingungen und richtigen Handlungen pulsiert. Jeder Einzelne ist für Gottes Vorsehung von Bedeutung und leistet einen Beitrag für die Schöpfung und Evolution; und auf diese Weise können wir ebenso in der Geisteswelt ein Wörtchen mitreden. Die Schwingungen, die wir aussenden, helfen auch der Geisteswelt. Über die Geisteswelt werden wir später reden. Lass uns jetzt aufbrechen und uns in den kühlen Wassern des Baches erfrischen. Dann lass uns essen und weiterfahren. Du hast noch eine Menge Arbeit vor dir."

Rudra wunderte es schon nicht mehr, dass Baba seine geheimsten Gedanken kannte, aber er fragte sich doch, was für eine Art von Arbeit der Alte Mann für ihn in petto haben könnte.

Nach Babas Angaben plätscherte der Bach leise in einem Wäldchen vor sich hin, ungefähr einen Kilometer von der Stelle entfernt, an der sie den Lieferwagen geparkt hatten. Anfangs hatte Rudra Bedenken, Baba solch eine Wanderung querfeldein zuzumuten, doch schon nach fünf Minuten konnte er feststellen, dass Sich der Alte Mann behände und ohne ein Zeichen von Anstrengung fortbewegte.

Gewiss war es auch ein schöner Tag für eine Wanderung. Wolken waren aufgezogen und verdeckten die Sonne, und so konnte eine kühle Brise aufkommen und die Wanderung zu einem weniger anstrengenden Spaziergang machen. Sie gingen schweigend. Die Felder waren nicht bepflanzt, und Rudra musste daran denken, dass niemand in seinem Land hungers sterben müsste, wenn nur die Leute an der Macht endlich Anstrengungen unternähmen, die Landwirtschaft mit einer den Gegebenheiten angepassten Infrastruktur zu versehen. Für die Anbaugebiete des gesamten Landes wäre die einzig richtige Lösung eine künstliche Bewässerung, die auch eine ganzjährige Wasserversorgung sicherstellte, so dass die Bauern nicht mehr von nur vier launenhaften Monsun-Monaten zur Bewässerung ihrer Felder abhängig wären. Sicher, die Kosten wären astronomisch hoch, aber man sollte doch nur einmal die Vorteile bedenken, die auf der Hand lägen. Es gäbe Arbeit für Millionen von Menschen, wenn das nationale Bewässerungssystem aufgebaut würde. Wenn die Bauern erst einmal ihr Land das ganze Jahr über bestellen könnten, gäbe es genug Nahrung für alle. Millionen von Bauern würden so in die Lage versetzt, ein Dasein in Würde führen zu können. Sie würden nicht länger dazu gezwungen, Selbstmord zu begehen, nur weil der Monsun einmal ausblieb. Sie könnten sich darauf konzentrieren, die Erziehung ihrer Kinder zu fördern und ihren Alten einen sicheren Lebensabend zu bieten. Des Weiteren würden das ganze Jahr über Arbeitskräfte in der Landwirtschaft benötigt. Wenn die Bauern sich durch künstliche Bewässerung Wasser beschaffen könnten, wären siebzig Prozent der gesamten Bevölkerung das ganze Jahr über beschäftigt. Ihre Kaufkraft würde zunehmen, so dass die allgemeine Nachfrage steigen und diese dann wiederum das industrielle Wachstum ankurbeln würde. Der Export von Getreide würde in den Himmel schießen. Die Landflucht würde abnehmen. All dies könnte Realität werden, wenn nur die

Landwirtschaft das ganze Jahr lang in Betrieb sein könnte. Man sollte Geld von der Weltbank borgen, die großen multinationalen Konzerne zur Mitfinanzierung veranlassen, sicherstellen, dass die vielleicht tausend größten Spitzenunternehmen ihren Teil beisteuerten, weniger für bürokratischen Unsinn ausgeben … um Gottes willen, wenn ein Großteil eines Staates landwirtschaftlich genutzt wird, sollte es doch das Bestreben des Staates sein, sein Hauptaugenmerk auch auf eben diese Landwirtschaft zu richten. Und was die Landwirtschaft das ganze Jahr über braucht, ist nun einmal Wasser.

Der Strom des Lebens fließt durch uns alle. Man muss Verbindung mit ihm aufnehmen und in ihn eintreten. Manchmal geht er in den Wäldern voller Gedanken, Verwirrung, Gier und Alltagsallerlei verloren. Doch er befindet sich in jedem Menschen. Manche Menschen verbringen ihr ganzes Leben, ohne auch nur ein einziges Mal seine Schönheit zu würdigen oder sich in seinen kühlen Wassern zu reinigen. Aber diejenigen, die ihn in ihrem Inneren finden, können von ihm allezeit erfrischt und gestärkt werden, wann immer sie dies wünschen. Man muss sich Zeit nehmen, den Fluss im Inneren wahrnehmen und eins mit ihm werden. Ihr nennt dies Meditation. Ich nenne es, nach innen gehen.

Sie betraten das Wäldchen. Es war nicht sonderlich dicht bewaldet und auch recht klein, höchstens einen halben Kilometer lang und breit. In dem Augenblick, in dem sie es betraten, wurde es nicht nur kühler, sondern auch das Licht wurde schwächer. Rudra brauchte eine Zeit lang, um sich an die verschiedenen Düfte, die auf ihn einstürmten, zu gewöhnen. Ihre Umgebung erinnerte ihn an Swami Ramas „Himalayan Institute“ in Pennsylvania in den USA. Nach Rudras Ansicht war dies einer der landschaftlich schönsten Plätze auf der ganzen Welt. Wälder, ein See, Bäche, umherstreifende Rehe, Menschen, die sich alle auf einer spirituellen Suche befanden, gingen ihrer Arbeit nach, der ganze Ashram war von Bergen umsäumt und, so weit das Auge reichen konnte, von einem schier unendlichen Himmel. Trotz all dieser Naturschönheiten hätte Rudra sich beinahe in dem wunderbaren Wald mit seinem See, den Bächen und den umherstreifenden Rehen umgebracht. Wenn er sich an diese Zeit erinnerte, gefror Rudra auch jetzt noch das Blut in den Adern. Es war, als ob etwas in seinem Inneren, ein immens mächtiger Drang, ihn zuerst angestoßen, dann gedrängt und letztlich mit allen Kräften dazu getrieben hätte, derart in Depressionen zu versinken, dass Selbstmord und nichts als Selbstmord der einzig mögliche Ausweg schien. Aus irgendeinem Grund wollte Rudra sich aber nicht umbringen, nicht, weil er nicht gerne gestorben wäre, sondern weil er nicht den Tod eines Feiglings sterben wollte. Er erinnerte sich daran, dass er sich in dem Wald niedergekniet und Baba weinend um Hilfe angefleht hatte. Nach einer Weile hatte er gespürt, wie Wärme, Hoffnung und Energie sein ganzes Wesen ausfüllten, als ob die Natur in ihrer Gnade ihre Arme weit ausgebreitet, ihn umarmt, getröstet und letztlich geheilt hätte, jedenfalls so weit, dass er fähig war, weiterzuleben. An jenem Tag hatte Rudra einen Blick in die geistige Verfassung von Abertausenden von Menschen werfen können, die ständig auf Messers Schneide zwischen Normalität und Wahnsinn stehen.

„Damals war ich bei dir. Ich hörte dein Flehen. Ich hielt dich in meinen Armen. Immer, wenn ein Kind in Liebe nach mir ruft, bin ich bei diesem Kind. Wenn das Kind möchte, dass ich für immer bei ihm bleibe, dann muss es mich auf solch eine Art lieben. Alles, was ich brauche, ist Liebe, selbstlose Liebe. Lebe im Hier und Jetzt, mein Sohn. Erfreue dich an dem Wald, an der Natur und an diesen Augenblicken, so dass die Seele sich an diesen Erinnerungen laben kann."

Rudra nickte. Er war sich bewusst, dass dies der einzig mögliche Weg war, sein Leben zu leben – genau wie der Alte Mann es sagte. Im Augenblick zu leben hieß, sich im Hier und Jetzt zu befinden, und das wiederum besagte, sich im Einklang mit dem Schöpfer, der wahrhaft die Verkörperung von Präsenz und Gegenwart darstellte, zu befinden. Im Moment zu leben, war die Versicherung, nicht von der Vergangenheit gequält oder von Grübeleien über die Zukunft belastet werden zu können. Es war der Weg, der geistiges Wohlergehen und vor allem Frieden verhieß.

Das Plätschern des Baches war jetzt deutlich vernehmbar. Mit jedem Schritt verstärkte es sich weiter. Nach einer Weile war aus dem Plätschern und Glucksen des Baches eine eigene Melodie herauszuhören. Rudra atmete tief ein. Baba ging vorneweg, Seine Lippen bewegten sich, und Rudra war sich sicher, dass der Alte Mann den Namen Gottes rezitierte. Während der gesamten Zeit, in der der Alte Mann schwieg, bewegten Sich Seine Finger und Seine Lippen zu einem Sprechgesang, den Rudra nicht verstehen konnte. Offensichtlich benutzte Baba eine andere Sprache. Der Klang der Vögel, manchmal leise, manchmal kreischend, mischte sich mit der Melodie des Baches und der sanften Brise. Kontrapunkte setzte das Geräusch trockener Blätter, die unter ihren Füßen raschelten. Baba hatte dünne hölzerne Sandalen und Rudra seine Slipper an.

Als sie den Bach sahen, strahlten sie – wie zwei Kinder. Rudra fiel auf, das es schon eine Ewigkeit her war, dass ihn irgendetwas besonders berührt hatte. Jetzt, mit diesem ungewöhnlichen Alten Mann, in diesem idyllischen Wäldchen mit dem kleinen Bach, in einem völlig abgelegenen Teil des Landes, wallte plötzlich eine Woge von Lebensfreude in ihm auf, von der er geglaubt hätte, dass sie schon vor langer Zeit in seinem Inneren vertrocknet sei.

Sie setzten sich auf Felsen am Rande des Baches und bestaunten eine geraume Weile die Schönheit der sie umgebenden Natur. Rudra konnte Teile des Himmels sehen, abgeschirmt durch das filigrane Netz tausender Blätter. Er konnte die Vögel hören, vernahm, wie die Eichhörnchen hin und her huschten, fühlte die leichte Brise auf dem Gesicht und atmete den Duft der Blätter, Blumen und feuchten Erde, durch die der Bach floss, ein. Nach einer Weile gingen beide barfuss in den flachen Bach und achteten darauf, dass ihre Kleider nicht nass wurden. Das Wasser war kühl und höchstens ein paar Handbreit tief. Der Strom rauschte zwischen ihren Zehen hindurch und berührte sanft ihre Füße, Knöchel und Waden. Rudra beugte sich hinab, nahm etwas von dem kühlen Nass in seine Hand und wusch sich Gesicht, Haar und Nacken. Beide blieben lange so stehen. Dann wandte Baba Sein Gesicht Rudra zu und lächelte.

„Der Strom des Lebens fließt durch uns alle. Man muss Verbindung mit ihm aufnehmen und in ihn eintreten. Manchmal geht er in den Wäldern voller Gedanken, Verwirrung, Gier und Alltagsallerlei verloren. Doch er befindet sich in jedem Menschen. Manche Menschen verbringen ihr ganzes Leben, ohne auch nur ein einziges Mal seine Schönheit zu würdigen oder sich in seinen kühlen Wassern zu reinigen. Aber diejenigen, die ihn in ihrem Inneren finden, können von ihm allezeit erfrischt und gestärkt werden, wann immer sie dies wünschen. Man muss sich Zeit nehmen, den Fluss im Inneren wahrnehmen und eins mit ihm werden. Ihr nennt dies Meditation. Ich nenne es, nach innen gehen. Der Strom deines Lebens ist dabei zu vertrocknen, wie dieser Bach hier. Deshalb ist er nur ein paar Handbreit hoch. Sobald du mehr Zeit damit verbringst, nach innen zu gehen, wird der Strom ansteigen und dich ganz und gar von aller Müdigkeit, all dem Dreck, Schmerz und Schlamm des Lebens reinwaschen." So sprach Baba und hielt Rudras Hand. Dann beugte Er sich hinab, berührte das Wasser, schloss Seine Augen und flüsterte dem Strom etwas zu. Ein paar Sekunden später spürte Rudra, wie das Wasser stieg.

Was dein ist, kann dir nie jemand wegnehmen! Was dir nicht gehört, kannst du nie lange halten, auch wenn du Himmel und Hölle in Bewegung setzt. Das ist das Gesetz des Universums. Gott ist gerecht, Gott ist barmherzig und Gott hat allem und jedem in Seiner Schöpfung Seinen eigenen Atem eingehaucht. Gott liebt alle, aber das heißt noch lange nicht, dass Er blind ist.

Vier Tage waren seit dem magischen Moment, an dem das Wasser angestiegen war, vergangen. Nicht ein einziges Mal sprach Baba darüber. Er zuckte nur mit den Achseln und pflegte jedes Gespräch auf eine solche Art und Weise zu lenken, dass das Thema des 'emporsteigenden' Wassers keine weitere Erwähnung mehr finden konnte.

Beide Männer fuhren in eine Hafenstadt, in der es normalerweise unmöglich war, eine Unterkunft zu mieten. Aber Baba dirigierte Rudra zu einem Platz, an dem es nicht nur ein kleines

Haus zu mieten gab, sondern sogar eins mit Blick aufs Meer. Die Miete war hoch, aber nicht ganz so gepfeffert wie bei den anderen Häusern in der Nachbarschaft. Ihr Haus befand sich praktisch direkt am Strand, inmitten vieler anderer kleiner Häuser. Wäre Rudra allein gewesen, hätte er sich in so enger Nachbarschaft mit anderen Leuten nicht wohl gefühlt, aber in Babas Gesellschaft war einfach alles in Ordnung.

Beim Zusammenleben mit Baba gab es bestimmte Regeln. Die Hauptregel war, dass Rudra Baba nicht anreden sollte, wenn sie mit anderen Leuten zusammen waren. Das ging sogar so weit, dass Rudra so tun sollte, als ob Baba gar nicht da wäre. Noch nicht einmal in Babas Richtung schauen sollte er. Rudra unternahm einen schwachen Versuch, Einspruch gegen diese Regel zu erheben, doch er war sich bewusst, auf verlorenem Posten zu kämpfen. Rudra konnte Babas große Macht wahrnehmen. Positive Hingabe stand nicht zur Wahl, sondern war so zwingend natürlich wie Atmen.

Die nächste Regel, auf der der Alte Mann bestand, war, dass Rudra Baba keinem anderen vorstellen sollte. Noch nicht einmal über Babas physische Gegenwart sollte er reden.

Die dritte Anweisung war, dass Rudra einmal pro Tag in einem Restaurant, das von anderen Menschen besucht wurde, eine Mahlzeit ohne Babas Begleitung einnehmen sollte.

Die letzte Vorschrift lautete, dass Rudra alle anfallenden Arbeiten in ihrem Haus alleine erledigen sollte. Ohne Hilfe von auswärts.

„Bist du mit den Bedingungen einverstanden?"

„Du bist der Boss."

„Nur Er ist der Boss." Baba deutete gen Himmel. Rudra nickte. Dann machten sie einen Spaziergang den Strand entlang. Es war früh am Morgen, und sie liefen nahe an der Brandung vorbei. Sie ließen es zu, dass das kalte Wasser ihre nackten Beine umspülte. Außer ein paar Vögeln und einigen streunenden Hunden lag der Strand völlig verlassen dar. Rudra war freudig überrascht, dass Touristen und Gesundheitsfanatiker diesen Teil des Strandes wenig frequentierten. Viele der nahe gelegenen Häuser waren Ferienhäuser der Reichen, und zurzeit war nicht die Saison, in der Familien und Kinder Urlaub am Strand machten. Ebenso trug die Tatsache, dass dieser Ort nicht in der Nähe einer größeren Stadt lag, dazu bei, dass nicht viele der üblichen Wochenend-Urlauber zu Besuch kamen.

„Ich weiß, du hast viele Fragen. Wenn die rechte Zeit gekommen ist, für dich und für mich, werde ich sie dir beantworten. Der richtige Zeitpunkt ist entscheidend. Sonst ist es einfach so, als ob man Perlen vor die Säue werfen würde. Sollte das passieren, dann sind beide, derjenige, der die Perlen hinwirft, wie auch derjenige, dem sie vorgeworfen werden, nicht bereit. Setz dich."

Sie gingen auf ein Stück trockenen Sandes zu und setzten sich auf die weiche, kühle, goldbraune Erde. Eine Weile blickten sie nur auf das unermesslich weite Meer vor sich. An diese plötzlich auftretenden Schweigephasen war Rudra gewöhnt. Baba konnte stundenlang schweigen, während Er tief in Seinem eigenen Selbst verweilte und die Lippen leise im Gebet bewegte. Während dieser Perioden fühlte Rudra sich eigenartigerweise auch selbst viel ruhiger. Als ob auf eine eigene Weise die Stille, die von Baba ausströmte, Rudras ganzes Wesen durchdringen und sein aufgewühltes Unterbewusstsein beruhigen würde. Rudra war Schweigen gewöhnt. Im gegenwärtigen Augenblick zu leben, erlaubte ihm oftmals, stundenlang schweigend zu verbringen. Aber das Schweigen mit Baba befähigte ihn, auf eine ganz andere Ebene von Frieden zu gelangen. Mit Baba fühlte sich Rudra ruhig und still, nicht nur in seinem Geist, sondern auch in seinem Herzen und jeder einzelnen Faser seines Körpers. Es fühlte sich so an, als ob er nach dem Schwimmen an der Oberfläche auf einmal begonnen hätte, in die Tiefe zu tauchen und mit den exotischen Bewohnern im Ozean des Lebens selbst zu schwimmen.

Rudra sah auf das Meer hinaus, das wie eine Palette in verschiedensten Farben schimmerte. Einige Teile zeigten ein mattes Braun, andere schimmerten in intensivem Blau und wieder andere in Silber.

Plötzlich musste er an seine Kinder denken und fragte sich, was sie wohl gerade machten. Ob sie ihn vermissten? Liebten sie ihn noch? Glaubten sie an all die Anschuldigungen, mit denen er bombardiert worden war? Konnten sie seinen Schmerz fühlen und seine Liebe verstehen? Verstanden sie, dass sein Schweigen nicht aus Schwäche geschah, sondern das Kreuz war, das er auf sich genommen hatte, damit er nicht ebenfalls auf die Ebene von Gegenanschuldigungen und ungerechtfertigten Vorwürfen hinabgezwungen würde? Oftmals war ihm nahe gelegt worden, doch endlich zu kämpfen und zurückzuschlagen. Aber wen sollte er bekämpfen? Die Mutter seiner Kinder! Wie bekämpft man die Person, die das eigene Fleisch und Blut geboren hat? Er war beschimpft und verleumdet, sein Charakter war regelrecht kastriert worden, aber er schwieg weiter, denn nur so konnte er verhindern, dass seine Kinder noch mehr verletzt wurden. Sein Gott kannte die Wahrheit, und das genügte ihm. Natürlich hatte er Fehler gemacht. Aber ganz ehrlich gesagt, er war doch nicht der Einzige gewesen, der Fehltritte begangen hatte. Natürlich war er kein Heiliger, aber ganz sicher auch nicht der Teufel, als der er hingestellt worden war. Er war einfach ein Mensch, so viel war klar. Klar war auch, dass er sein Mitgefühl den falschen Leuten geschenkt hatte.

Schweigen – nicht nur in Worten, sondern auch in Gedanken – ist wichtig. Es macht keinen Sinn, äußerlich still zu sein, aber innerlich vor Gedanken schier zu platzen und sich über die Welt im Besonderen und Allgemeinen aufzuregen. Schweigen heißt wahre Gelassenheit, innerlich und äußerlich.

Obwohl er seine Kinder vermisste, blieb ihm doch ein Trost, den ihm niemand nehmen konnte. Die gesamte Zeit, die er mit ihnen verbracht hatte, war er ein wirklich guter Vater gewesen. Er hatte ihnen seine ganze Seele geschenkt. Er war durch die Hölle und zurück marschiert, um ihnen Frieden und eine glückliche Kindheit zu ermöglichen. Und es war ihm gelungen. In die Schlammschlacht, die losbrach, hatte er sie nie mit hineingezogen, auch wenn das bedeutete, sie für immer zu verlieren. Er wollte nicht, dass seine Kinder verwirrt und im Kreuzfeuer von Anschuldigungen und Vorwürfen verletzt würden. Also machte er das, was er für das Beste hielt. Er schlug nicht zurück. Der Himmel wusste, wie sehr er litt, aber das war in Ordnung. Wenn seine Kinder ein besseres und gradlinigeres Leben führen konnten, indem sie ihn hassten, dann sollte ihm das recht sein. Es war weit besser für die Kinder, ihn zu hassen, als ein Leben voller Verwirrung, Schuld und Furcht zu führen. Aus diesem Grund hatte er seine Rechte auf sie aufgegeben. Es war für ihn selbstverständlich, nie seine Kinder dazu zu benutzen, seinen eigenen Kampf auszufechten. Niemals würde er eine Flinte abfeuern, die auf ihren zerbrechlichen Schultern aufgelegt werden musste. Lieber würde er sterben und sein ganzes Leben alleine sein. Sich das ganze Leben lang elend fühlen. Lieber er als sie, seine kleinen Leben.

„Alles ist nur ein einziges Spiel, Sohn. Also spiele es mit Klasse, das ist wichtig. Schweigen hat seine eigene Art, sich einen Weg zu ebnen. Es braucht Zeit, aber denk immer daran, nie, wirklich nie, auf solche Taktiken wie Lästern, Hetzen, Verleumdungen, Schlammschlachten und Intrigen zurückzugreifen. Egal ob man im Recht oder Unrecht ist, sollte man nie jemand anderen schlecht machen. Sobald du das tust, bist du im Unrecht. Zeige Klasse, mein Junge. Was dein ist, kann dir nie jemand wegnehmen! Was dir nicht gehört, kannst du nie lange halten, auch wenn du Himmel und Hölle in Bewegung setzt. Das ist das Gesetz des Universums. Gott ist gerecht, Gott ist barmherzig und Gott hat allem und jedem in Seiner Schöpfung Seinen eigenen Atem eingehaucht. Gott liebt alle, aber, mein Sohn, das heißt noch lange nicht, dass Er blind ist. Jeder einzelne Moment, den Er erschaffen hat, trägt seinen eigenen Sinn und Samen in sich. Letztlich sind wir alle ein Teil von Ihm und deshalb auch ein Teil von allen anderen Geschöpfen. Wenn du andere anklagst, schlecht machst und gegen sie intrigierst, dann klagst du Gott an, machst Gott schlecht und intrigierst gegen Ihn, gegen deine ureigene, wahre Seele. Schweigen, nicht nur in Worten, sondern auch in Gedanken, ist wichtig. Es macht keinen Sinn, äußerlich still zu sein, aber innerlich vor Gedanken schier zu platzen und sich über die Welt im Besonderen und Allgemeinen aufzuregen. Schweigen heißt wahre Gelassenheit, innerlich und äußerlich. Vielleicht bist du verletzt und leidest Schmerzen, das ist nur natürlich und menschlich. Wenn jemand in deine Hand schneidet, dann wird Blut fließen und du wirst Schmerzen spüren, aber solange du keinen Hass empfindest, ist alles in Ordnung. Hass ist das schwerste Kreuz von allen, mein Sohn. Sogar die Himmel haben Mitleid mit dem Menschen, der das Kreuz des Hasses trägt, weil dieses Kreuz mit jedem Moment schwerer und schwerer wiegt. Sei immer in Frieden und Schweigen. Selbst wenn du nur in einem dieser Zustände verbleiben kannst, kannst du ein edles Leben führen." Baba lächelte, und Tränen strömten Rudras Wangen hinunter. Er hatte nie jemanden gehasst. Trotz all der schweren Prüfungen hatte er nie irgendjemanden von denen, die seinen Charakter demontiert hatten, gehasst. Hass brannte sich in jede Seele ein. Fraß sich in jede Lebensfaser. Niemand war das wert.

„Glauben gibt es in verschiedenen Graden von Intensität und Absicht. Auf eine Art ist Glaube auch karmisch bedingt. Du kannst gläubig geboren werden, Glaube kann dir nahe gelegt oder aber kräftig eingebläut werden. Er liegt schon in dir oder wird dir von außen zugeführt. Er kann deine letzte Chance sein, nicht verrückt zu werden, oder der Anker, der dich sicher durchs ganze Leben führt. Steht ein Mensch mit dem Rücken zur Wand, wird er oft entweder nach Hass oder nach Glauben greifen. Beide Emotionen haben ihre eigenen Schwingungsgrade und zeitigen ihre eigenen Folgen. Sobald das Problem verschwindet, verschwindet auch Hass oder Glauben. Manchmal spielt es auch keine Rolle, ob das Problem bestehen bleibt, gelöst oder schlimmer wird – Glaube oder Hass bleiben. Es hängt von der Reife der Seele, von der Erziehung und von den Prioritäten ab, die der jeweilige Mensch hat. Lass uns jetzt mal ausführlicher über Glauben reden.

Nur weil sie gläubig sind, erwarten viele Menschen, dass ihr Leben auf Rosen gebettet sein sollte. Aufgrund ihres Glaubens verlangen sie, dass es in ihrem Leben überhaupt keine Probleme geben sollte. Wenn sie beten und den Namen Gottes rezitieren, fühlen sie sich berechtigt, ein Leben ohne Anstrengung, ohne Probleme, ohne all das zu führen, was die ruhigen, aber flachen Wasser ihres Lebens stören könnte. Kurz gesagt, sie wünschen keinerlei Tiefs, sondern wollen, dass ihr ganzes Leben glatt läuft und sie immer schön in rosa Watte eingepackt bleiben. Gott behüte, dass irgendetwas auch nur im Entferntesten gegen ihre Vorstellung, wie ein perfektes Leben aussehen sollte, verstößt! Sofort fangen sie an, an Gott, der Schöpfung und sämtlichen Himmeln dort oben zu zweifeln. Da sie in ihrem vollbesetzten Terminplan etwas Zeit gefunden haben, zu beten, eine gute Tat zu tun oder der Wohltätigkeit zu frönen, hängen sie nun der festen Überzeugung an, dass die Himmel dort oben gefälligst nach ihrer Pfeife zu tanzen hätten; und sofortige Wunscherfüllung wird nicht nur ersehnt, sondern geradezu erwartet. Aber hallo! Diese Art von Glauben bricht leicht. Und mit einem Glauben, der so leicht zerbricht, bricht auch das Herz. Sie sind wie Kinder, die erwarten, dass die Himmel nach ihrer Pfeife tanzen müssten. Es sind gute, aber junge Seelen. Oder Seelen, die sich weigern zu sehen, dass es gar nicht Gott ist, der so schrecklich kompliziert ist, sondern dass ihr Leben nach Regeln verläuft, die eng mit ihrer Vergangenheit und dem, was für sie in der Zukunft das Beste ist, verbunden sind. Wenn ein Kind, das an chronischem Asthma leidet, weint, weil es Eis essen will, die Mutter seinem Wunsch aber nicht nachgibt, weil ihr bewusst ist, dass Eiskrem in diesem Fall schlecht für die Gesundheit ihres Kindes ist, dann ist es das Beste für das Kind, seinen Wunsch nicht erfüllt zu bekommen. Das Kind mag ganz anders darüber denken, aber die Mutter weiß es am Besten. Ein einfaches Beispiel, aber ich glaube, du verstehst, worauf es mir ankommt. Wie ich dir schon früher sagte, Perlen vor die Säue zu werfen, ist nicht nur eine Verschwendung von Perlen, sondern sagt auch nichts von Vorteil über den aus, der die Perlen aus der Hand gab. Ich kann dir versichern, Gott da oben hat nie auch nur eine Perle verschwendet."

Nachdem Er dies gesagt hatte, lächelte Baba und blieb wiederum eine Weile still, als ob Er Rudra Zeit geben wollte, Seine Worte in sich aufzunehmen. Mit Seiner weißen Robe, dem Bart und dem weißen Tuch um den Kopf, Seinem sanften Lächeln und den tiefen, milden Augen sah der Alte Mann Shirdi Sai Baba so ähnlich, dass Rudra oftmals Tränen in die Augen stiegen und er den Alten Mann umarmen wollte. Er liebte den Alten Mann. Liebte Seine Art, Sich zu geben und Seine Einfachheit.

Hass ist das schwerste Kreuz von allen. Sogar die Himmel haben Mitleid mit dem Menschen, der das Kreuz des Hasses trägt, weil dieses Kreuz mit jedem Moment schwerer und schwerer wiegt. Sei immer in Frieden und Schweigen. Selbst wenn du nur in einem dieser Zustände verbleiben kannst, kannst du ein edles Leben führen.

Er hatte festgestellt, dass Baba überhaupt nicht wählerisch in puncto Essen und Komfort war. Man konnte ihm alles vorsetzen, sei es einfaches bis geschmackloses Essen oder eine besonders raffinierte und köstliche Mahlzeit – unterschiedslos verzehrte Baba alles mit demselben Wohlwollen und Vergnügen. Baba liebte Tee. Obwohl Er oft Witze über den Tee machte, den Rudra braute, verlangte Er doch oft nach ihm. Chillum, Tee und Öllampe waren die einzigen Sachen, an denen der Alte Mann auf eine Art zu hängen schien.

„Jetzt kommen wir zur zweiten Kategorie von Gläubigen. Die zweite Kategorie besteht aus fortgeschrittenen Seelen, die aber noch dem Austausch von Geben und Nehmen verhaftet sind, wenn auch in anderer Weise als die erste Kategorie. Denk daran, wir bewerten weder Menschen noch ihren Glauben oder die Reinheit ihrer Absichten. Wir bewerten nicht. Nur Er macht das – und Er ist barmherzig. Hier reden wir nur über verschiedene Arten von Glauben und über meine Überzeugung, dass derjenige, der wahren Glauben hat, niemals im Stich gelassen wird, wirklich niemals. Die zweite Art von Glauben ist intensiver als die erste. Anhänger dieses Glaubens sind davon überzeugt, dass aufgrund ihres Glaubens an Gott oder ihren Meister Wunder nicht nur möglich, sondern schlechtweg garantiert sind. Sie machen sich keine Sorgen, wenn schlechte Zeiten kommen. Sie sind nicht am Boden zerstört, wenn tödliche Krankheiten in ihr Leben oder das ihrer Lieben treten. Sie drehen nicht durch, wenn der Pleitegeier an ihre Tür klopft. Sie sind sicher, so sicher wie die Sonne im Osten auf- und im Westen untergeht, dass ihr Gott oder Meister sie schon heil durch diese Krise hindurch bugsieren wird. Ihr übliches Mantra ist: „Ich habe vollstes Vertrauen in meinen Meister, ich weiß, dass Er/Sie sich dieses Problems schon annehmen wird … Ich habe vollstes Vertrauen, dass mein Gott diese unheilbare Krankheit schon heilen wird … Ich glaube fest daran, dass mein Meister mir aus dieser finanziellen Krise hinaus helfen wird.“ Ihr Gottvertrauen kann sogar solche Ausmaße annehmen, dass sie äußern: „Das ist nicht mein Problem, das ist das Problem meines Meisters. Ich weiß, dass Er/Sie dies schon lösen wird.“ Oder: „Ich habe vollstes Vertrauen in meine Gebete, ich werde diese Prüfung schon spielend bestehen.“ Was diese Menschen Gott oder ihrem Meister indirekt eigentlich mitteilen, ist folgendes: „Da ich so viel Vertrauen in Dich habe, solltest Du besser dran tun, nun aber mal fix meine Probleme zu lösen.“ Oder: „Enttäusch mein Vertrauen bloß nicht.“ Das ist so, als ob man Gott, seinen Meister oder seine Gebete wie einen *Astralkellner* behandelt. Da man schon mal in Seinem Restaurant Platz genommen hat, darf man nun doch sicher erwarten, dass das Essen vorzüglich sein und Gott jetzt – „Hallo, Hier!“ – auch liefern wird. Als ob man sagte: „Ich habe meine Zeit, Liebe und Energie darin investiert, an Dich zu glauben, also enttäusche mich jetzt mal besser nicht.“ Diese Menschen sind vollends davon überzeugt, dass ihr Glaube an ihre Meister sie von allen Problemen befreien werde.

Aber manchmal müssen auch sie durch ihren Teil von schweren Prüfungen gehen. Das muss so sein. Tatsächlich werden die schweren Prüfungen oft als Hilfe von den Meistern selbst in die Wege geleitet, um ihren Schützlingen Starthilfe bei ihrem spirituellen Wachstum zu leisten, ihre spirituelle Reise zu beschleunigen oder um sie auf eine andere Evolutionsstufe zu heben. Die Gründe können aber auch karmisch bedingt und die Meister der Ansicht sein, dass es das Beste sei, durch die Erfahrung zu gehen und damit das Karma, das ihre Schüler auf der physischen Ebene hält, aufzulösen. All das ist ein komplexes Gewebe, und es ist allein der Meister, der weiß, was das Beste für dich ist. Wenn du nun deinem Meister sagst: „Ich glaube fest daran, dass Du nicht zulassen wirst, dass mir dies zustößt“, dann ist das so, als ob du deinem Chirurg mitteilst: „Ich glaube fest daran, dass Sie mich nicht aufschneiden und operieren werden.“ Warum bist du dann überhaupt zu einem Chirurgen gegangen? Und wenn du schon da bist, dann lass den armen Kerl doch gefälligst seine Arbeit tun! Sicher wird die Operation in solch einer Art und

Weise vonstatten gehen, dass kein anderer sie so gut hinbekommen hätte, aber die Operation selbst muss sein. Dem Chirurgen zu sagen, dass man fest daran glaubt, er würde einen nicht operieren, zeugt nicht gerade von Weisheit. Sicher kann es Zeiten geben, in denen der Arzt eine andere Lösung als eine Operation vorschlägt. Oder die Operation so vollzieht, dass die Genesung phänomenal sein wird.

Jetzt kommen wir zu der erhabensten Art von Glauben. Dieser Glauben besteht aus würdevoller Hingabe. Wie kann ich diese Art von Glauben beschreiben? Er ist so fein ziseliert wie ein Grashalm und so stark wie die Wurzeln eines mächtigen Banyan-Baumes. Sogar Gott zögert, Seinen Zorn auf die hinab zu senden, die solch einen Glauben haben. Ein Kind oder ein Liebender Gottes, dessen Seele von diesem Glauben gespeist wird, hat keine Erwartungen und keine Forderungen mehr. Einen Anhänger oder Schüler gibt es nicht mehr. Nur noch reine Würde und Hingabe.

Triff Vorkehrungen, dass du nie wieder in deinem Leben an diesem medizinischen Problem leiden musst. Triff Vorkehrungen, dass deine Genesung schnell und schmerzlos vonstatten geht und du während und nach der Operation keine Schmerzen haben wirst. All diese Vorkehrungen können getroffen werden, aber die Operation selbst muss sein.

Vergiss nicht, mein Kind, dass ich diese Menschen nicht bewerte. Ich erkläre dir lediglich die verschiedenen Arten von Glauben, die es gibt. Wenn nun das erwartete Wunder eintritt, wird normalerweise gesagt: „Ich wusste doch, dass mein Meister mich nie im Stich lassen wird."

Meine Frage an dich ist ganz einfach: Ist dein Glaube bedingungslos oder nicht? Kreist dein Glaube nur um dich selbst? Bedeutet eine Katastrophe in deinem Leben, dass dich dein Meister, Gott oder deine Gebete im Stich gelassen haben? Bringt dein Meister es als spiritueller Dynamo einfach nicht, weil Er dir bei deinen Problemen nicht helfen konnte und du deshalb durch diese Krise gehen musstest? Muss dein Meister oder Gott dir gegenüber immer wieder erneut Seine Macht beweisen? Falls dem so ist, dann gibt es auch bei dieser Art von Glauben unzählige Chancen, dass dein Herz bricht, weil dein Glaube an Bedingungen geknüpft ist.

Wenn du ein Mantra hast, das sich so anhört wie: „Ich glaube fest daran, dass Du mich nicht enttäuschen und immer alle meine Wünsche erfüllen wirst", dann ist das ein Glaube, der ausschließlich an Bedingungen geknüpft ist. Aber bedenke auch, dass die Kinder Gottes in dieser Kategorie mehr auf ihren Meister eingestimmt und stärker als die meisten Menschen sind. Auch im spirituellen Sinne sind sie mehr mit ihrem Meister und Gott verbunden und tun ihr Bestes, um die Verbindung nicht abreißen zu lassen. Aus diesem Grund fallen ihnen Gebete und Spiritualität leichter, und Probleme im Alltag gehen sie als kleinere Tests von ihrem Meister an, die es gilt, in Würde zu lösen. Nur wenn der Vulkan wirklich ausbricht, wird ihr Glaube an Bedingungen geknüpft. Auch während der Katastrophe sind sie gelassen, voller Vertrauen und Würde … aber dies ist nicht bedingungslos … die unterschriebenen Bedingungen sind verpflichtend … „Ich glaube fest daran, dass mein Meister schon noch liefern und mich nicht hängen lassen wird."

Rudra kannte beide Arten von Glauben in und auswendig. Sein Leben lang war er zwischen ihnen hin und her geschwankt.

Er hatte Menschen gekannt, gute Menschen, die beiden Kategorien angehörten. Manchmal konnte einen ihr starker Glaube wahrhaft in Erstaunen versetzen, und andere Male wunderte man sich, wohin denn all die innere Kraft nur verpufft war. Die Menschheit ist eine eigenartige Mischung aus Himmel und Hölle, ein seltsamer Widerspruch zwischen Genie und Wahnsinn, alles in einem.

„Jetzt kommen wir zu der erhabensten Art von Glauben. Dieser Glauben besteht aus würdevoller Hingabe. Wie kann ich diese Art von Glauben beschreiben? Er ist so fein ziseliert wie ein Grashalm und so stark wie die Wurzeln eines mächtigen Banyan-Baumes. Sogar Gott zögert, Seinen Zorn auf die hinab zu senden, die solch einen Glauben haben. Ein Kind oder ein Liebender Gottes, dessen Seele von diesem Glauben gespeist wird, hat keine Erwartungen und keine Forderungen mehr. Einen Anhänger oder Schüler gibt es nicht mehr. Nur noch reine Würde und Hingabe. Wenn eine Katastrophe eintritt, werden die Grundfesten des Glaubens in solch einem Kind Gottes nicht erschüttert. Dieses Kind hängt auch nicht der Überzeugung an ‚Ich glaube fest daran, dass mein Meister dieses Problem schon lösen wird' oder ‚Mein Meister wird mich nie im Stich lassen' oder ‚Ich habe vollstes Vertrauen, dass mein Meister, Gott, meine Gebete Sich dieser widrigen Umstände schon annehmen und mich unbeschadet aus ihnen hervorgehen lassen'. Nein.

Wenn eine Katastrophe zuschlägt, ist sich ein Kind des wahren Glaubens von vornherein bewusst, dass alles, was auch immer geschieht, mit Zustimmung seines Meisters geschieht. Aus diesem Grund kann sich das Kind immer sicher sein, dass alle harten und unangenehmen Erfahrungen nur mit Zustimmung des Meisters eintreten können. Ein Anhänger des wahren Glaubens ist sich darüber im Klaren, dass der Meister alle Ereignisse aus einem bestimmten Grund arrangiert, über den er gar nichts wissen will. Er bleibt vertrauensvoll in dem Bewusstsein ruhen, dass absolut gar nichts – sei es gut oder schlecht, angenehm oder unangenehm, freudig oder schmerzvoll – in seinem Leben ohne den Willen des Meisters geschehen kann. Was auch immer die unangenehme Erfahrung beinhalten mag, Tod, Krankheit, Trennung, Verrat, Bankrott, Qualen oder rufschädigende Anschuldigungen –, sie wurde aus einem bestimmten Grund mit Wissen und Willen des Meisters geschickt. Wenn etwas mit der Einwilligung und dem Segen des Meisters geschieht, dann ist dies das einzige, worauf es ankommt.

Ein Anhänger dieses Glaubens hat eine einfache Philosophie: „Nicht ein Blatt kann sich bewegen, nicht ein Atemzug kann erfolgen – ohne den Willen des Meisters." Also können weder gute Erfahrungen noch schlechte Umstände in das Leben eines solchen Menschen treten, ohne dass der Meister diese gutheißt. Nun ist solch eine Grundhaltung aber gar nicht so einfach, wie sie klingt. Sie beinhaltet auch keineswegs eine fatalistische Lebenseinstellung. Wenn ein Mensch diese Lebensphilosophie lebt, hat er jeden Atemzug und Gedanken, jede Handlung, alle Auswirkungen seiner Taten, alles Karma, sein ganzes Leben auf der Erde und nach dem Tod in die Obhut des Meisters gegeben. Jeden Moment gibt dieser Mensch sein Bestes im Leben, aber er überlässt die Resultate seiner Handlungen seinem Gott und Meister, ohne irgendwelche Erwartungen in Bezug auf Belohnung, Sicherheit oder Trost. Bei dieser Art von Glauben erwartet der Mensch noch nicht einmal mehr Schutz von seinem Meister, denn auch dies würde ja bedeuten, noch irgendeine Form von Erwartung dem Meister gegenüber zu hegen. Das Kind Gottes hat alles dem Meister übereignet. Das Kind ist sich gewiss, dass alle Ereignisse in seinem Leben mit dem Willen des Meisters geschehen, und was immer mit dem Willen des Meisters geschieht, ist perfekt und dient dem höchsten Gut.

Ein Anhänger des wahren Glaubens bleibt vertrauensvoll in dem Bewusstsein ruhen, dass absolut gar nichts – sei es gut oder schlecht, angenehm oder unangenehm, freudig oder schmerzvoll – in seinem Leben geschehen kann, ohne den Willen des Meisters. Was auch immer die unangenehme Erfahrung beinhalten mag, Tod, Krankheit, Trennung, Verrat, Bankrott, Qualen oder rufschädigende Anschuldigungen, sie wurde aus einem bestimmten Grund mit Wissen und Willen des Meisters geschickt. Wenn etwas mit der Einwilligung und dem Segen des Meisters geschieht, dann ist dies das einzige, worauf es ankommt.

Diese Form von Glauben verlangt völlige Hingabe. Solch ein Glauben ist der schwierigste von allen, aber auch der erhabenste. Er befreit dich von allen Erwartungen ebenso wie von den Qualen der Gegensatzpaare Belohnung und Bestrafung, Erfolg und Versagen, Glück und Leid. Du gibst dein Bestes im Leben und überlässt alles Weitere deinem Meister. Dein Meister ist im Besitz wahrer Weisheit, und mehr gibt es nicht hinzuzufügen. Also lautet der Lebensgrundsatz nicht mehr: „Ich habe vollstes Vertrauen, dass sich mein Meister um mich kümmern und mich nicht im Stich lassen wird", sondern „Ich habe vollstes Vertrauen in meinen Meister. Was auch immer geschieht, geschieht mit der Einwilligung meines Meisters, der im Besitz wahrer Weisheit ist. Da das jetzige Ereignis mit meines Meisters Segen in mein Leben tritt, kann für mich im Augenblick nichts besser sein als genau dies." Es ist von größter Bedeutung, alles, was geschieht, mit Würde und positiver Hingabe als den Willen des Meisters zu akzeptieren. Auch sämtliche Resultate und Folgen, die sich aus allen Handlungen ergeben, werden in Gelassenheit und Würde akzeptiert.

Denk daran, das ist leichter gesagt als getan. Solch ein absoluter Glauben bedeutet nichts weniger als die völlige Vernichtung des eigenen Selbst, der eigenen Identität. Dieser Mensch oder dieses Kind Gottes wird eher zu einem Derwisch, einem Medium, einem Instrument seines Meisters. Wie der Derwisch seinen Glauben immer feiner und feiner stimmt und seine Schwingung der des Meisters angleicht, so beginnt auch das Kind, seine Identität zu verlieren und die des Meisters anzunehmen. Je mehr du dich selber verlierst, desto mehr verbindest du dich mit dem Meister. Je mehr Schichten du in dir abträgst, desto mehr Platz kann dein Meister einnehmen. Weniger von dir, bedeutet mehr von deinem Meister. Diejenigen, die wirklich eine Feinabstimmung mit der Schwingung ihres Meisters erreicht haben, werden sich selbst letztlich völlig verlieren, und dann wohnt tatsächlich ihr Meister oder Gott in ihnen. Dann werden sie zu wahren Gefäßen oder Instrumenten – alles, was sie sagen, denken, tun, sehen, hören, einfach alles, geschieht durch ihren Meister. Dann ist tatsächlich der Meister der wahrhaft Handelnde. Als ob man Honig in kalte Milch gibt. Letztlich verlieren Honig und Milch ihre Individualität, vereinen sich, und das Ergebnis ist reiner Nektar.

Aber bedenke, es gibt einen großen Unterschied zwischen solchen Derwischen, solchen Kindern des wahren Glaubens, und denen, die nichts weiter als eine fatalistische Gesinnung haben.

Erst einmal gibt ein Anhänger des wahren Glaubens dem Leben, dem gegenwärtigen Augenblick und seinem Meister gegenüber immer sein Bestes. Das geschieht ohne irgendwelche Erwartungen. Was auch immer danach geschehen mag, akzeptiert er mit Würde und positiver Hingabe. Ein Derwisch wird nicht verärgert, negativ oder verliert seinen Glauben. Er lebt sein Leben mit derselben Intensität und Liebe wie andere, meist jedoch mit größerer, nie mit weniger Intensität und Liebe. Im Gegensatz dazu ist die Lebenseinstellung eines Fatalisten völlig anders. An Stelle von Glauben und Hingabe benutzt ein Fatalist die Krücke von Schicksal und Vorbestimmung. Ein Fatalist gibt dem Schicksal und Gott die Schuld an allem. Auch die Anstrengungen, die er unternimmt, stellen nie sein Bestes dar, denn das Kernstück seiner Lebensphilosophie ist schließlich, dass Anstrengung und Absicht von Sternen und Schicksal überschattet werden. Wenn eh alles vorherbestimmt ist, warum sich anstrengen? Wenn sich Dinge nicht nach Wunsch entwickeln, nimmt ein Fatalist gern folgende Haltung ein: „Was kann man da machen, es lag halt nicht in meinen Sternen" oder „Gott hat's nicht gewollt, also zur Hölle damit".

Bei einem wahren Kind Gottes lautet der Lebensgrundsatz nicht mehr: „Ich habe vollstes Vertrauen, dass sich mein Meister um mich kümmern und mich nicht im Stich lassen wird", sondern: „Ich habe vollstes Vertrauen in meinen Meister. Was auch immer geschieht, geschieht mit der Einwilligung meines Meisters, der im Besitz wahrer Weisheit ist. Da das jetzige Ereignis mit meines Meisters Segen in mein Leben tritt, kann für mich im Augenblick nichts besser sein als genau dies." Es ist von größter Bedeutung, alles, was geschieht, mit

Würde und positiver Hingabe als den Willen des Meisters zu akzeptieren. Auch sämtliche Resultate und Folgen, die sich aus allen Handlungen ergeben, werden in Gelassenheit und Würde akzeptiert.

Beide Arten von Menschen überlassen alles Gott, aber schau dir den Unterschied an. Ein Derwisch gibt sein Bestes, ohne sich um Belohnungen oder Resultate Gedanken zu machen. Er übergibt die Früchte seiner Anstrengung in Würde dem Meister und akzeptiert mit positiver Hingabe alles, was das Leben bereithält, als Willen des Meisters. Ein Fatalist gibt niemals sein Bestes im Leben, weil er glaubt, dass sowieso alles von einem Gott, der nur an einer karmischen Bilanz interessiert ist, vorherbestimmt ist. Also, denkt er, kann man machen, was man will, letztlich wird doch immer das geschehen, was von vornherein geschehen sollte. Er akzeptiert das Leben nicht mit positiver Hingabe, sondern eher mit Resignation und Hilflosigkeit, sogar mit Negativität, Frustration und einem Gefühl von Niederlage. Der Unterschied zwischen positiver Hingabe und einer fatalistischen Lebenseinstellung ist so groß wie der zwischen Himmel und Hölle."

„Willst du damit sagen, dass ein Mensch mit wahrem Glauben, so ein Derwisch oder Instrument des Meisters, sich niemals aufregt, nie außer Fassung gerät oder vom Leben verletzt wird?"

„Sicher wird es Reaktionen geben, vielleicht auch Gefühlsausbrüche, je nach Temperament. Wenn dich jemand mit einem Messer verletzt, dann kann es sein, dass du aufschreist, brüllst oder sogar fluchst. Das ist menschlich. Aber wichtig ist, wie du nach dieser Erstreaktion reagierst. Hegst du Groll, Hass oder Ärger in deinem Geist oder Herzen? Denkst du über Rache nach? Beschuldigst du Gott und Meister? Gibst du deinem Meister die

Schuld, weil Er dich im Stich gelassen hat? Fragst du dich ständig: „Warum ich?" Alle diese Reaktionen werden durch Charaktereigenschaften bedingt; was jedoch in deinem Herzen, deinem Geist und deiner Seele weiter bestehen bleibt, bestimmt deinen Glauben und dein spirituelles Wachstum. Wenn ein Mensch zum Beispiel äußerlich gar keine Reaktion zeigt, kann es in ihm doch von Ärger und Gedanken an Rache und Vergeltung nur so brodeln. Er kann es auch seinem Meister übelnehmen, dass Er nicht zur Stelle war, als er Ihn am meisten brauchte. Vergleiche solch ein Verhalten mit jemandem, der einen Moment lang aufschreit, sich dann aber wieder beruhigt, dem Angreifer vergibt, die Situation gänzlich akzeptiert und alles, was sich ereignet hat, mit positiver Hingabe annimmt. Bedenke, zu reagieren ist menschlich, aber welche Gedanken und Gefühle du in deinem Inneren nährst und wie du mit der Situation umgehst, bestimmt, wo du spirituell und wie du zu deinem Meister stehst."

Bitte um die richtigen Dinge, und Gott wird sie dir geben müssen. Also bitte um Stärke und Weisheit, Liebe und Mitgefühl, um durch das Leben mit Würde, Humor und positiver Hingabe zu gehen. Das ist das beste Gebet.

Beide Männer standen auf. Der Strand war noch leer, und die Luft wärmte sich gerade auf. Der Monsun hatte sich um mehr als zwei Wochen verspätet. Einige Teile des Landes hatten schon mit einer akuten Wasserknappheit zu kämpfen. Wenn der Monsun dieses Jahr nicht genügend Wasser brachte, würde die Situation im ganzen Land kritisch werden. Rudra grauste es davor, erneut Zeitungsartikel über arme Farmer, die aufgrund eines schlechten Monsuns Selbstmord begangen hatten, lesen zu müssen.

Sie kehrten zu ihrem Haus zurück. Rudra ging in die Küche, um eine zweite Tasse Tee für sie beide zu machen. Er schaltete den Toaster ein. Baba mochte heißen Toast mit geschmolzener Butter gerne. Er aß wie ein Kind. Rudra liebte es, Baba beim Essen zuzusehen. Es gab ihm dieselbe Befriedigung, die er verspürt hatte, als er seinen Kindern beim Essen zusah. Zum ersten Mal seit Jahren genoss Rudra es wieder, Früchte und Lebensmittel einzukaufen und dann voller Liebe und froher Erwartung ein ausgefallenes Gericht zuzubereiten. Für seine Kinder hatte er viel gekocht. Suppen, Fruchtsäfte, Salate und Sandwichs. Er pflegte sich dann zu seinen Kindern zu setzen und ihnen beim Essen zuzusehen. Sie saßen viel zusammen, redeten, lachten, alberten herum, schauten sich tolle Filme oder Serien an und waren einfach zusammen. Abgeschottet von der Außenwelt, waren sie zusammen und glücklich. Seit sie fort waren, hatte er keinen Geschmackssinn mehr. Alles schmeckte gleich, wie Staub. Nichts war mehr von Bedeutung. Rein gar nichts.

Aber nun, da Baba bei ihm war, fühlte sich das Kreuz, das er trug, leichter an, es atmete sich auch leichter und die Nächte waren kürzer. Sicher, wenn er wieder allein war, vermisste er seine Kinder noch mehr. Wenn Baba auf einem Seiner Spaziergänge war oder für Stunden einfach verschwand, wurde Rudra sich seines Verlustes und des Verlustes seiner Kinder noch schmerzlicher bewusst. Aber wenn er mit Baba zusammen war, Ihm zu essen gab, sich um Ihn kümmerte, Seine Füße massierte, Sein Bad oder Seine Chillum richtete, dann fühlte er sich leichter, lebendiger und weniger selbstmordgefährdet. Sich um Baba zu kümmern, kam ihm so vor, als ob er sich um seine eigenen Kinder kümmerte. Er verspürte auch nicht mehr den heftigen Drang zu trinken. Er trank nur noch, wenn er ein einsames Mahl in dem Restaurant einnahm und wusste, dass Baba die nächsten Stunden nicht da sein würde. Dann trank er gewöhnlich zwei Gläser Bier vom Fass, und gut war's. Das Bedürfnis, sich einen Rausch anzutrinken, war nicht mehr so übermächtig.

„Rudra, mein Kind, gib einem alten Mann doch etwas zum Frühstück; und bring ihn langsam mit deinem gräulichen Tee um die Ecke."

„Ja, ja." Rudra lächelte und konnte hören, wie er leise in sich hinein gluckste.

„Lass mich dir ein Geheimnis anvertrauen." Sie liefen am Strand entlang, nachdem sie ein Abendessen zu sich genommen hatten, das aus frischem, selbstgemachtem Joghurt, scharf gewürzten Bratkartoffeln, Vollkornbrot, Salat mit vielen Chilischoten und aus verschiedenen Pickles bestand. Als Nachtisch hatte Rudra frische Mangos für Baba klein geschnitten. Rudra selbst hatte seit Jahren keine Mango mehr gegessen. Die Frucht erinnerte ihn an zu viele glückliche Stunden mit seinen Kindern, so dass ihm jetzt jeder Bissen im Halse stecken blieb. Normalerweise nahm Baba nie etwas zu essen oder zu trinken zu sich, ohne darauf zu bestehen, dass auch Rudra etwas davon nahm, aber in diesem Fall bedeutete Er Rudra mit keinem Wort, auch etwas von der Mango zu essen. Das überraschte Rudra nicht. Baba kannte Rudras geheimste Gedanken, sogar die, die tief in seinem Unterbewusstsein schlummerten.

Rudra musste stehen bleiben, um von Babas Lippen lesen und Seine Handbewegungen erkennen zu können. Es war noch nicht Vollmond, erst nach zwei weiteren Nächten würde es so weit sein, aber die Mondstrahlen waren klar und stark, denn der Himmel wurde durch keine einzige Wolke verdeckt.

Je mehr du dich selber verlierst, desto mehr verbindest du dich mit dem Meister. Je mehr Schichten du in dir abträgst, desto mehr Platz kann dein Meister einnehmen. Weniger von dir bedeutet mehr von deinem Meister. Diejenigen, die wirklich eine Feinabstimmung mit der Schwingung ihres Meisters erreicht haben, werden sich selbst letztlich völlig verlieren, und dann wohnt tatsächlich ihr Meister oder Gott in ihnen. Dann werden sie zu wahren Gefäßen oder Instrumenten – alles, was sie sagen, denken, tun, sehen, hören, einfach alles, geschieht durch ihren Meister. Und dann ist tatsächlich der Meister der wahrhaft Handelnde.

„Das Geheimnis ist eigentlich ganz einfach: Gott sieht es gar nicht gerne, wenn Menschen um Ihn oder in Seinem Namen kämpfen. Er mag es überhaupt nicht, wenn Menschen miteinander streiten und sich gegenseitig beschimpfen – um Ihn, Sein Wesen, Seine Form und die 'richtige' Auslegung der Schriften. Es ist wirklich eine ausgesprochen schlechte Idee, einen anderen Menschen in Seinem Namen oder dem Namen von Religion oder Spiritualität umzubringen. Damit lädst du schwere karmische Auswirkungen auf dich herab, die mehrere Leben andauern können. Aber weißt du, was das Allerschlimmste ist? In Seinem Namen leichtgläubige Menschen zu manipulieren. Die sogenannten Gottesvertreter, spirituellen Führer und Priester aller Religionen, die Gott und Seinen Namen benutzen, um Menschen in die Irre zu führen und dazu aufzurufen, kriminelle Handlungen zu begehen, zu töten, zu randalieren und Fanatiker zu werden – alle diese sogenannten

Führer befinden sich in solch immensen Schwierigkeiten, dass mir die Worte fehlen zu beschreiben, welche Höllenqualen in wie vielen Leben sie erleiden werden. Es gibt keine größere Sünde als den eigenen, einmal erreichten Evolutionsstand zu missbrauchen. Halte dir nur Folgendes vor Augen: Jemand, der ein gewisses Entwicklungsstadium und einen gewissen Grad an Spiritualität erlangt hat, missbraucht dann seine Macht – seine spirituelle oder finanzielle Macht, die Kraft seiner charismatischen Ausstrahlung oder sonst eine Machtposition. Die Menschen, die zu ihm kommen oder aufsehen, die ihn als Sprachrohr Gottes und Vertreter all dessen, wofür Gott steht, ansehen, missbraucht er im Namen Gottes auf eine physische, finanzielle, emotionale oder – was mit Abstand am schlimmsten ist – spirituelle Weise. Das ist die größte Sünde von allen. Du musst davon gehört haben, dass die Seele durch Tausende und Abertausende von Leben hindurch gehen muss, um erstmals als Mensch geboren zu werden. Als Mensch wirst du dann immer wieder und wieder geboren, bis du so eng mit deinem Gott und Meister verbunden bist, dass du nicht einen einzigen Atemzug mehr tun kannst, ohne dir der strahlenden Gegenwart Gottes in deinem Inneren bewusst zu sein. Kannst du dir jetzt die unzähligen Leben vorstellen, durch die eine durchschnittliche Seele gehen muss, um erst einmal überhaupt ein Teil der menschlichen Rasse zu werden, und dann wiederum ihre zahllosen Leben als Mensch, um sich von all dem zu befreien, das nicht göttlich ist, bis sie letztlich von Seinem Licht und Seiner Aura durchstrahlt wird? Die Seele muss durch jede einzelne Erfahrung gehen und sich dann über sie erheben, danach muss sie wiederum andere Erfahrungen durchleben, bis sie sich in Würde über sie alle erhoben hat. Nachdem sie jede einzelne Erfahrung und Emotion mit Würde und positiver Hingabe transformiert hat, kann die Seele auf immer in die Geisteswelt eingehen und als Mitarbeiter, Führer oder Engel denen helfen, die Gottes Wort und Präsenz benötigen.

Jetzt stelle dir vor, dass ein Mensch sich praktisch bis zu der Evolutionsstufe entwickelt hat, in der seine Spiritualität oder Seelengröße keinen weiteren Prüfungen ausgesetzt werden muss. Die Natur hat viele Leben zur Vorbereitung der Seele auf diese Stufe investiert; und solch ein Mensch fängt nun an, seine Spiritualität oder Machtposition zu missbrauchen, indem er andere täuscht, manipuliert und sogar tötet. Solch eine hoch entwickelte Seele benutzt ihre Stärke, Position, Spiritualität und ihr Charisma, um andere dazu anzustacheln, zu morden, zu vergewaltigen oder zu plündern – und all dies selbstverständlich im Namen Gottes. Bedenke, dieser Mensch hat die Macht, dies zu tun, denn er ist von der Natur so ausgestattet worden, dass er anderen Sterblichen turmhoch überlegen ist. Die hohe spirituelle Stufe, die dieser Mensch erreicht hat, ermächtigt ihn zum Besitz von besonderen Kräften, mit deren Hilfe er andere dazu bringen kann, das zu tun, was er will. Anstatt nun seine Kräfte zum Guten einzusetzen, benutzt er sie – im Namen Gottes, im Namen der Menschheit, der Wohltätigkeit oder Führerschaft – zu Manipulation und Missbrauch, und wird so zur Ursache von Trauer und Leid. Wie, glaubst du wohl, wird sich Gott, das Schicksal oder die Natur da fühlen? Glaub mir, die Himmel selbst fühlen sich verraten und verkauft!

Wie funktioniert nun in solch einem Fall das Gesetz von Karma und Wiedergeburt? Solch ein Mensch muss wieder bei Null anfangen. Wieder ganz von vorne, als Einzeller, wenn die Seele ihre ersten, vorsichtigen Schritte unternimmt, und dann wiederum durch all die Abertausende von verschiedenen Lebensformen hindurch, bis er erneut als Mensch geboren wird. Aber diesmal gibt es einen gewaltigen Unterschied: Die Seele ist sich bewusst, dass sie einen großen Fehler begangen hat. So besteht der innere Wesenskern der Seele aus Trauer; denn ständig fühlt sie die Bürde ihres Abfalls und ihrer Verfehlungen. Sie trägt schwer an ihrem Kreuz, aber sie weiß nicht genau, warum sie es tragen muss. Durch all ihre Reisen trägt sie eine tief verwurzelte Schwermut in sich, kann diese aber nicht an einer bestimmten Ursache festmachen. So funktioniert das Gesetz von Karma und Wiedergeburt. Für die nächsten Abertausende von Jahren trägt die Seele an der Bürde, einen gewaltigen Fehler begangen zu haben, aber nicht genau zu wissen, wie, wo und warum – und das wird sie auch nie enträtseln können.

Vergiss nicht, es ist immer eine Sünde, zu töten. Aber wenn ein Mensch so nahe an Gott herangekommen ist und dann aus Ärger, Rachsucht oder, noch schlimmer, aus kalter Berechnung mordet, wobei er die besonderen Gaben der Natur und Gottes Namen missbraucht, nimmt Mord noch eine ganz andere Dimension an. Es ist genauso schlimm, als wenn ein Chirurg genau die Patienten, die ihm ihr Leben anvertraut haben, kalt lächelnd umbringt. Die Patienten haben ihr Einverständnis gegeben, operiert zu werden, allerdings in dem festen Glauben, dass der Chirurg weiß, was das Beste für sie ist und absolut dazu imstande ist, zu ihrem Wohl und in ihrem übergeordneten Interesse zu handeln. Nun bringt der Chirurg aber die unbewussten Patienten aus kalter Berechnung um, die sogar im Tod noch weiter an die guten Absichten des Chirurgen glauben. Menschen in Machtpositionen können einen ebensolchen Einfluss auf die Massen oder diejenigen ausüben, die für sie arbeiten oder ihnen dienen. Wenn man solch unschuldige, vertrauensvolle Seelen in die Irre führt oder missbraucht, dann fordert man gewaltigen Ärger mit tödlichen Folgen geradezu heraus. Wir glauben, dass du dir immer dann Ärger einhandelst, wenn du jemanden missbrauchst, der dir dient oder deinem Urteil vertraut, wenn du diejenigen übervorteilst, die weniger privilegiert als du selber sind, oder wenn du dich wie ein Tyrann denen gegenüber aufführst, die dir in welcher Weise auch immer zu Diensten sind. Aus diesem Grund bin ich betrübt und besorgt um die, die im Namen Gottes und der Religion Missbrauch üben. Diese Politiker, diese sogenannten Gottesvertreter, spirituellen Führer und Staatsmänner, die im Namen Gottes, der Religion oder Spiritualität alles, was göttlich und rein ist, missbrauchen und schänden, haben wahrlich harte Zeiten vor sich. Vielleicht nicht in diesem Leben, aber, vertraue mir, jedes Leben dauert eigentlich nur ein kurzes Augenzwinkern lang. Wenn man im Limbo ist, also nicht mehr auf der Erde, aber auch nicht in der Geisteswelt, ist man in einem Albtraum von gigantischen Dimensionen befangen, und wenn man dann wieder bei Null anfangen muss, bedeutet dies Abertausende von Höllen zusammengenommen. Alle diejenigen, die Macht in irgendeiner Form, sei es in der Politik, Religion, zu Hause oder auf der Arbeit, ausüben, müssen ganz besonders vorsichtig und sanft auftreten, denn wenn sie die Macht, die ihnen von der Vorsehung übergeben wurde, missbrauchen, wird ihre Seele großen Schaden nehmen und später eine besonders schwere Strafe abbüßen müssen. Wie ich dir schon mehrmals sagte, führt deine eigene Seele genau Buch über alle Gesetzesübertretungen des Körpers, Geistes und Herzens. Auch über all deine gerechten und edlen Taten. Dann entscheidet sie, was das Beste für dein weiteres spirituelles Wachstum ist. Und die Seele ist ein strenger Zuchtmeister. Ein sehr strenger Zuchtmeister."

Eines heißen, schwülen Nachmittags traf der Monsun ein. Baba und Rudra saßen auf der Terrasse und sahen zu, wie der Himmel eine wahre Sturzflut von Wassermassen auf die ausgedörrte Mutter Erde hinabprasseln ließ. Das Meer nahm eine dunkle, dumpfe Farbe an und sah wunderbar aus. Der Himmel war übersät mit Wolken der verschiedensten Farbtöne, alles trübe, aber bezaubernde Farben. Ein betörender Duft entströmte der Erde. Die Kokospalmen schwankten im Wind, und den vielen Topfpflanzen und Blumen schien neues Leben eingehaucht worden zu sein.

Weißt du, was das allerwirksamste Gebet überhaupt ist? Wenn ein Mensch Gott und Meister darum bittet, ihm Kraft und Weisheit, Liebe und Mitgefühl zu geben, so dass er durch das Leben und all seine Erfahrungen mit Würde, Humor und positiver Hingabe gehen kann. Wenn du Gott um diese Fähigkeiten bittest, muss Er sie dir geben.

„All dies, mein Sohn, all das, was dich umgibt, kann dir nur die Erde bieten, nicht einmal der Himmel. Jeder Schöpfung Gottes ist etwas ganz Besonderes, eine individuelle Besonderheit, die nirgends sonst zu finden ist, verliehen worden. Die Erde hat etwas Einzigartiges, das noch nicht einmal den Himmeln gegeben wurde. Die Freude, die spürbar wird, wenn Regenmassen in die vertrocknete Erde einströmen, und die sofortige dankbare Reaktion überall in der Natur gibt es nur auf dem Planeten Erde. Schau dir nur an, wie die Erde auf den Regen reagiert! Sogar wenn du die Augen schließt, könntest du die Veränderung wahrnehmen, die in der ganzen Natur vor sich geht. Sieh, wie alles in der Schöpfung auf die ersten Sonnenstrahlen reagiert! Die Natur reagiert nicht gleichgültig auf die Geschenke Gottes. Sie sieht sie noch nicht einmal als ihr Geburtsrecht an. Jeden Morgen reagiert die Natur erneut voller Freude, Dankbarkeit und Demut. Nun schau dir die Menschen an! Wie gleichgültig reagieren doch die meisten von uns auf die Freigebigkeit Gottes und der Natur. Wann hast du das letzte Mal Gott für einen wunderschönen Sonnenaufgang gedankt oder hast dich mit der Natur an der Morgenröte erfreut? Wann hast du das letzte Mal Gott für die Gelegenheit gedankt, einen weiteren Tag erleben zu dürfen, und dich bei der Sonne für das Licht und die Wärme bedankt, die sie dir spendet? Wann hast du das letzte Mal Gott gedankt, das kühle Nass trinken zu dürfen, das zwar weder Farbe noch Geschmack, aber dennoch die einzigartige Fähigkeit besitzt, deinen Durst zu löschen, wann immer du es trinkst? Sage mir, dankst du Gott, wenn du Wasser trinkst? Nein. Warum nicht? Weil du es für etwas hältst, dass dir selbstverständlich zusteht. Beobachte einmal, wie im Gegensatz dazu ein Tier oder Vogel Wasser trinkt. Voller Dankbarkeit. Nicht im verbalen Sinn, aber beobachte die Tiere und dir wird auffallen, wie konzentriert und zielstrebig sie trinken. Weißt du warum, mein Junge? Weil sie nicht wissen, wann sie das nächste Mal diesen lebensspendenden Nektar bekommen können. So empfinden sie jedes Mal, wenn sie Wasser finden, Dankbarkeit gegenüber der Natur und Gott im Himmel."

Darauf zündete Baba Seine Chillum an. Er nahm ein paar Züge und gab sie dann an Rudra weiter, der dasselbe machte. Sie schauten zu, wie der Himmel seine Schleusentore öffnete, und nahmen wahr, wie die Natur reagierte. Ja, dachte Rudra, wir sind alle ein Teil voneinander. Jedes Element in der Natur ist unabhängig und doch mit allem anderen verbunden. Verbunden durch die Lebenskraft, die durch uns alle, durch die gesamte Natur, pulsiert.

Zwei Hunde waren die Stufen zu ihrem Bungalow empor geklettert und hatten, erst noch unsicher, die Terrasse zu ihrem vorübergehenden Heim erkoren. Einer von ihnen hatte eine schöne braune Farbe. Er war gut im Futter und sah gesund aus. Der andere war weiß und schwarz gesprenkelt. Er war offensichtlich der Freund und „Freitag" des anderen, denn er erlaubte dem braunen, sich den besten Platz auszusuchen, und suchte sich erst danach seinen Platz aus. Rudra stand auf und verließ die Terrasse. Nach einer Weile kam er mit zwei Plastikschüsseln, die einmal als Wegwerfgeschirr in einem Restaurant benutzt worden waren, zurück. In ihnen befanden sich nun verschiedene Sorten Plätzchen, die Rudra zerkrümelt hatte. Er setzte die Schüsseln vor den zwei Hunden ab und kehrte an Babas Seite zurück, der inzwischen weiter Seine Chillum geraucht hatte, aber nun ein Lächeln zeigte, das Zustimmung und Herzlichkeit verriet. Der Regen strömte herunter, und im Hintergrund konnten sie außerdem lautes und glückliches Mampfen vernehmen.

Eine eigene Art von Musik erklang. Tropfender Regen, zwitschernde Vögel, das Wehen des Windes und das geschäftige Mampfen zweier Hunde. Schon lange Zeit hatte Rudra nicht mehr solch einer angenehmen Melodie gelauscht.

Wenn du im gegenwärtigen Augenblick lebst, dann befindest du dich in demselben Strom, der auch durch Gott Selber fließt. Du schwimmst in demselben See, in dem auch unser Gott und Herr schwimmt. Du wirst von demselben Wasser gereinigt und geläutert, das auch den Allmächtigen berührte. Deshalb ist es so wichtig, immer im gegenwärtigen Moment zu sein.

Rudra kehrte aus dem Restaurant zurück, und sein Herz schlug so wild wie eine Buschtrommel. Sein Magen fühlte sich wie ein einziger Knoten an, aber sein Atem kam erstaunlicherweise ganz langsam – er kam und ging in einem eigenen Rhythmus. Was er in dem Restaurant erlebt hatte, war einfach absurd. Sicherlich würde der Geschäftsmann, ein Herr Seth, zu demselben Schluss gelangen.

Da Baba – wie die meisten Tage – auch heute schon auf die ihm eigene, unerklärliche Weise spurlos verschwunden war, würde er erst am Abend wieder auftauchen. Das gab Rudra genügend Zeit, in einem seiner vielen Romane weiterzulesen und auf das Arabische Meer zu schauen. Der Himmel war voller dunkler, melancholisch anmutender Wolken und schien auf nichts anderes zu warten, als endlich alle Schleusen öffnen und Mutter Erde mit seinen Wasserfluten tränken zu können. Ein paar Minuten nachdem er sich auf dem alten, aber bequemen Sofa, das er mit Baba auf die Terrasse geschleppt hatte, niedergelassen hatte, prasselte der Regen auch schon los. In diesem Moment hoffte Rudra inständig, dass auch Baba vor dem Regen geschützt sei. An einigen Tagen verschwand der Alte Mann für Stunden, und Rudra hütete sich wohlweislich davor, genauere Erkundigungen nach Babas Nomadenleben anzustellen. Wo Baba auch immer war, war Er bestimmt beschützt.

Die Terrasse mit Ausblick auf den Strand und das Meer war ungefähr zehn Meter lang und fünf Meter breit. Das geteerte Dach verlief schräg nach unten und bot so all denen, die sich auf ihr ausruhen wollten, einen guten Schutz vor Regen und Sonne. Außerdem war sie dicht umringt von unzähligen Kokospalmen, Büschen und anderen Gewächsen, deren Namen Rudra zwar nicht kannte, die er aber dennoch wertschätzte, nicht zuletzt da sie Haus und Terrasse vor neugierigen Blicken schützten. Das Gartentor, das zum Strand und Meer hin aufging, war ungefähr eineinhalb Meter von der Terrasse entfernt, aber die Sicht war fast völlig von all den Pflanzen verdeckt. Glücklicherweise kamen zu dieser Jahreszeit sowieso nicht so viele Gaffer vorbei. Rudra sah auf das Meer hinaus. Turmhohe Wellen folgten dicht hintereinander, das Meer glich einer Horde wilder Tiere, die ungezügelt hin und her rannten, – wunderbar, ungezähmt, tödlich. Der Himmel hatte sich mittlerweile schwarz verfärbt, und Windböen peitschten die Luft.

Rudra zündete sich eine Zigarette an und blickte eine lange Zeit wie gebannt auf das Naturschauspiel, das sich vor seinen Augen entfaltete. Wenn seine Kinder jetzt bei ihm wären, wäre alles perfekt. Er könnte sie in seinen Armen halten und sie würden miteinander reden und lachen. Seine Kinder würden ihn darum bitten, ihnen die spannenden Geschichten von Rama, Hanuman oder Zarathustra, dem ältesten Propheten der Weltgeschichte, der die zoroastrische Religion gegründet hatte, zu erzählen. Ungefähr 3000 vor Christus hatte Zarathustra gepredigt, dass es nur einen Gott gebe und dieser Gott (Ahura Mazda) keine Form habe, aber allmächtig, allgegenwärtig, allwissend und unermesslich edel und erhaben sei – kurz gesagt, ein total cooler Typ. Auch all die Wunder, die Shirdi Sai Baba und Meher Baba vollbracht hatten, hörten nie auf, seine Kinder zu faszinieren. Er vermisste es, wie ihre kleinen warmen Finger sein Gesicht streichelten, der Kopf seines Sohnes an seiner Schulter lehnte, seine Tochter sich an ihn kuschelte, seine Arme massierte und ihm in die Wangen kniff. Er vermisste ihre weichen Körper und den besonderen Duft, den sie verströmten, eine Mischung aus Johnsons Baby Puder, irgendeiner Seife, einem speziellen Waschmittel für Kleider und natürlich ihrem eigenen Körpergeruch… Rudra atmete tief ein, schloss seine Augen und schaffte es, indem er sich ausschließlich auf seinen Atem konzentrierte, diese Erinnerungen aus seinem Kopf zu vertreiben. Selbstverständlich war es ihm möglich, den Inhalt seines Kopfes zu kontrollieren. Aber seine Kinder regierten sein Herz, übten einen starken Einfluss auf seine Seele aus und schafften es auch ohne weiteres, seinem Unterbewussten eine ordentliche Tracht Prügel zu verpassen.

Das Aufsagen von Gebeten und Mantras ist wie Brennmaterial für ein spirituelles Feuer. Es wirkt genau so, als ob wir tatsächlich ein Havan, eine heilige Feuerzeremonie, durchführten. Während wir unsere Gebete aufsagen, geben wir in das heilige Feuer Sandelholz oder andere Brennmaterialien. Was findet da eigentlich statt? Was als kleine Flamme begann, endet – durch das Opfern von Holz und all den anderen Ingredienzien – als großes und starkes Feuer.

Zwei Stunden lang las er ein wenig und starrte auf das Meer hinaus. Nach einer Weile ließ der Regen nach, aber das Meer blieb aufgewühlt und lag einladend vor ihm in all seiner unergründlichen Tiefe und Weite. Alles, war er tun musste, war, hinein zu gehen. Einfach nur hinein gehen und immer weiter gehen. Vielleicht müsste er eine ganze Menge Salzwasser schlucken, aber was soll's, zum Teufel, es wäre ja schnell vorbei. Schließlich hatte er stundenlang wahren Marterqualen die Stirn geboten, während er mit seinen Kindern zusammen unzählige schlecht gemachte Filme auf Hindi und gräuliche Cartoons angeschaut hatte. Ein paar Minuten Schmerzen auszuhalten, während man sich umbrachte, schien dagegen nun wirklich das reinste Kinderspiel zu sein.

Seine Gedanken kehrten erneut zu dem Geschäftsmann zurück. Immer noch konnte Rudra nicht verstehen, warum er überhaupt einen völlig Fremden angesprochen hatte; und aus welcher Quelle stammten eigentlich die ganzen Worte, die förmlich aus ihm herausgesprudelt waren? Alles, woran er sich erinnerte, war, dass der Geschäftsmann zuerst kalkweiß und fast ohnmächtig, dann allerdings ganz Ohr wurde.

Rudra zündete sich noch eine Zigarette an. Alkohol trank er nicht mehr viel. Es schien einfach nicht richtig, in Babas Gegenwart zu trinken. Aber wenn Baba unterwegs auf einer Seiner spirituellen Spritztouren war, trank Rudra vor dem Mittagessen gewöhnlich ein paar Gläser Fassbier und rauchte ein paar Zigaretten, während er etwas las. Danach aß er meist etwas Gegrilltes, denn normales Essen konnte er nicht mehr vertragen. Nach und nach gab sein gesamtes System auf. Die Nerven in seinem Kopf gingen langsam kaputt, und dagegen war kein Heilkraut gewachsen. Wie er sich selbst oft zu sagen pflegte, fackelte er, genau betrachtet, beide Enden seiner Lebensleuchte gleichzeitig ab, und das war der verdammt sicherste Weg, seinen Abgang zu beschleunigen, ohne selbst den Abzug zu drücken und sein Elend zu beenden.

Heute, als Baba so gegen Mittag verschwand, war Rudra zu dem kleinen Restaurant am Meer gegangen, welches das allerbeste gegrillte Essen vor Ort bot, wenn es auch von den Inhabern, einem Ehepaar aus Goa, streng militärisch, wie eine Kaserne, geführt wurde. Nie sah man einen der Besitzer lächeln, die Kellner waren kurz angebunden und das ganze Lokal wies nichts von der fröhlich ausgelassenen und entspannten Atmosphäre auf, die normalerweise in allen indischen Restaurants, die von Christen aus Goa geleitet werden, zu finden ist. Was den Martins an Gastlichkeit und Wärme fehlte, machten sie jedoch durch ausgesprochen köstliches Essen wett. Vielleicht rann ja den Köchen Wärme und Frohsinn durch die Adern, und deshalb schmeckte das Essen so verflixt lecker. Die Preise waren ein weiterer Pluspunkt und der ausschlaggebende Grund für die Popularität des Restaurants. Wegen ihrer günstigen Preise war das Lokal der Martins immer gerappelt voll. Zu jeder Tages- und Nachtzeit strömten Menschenmassen hinein, um zu essen, zu trinken und den Ausblick auf das Meer zu genießen. Menschen aus der ganzen Welt probierten hier diverse Leckereien, vermieden aber tunlichst jeden Augenkontakt mit dem mürrischen Mann an der Theke oder der Wirtin, die es leicht fertig brachte, mit nur einer Hand ein paar Schläger zusammenzustauchen, während sie mit der anderen neu ankommende Gäste an ihre Tische dirigierte. Die Kellner blickten mit höflichem Abscheu auf jeden Gast und schenkten ihm ein Lächeln, das der eindeutigen Hoffnung Ausdruck verlieh, er möge in der Hölle verrotten, allerdings ohne durch eine Lebensmittelvergiftung dorthin zu gelangen. Sehr oft sah man Gäste zögern, die gelangweilten Kellner um etwas zu bitten, das deren minimalistisches Pflichtpensum geringfügig überstieg. Aber das Essen war gut, das Bier frisch, die Aussicht klasse und die Preise genau richtig. Alles, worauf man in diesem verrückten Laden achten musste, war, jedweden Augenkontakt mit Besitzern und Personal zu vermeiden, und die Welt war – und blieb – in Ordnung.

Dieses Feuer gibt dir Wärme, Nahrung, Stärke, Licht und Ewiges Leben. Während du weiter betest, werden sich alle Geheimnisse des Universums vor dir offenbaren, denn nichts kann sich vor dem Licht verbergen. Während du weiter den Namen Gottes oder deiner Meister rezitierst, wirst du ein Teil des Feuers, und schließlich das Feuer selbst. Durch diesen Prozess vereinst du dich als Göttliches Licht mit dem Ewigen Feuer und Licht. Eigentlich ist es ganz einfach.

Rudra hatte gerade Bier und gegrilltes Hähnchen bestellt, als dieser Mann an seinen Tisch trat und in einem entschuldigenden Tonfall fragte, ob er sich eventuell zu ihm setzen könne, da er in Eile sei und kein anderer Gast bald mit seinem Essen fertig zu werden schien. Rudra nickte und schaute auf die Brandung, die auf die nur ein paar Meter entfernten Felsen prallte. Seit dem Morgen war er ruhig und entspannt geblieben und hatte sichergestellt, dass weder Depressionen noch Gedanken an seine Kinder sein Herz und seinen Geist bestürmen konnten. Eine reine Leere verlieh ihm das Gefühl, ganz leicht und tatsächlich im Frieden mit sich selbst und der Welt zu sein.

Rudra sah sich den Mann ihm gegenüber genauer an. Er war mittleren Alters, mit weißen Koteletten, einer Aktentasche und zwei Handys. Er hatte beide Handys wohlweislich ausgeschaltet, da er wusste, mit welch fatalen Folgen er sonst zu rechnen hätte. Beide Martins wären ohne weiteres dazu imstande, ihn am Schlafittchen zu packen und zu würgen oder mit den Eisenspitzen ihrer Schuhe auf seinen Handys herumzutrampeln. Die Martins hatten für seichtes Geschwätz nichts übrig. „Iss dein verdammtes Essen und dann verpiss dich gefälligst“, war die zwar unausgesprochene, aber dennoch glasklare Devise der Martins und ihres Clans. Auf Handys lag deshalb ein totales Tabu. Der Mann hatte einen geistesabwesenden Ausdruck in den Augen, wie ihn Leute an sich haben, die vom Leben gehörig in die Mangel genommen werden. Diesen Ausdruck kannte Rudra nur zu genau. Unzählige Male hatte er ihn schon in seinen eigenen Augen wahrgenommen. Wenn möglich vermied er es deshalb, überhaupt noch in Spiegel zu schauen. Aus irgendeinem Grund betete Rudra für diesen Mann. Betete, dass er Frieden und Stärke finden möge. Betete, dass das, was auch immer ihm Kummer machte, entweder gelöst werden oder Gott ihm die Kraft und Weisheit geben möge, durch diese Prüfung zu gehen. Nur Sekunden, nachdem er fertig gebetet hatte, ging es auch schon los.

Rudra konnte hören, wie er zu dem Mann sprach. Obwohl er gar nicht vorgehabt hatte, irgendeine Konversation zu beginnen. Er verspürte beim besten Willen kein Bedürfnis, mit irgendjemandem zu sprechen, schon gar nicht mit einem völlig Fremden. Aber hier saß er nun und sprach zu dem Mann über Dinge, von denen er gar keine Ahnung hatte. Das Gespräch verlief ungefähr so…

„Machen Sie sich keine Sorgen. Alles wird gut gehen. Sie werden Ihr Angebot akzeptieren. Zwar werden sie versuchen, Ihre Profitspanne herunterzuhandeln, aber darauf sollten Sie sich nicht einlassen. Ihre Forderungen sind angemessen. Sogar die Bank wird Ihnen den Kredit geben, sobald Sie den Auftrag bekommen haben. Allerdings sollten Sie sich daran erinnern, dieselben Fehler nicht zu wiederholen und der Börse fernzubleiben. Wenn Sie das nicht tun, werden Sie in der Gosse landen und ihre ganze Familie mit ins Elend stürzen. Machen Sie sich auch keine Sorgen um Ihre Tochter, sie wird das Büro bald verlassen, und damit geht dann automatisch ihre Affäre mit diesem Mann zu Ende. Verheiraten Sie Ihre Tochter, sobald sie sechsundzwanzig geworden ist. Ach ja, und nachdem Sie den Auftrag bekommen haben und alles glatt läuft, geben sie fünf Prozent Ihres Profits an wohltätige Zwecke. Denken Sie daran, jedes Mal, wenn Sie hundert Rupien einnehmen, fünf Rupien für Arme und Bedürftige zurückzulegen. Und wenn Sie fünf Millionen Dollar gemacht haben, geben Sie auch davon fünf Prozent an Arme und Bedürftige."

Ein paar Sekunden lang saßen beide Männer wie erstarrt da. Rudra war sicher noch wesentlich geschockter als der Geschäftsmann. Dann prasselten Fragen auf ihn ein.

Während du die Heiligen Namen rezitierst, nimmt das Feuer immer weiter an Stärke und Intensität zu.

„Wie können Sie das alles wissen? Woher wissen Sie, dass ich ein Angebot gemacht habe? Woher wissen Sie, dass ich all mein Geld bei Spekulationen an der Börse verloren habe? Wer hat Ihnen gesagt, dass meine Tochter eine Affäre mit ihrem Chef hat, der zwanzig Jahre älter als sie ist?"

Rudra schluckte schwer. Er konnte spüren, wie seine Finger zu zittern begannen. Er konnte das rasende Pochen seines Herzens fühlen, wie eine außer Rand und Band geratene Trommel. Auch war er sich bewusst, dass sein Atem erstaunlicherweise in einem ganz regelmäßigen und völlig harmonischen Rhythmus zu kommen und gehen schien.

„Ich weiß nicht. Es tut mir leid. Ich habe keine Ahnung..."

„Nein, nein, nein! Alles, was Sie gesagt haben, ist ja richtig, völlig richtig! Ja, ich warte darauf, dass mein Angebot in Amerika angenommen wird. Wenn das passiert, bin ich gerettet und kann mein Leben neu beginnen. Wenn ich den Zuschlag nicht kriege, bin ich erledigt. Dann müssen meine Familie und ich auf der Straße leben. Und all das nur, weil ich so verrückt war, an der Börse zu spekulieren. Ich habe alles verloren, weil ich so gierig war, ich wollte immer noch mehr und mehr verdienen. Wenn ich diesen Vertrag kriege, habe ich auch die Zusage der Banken, mir zu helfen. Ich verspreche, ich werde fünf Prozent für die Armen abgeben …"

„Ihre Großmutter hat den Blinden geholfen …"

„Großer Gott!" Der Geschäftsmann sprang auf und setzte sich dann langsam wieder hin. „Woher wissen Sie das bloß alles? Ja, meine Oma hat immer Frauen geholfen, die fast blind waren, aber durch Operationen und Medikamente gerettet werden konnten. Sie hat die Operationen gesponsert und die anfallenden Kosten bezahlt. Das werde ich auch machen. Ja, das werde ich. Ich werde einen kleinen Trust in ihrem Namen gründen und fünf Prozent von dem Geld, was ich verdiene …"

„Fünf Prozent von Ihrem Gewinn. Von Ihrem Nettogewinn."

„Ich verspreche es…"

„Das Versprechen sollten Sie auch halten, sonst werden Sie nicht nur in der Gosse landen, sondern jemand, der Ihnen nahe steht, wird blind werden …"

„Nein, nein, nein! Ich werde mein Wort halten. Was meine Tochter angeht, ich werde versuchen, sie dazu zu bringen, ihren Job aufzugeben. Aber sie wird nicht einverstanden sein …"

„Schicken Sie sie ins Ausland, um Ihre Geschäfte zu erledigen …"

Langsam rannen Tränen über das Gesicht des Mannes. Rudra sah einen ausgewachsenen Mann weinen, doch waren es Tränen der Dankbarkeit, die er vergoss.

„Genau. Sie wollte immer schon ins Ausland gehen. Das wird sie gerne tun. Ich auch. Wer sind Sie? Woher wissen Sie all das? Sagen Sie es mir doch."

Rudra hatte überhaupt keinen Appetit mehr. Er stand auf und rief den Kellner, der mit einem Stirnrunzeln, das seine Stirn in abgrundtiefe Falten legte, herbei kam.

„Eine einmal gemachte Bestellung kann nicht rückgängig gemacht werden."

„Ja, ja, ich weiß. Packen Sie den ganzen Kram ein."

„Ihr Essen wurde aber schon auf den Teller …"

„Packen Sie den ganzen verdammten Kram gefälligst ein, Mann!" Der Kellner zuckte zusammen. Rudra hatte das Lokal schon oft besucht. Er schien nicht jemand zu sein, der auch nur einen Funken Ärger in sich trug. Ganz plötzlich wurde dem Kellner klar, dass direkt vor ihm ein Vulkan kurz vor dem Ausbruch stand. Er nickte hastig und zog sich zurück.

„Ich heiße Seth. Bitte sagen Sie mir doch, wie ich Sie erreichen kann. Bitte. Und wann wird die Zusage kommen …"

„In vierzehn Tagen, ab heute gerechnet."

„Wo kann ich Sie treffen? Bitte!" Einige Mittagsgäste hatten begonnen, die beiden Männer interessiert zu beobachten. Offensichtlich war der mit den zwei Handys total aufgeregt und verhielt sich dem jüngeren Mann gegenüber regelrecht ehrerbietig. Wobei der jüngere, der mit dem langen Haar und Vier-Tagebart, unter Schock zu stehen und außerdem verwirrt zu sein schien. Was auch immer da vor sich ging, es kam jedenfalls nicht alle Tage vor.

„Bitte verstehen Sie doch, ich weiß selbst nicht, was hier los ist. Ich hab keine Ahnung, warum oder was ich mit Ihnen gesprochen habe. Vielleicht war es Gottes Art, Ihnen zu helfen …"

„Mein Freund, ich war dabei, mir Geld zu so hohen Zinsen zu borgen, dass es mich ruiniert hätte. Nun haben Sie über mein amerikanisches Angebot gesprochen, ohne davon wissen zu können, das hat mir große Hoffnung gegeben. Wirklich. Sonst wäre ich heute Abend losgegangen und hätte mir Geld geborgt, und zwar von Leuten, die wirklich schlecht sind. Die hätten mich gezwungen, mein ganzes persönliches Eigentum und mein Geschäft als Garantie zu verpfänden. Mit dem Geld wollte ich dann wieder spekulieren. Wenn ich das gemacht und verloren hätte, dann wäre ich völlig erledigt gewesen. Nur Selbstmord wäre mir noch geblieben. Sie haben mir auch gezeigt, was ich für meine Tochter tun kann. Haben Sie vielen Dank." Dann machte der Mann etwas, was Rudra einen regelrechten Schrecken einjagte. Er beugte sich nieder und berührte voller Respekt Rudras Füße. Einige Leute drehten sich nach ihnen um. Martin runzelte die Stirn. Der Kellner blieb stocksteif stehen. Rudra atmete aus. Der Kellner reichte Rudra sein eingepacktes Essen und Rudra verließ völlig benommen das Lokal. Absolut im Unklaren, was da passiert war – was, wie und warum.

Nun saß er auf der Terrasse und fühlte sich immer noch ganz benommen. Wie hatte er bloß all diese Dinge über einen Fremden wissen können? Wie denn bloß? Was hatte ihn dazu veranlasst, überhaupt den Mund aufzumachen? Was auch immer da vor sich gegangen war, war nicht seiner eigenen Kontrolle unterlegen. Wenigstens das war klar. So klar wie er in diesem Moment die Sonne über dem Meer untergehen sah. Einige Sekunden später musste Rudra unwillkürlich lächeln. So klar und sicher wie der Sonnenuntergang über dem Meer? Alter, das war doch auch nur eine Illusion. Die Sonne ging nicht unter. Sie ging auch nicht auf. Sie bewegte sich auch nicht jeden Tag von Osten nach Westen. Planet Erde war es, der sich bewegte, obwohl es durchaus so aussah, als ob es die Sonne war, die den ganzen Wirbel veranstaltete. Menschenskind, das ganze Leben war eine einzige Illusion. Dunkelheit und Nacht hüllten einen Ort nicht ein, weil die Sonne untergegangen war, sondern weil ein bestimmter Teil des Planeten Erde der Sonne den Rücken zugekehrt hatte.

„In derselben Weise, mein Junge, der Fremden einfach die Zukunft voraussagt und sie damit beinahe zu Tode erschreckt, geht auch Gott nicht weg, nur der Mensch tut das. Wenn der Mensch Gott seinen Rücken zuwendet, dann wird er von Dunkelheit umfangen. Genau das versucht Gott uns am Beispiel der Sonne, der Erde, des Mondes und der ganzen Natur zu zeigen. Obwohl alles eine Illusion ist, dient es doch einem Zweck. Erst dann, wenn die Erde der Sonne ihren Rücken zudreht, wird es Nacht. In vergleichbarer Weise treten auch Dunkelheit, Verwirrung, Schmerz und Einsamkeit erst dann in das Leben eines Menschen, wenn er sich von Gott abwendet – und nicht weil Gott Sich abwendet. Gott ist die Sonne. Der Mensch steht für den Planeten Erde. Wenn du Gott deinen Rücken zuwendest, Sohn, dann tritt Dunkelheit in dein Leben. Also ist es am Besten, immer auf Gott zuzugehen. Bleib immer im Licht. Lass uns jetzt deinen gräulichen Tee trinken, und dann kannst du mir mal erzählen, wie es dazu kommen konnte, dass du auf einmal zu einem Experten in puncto Vorhersage für Leute geworden bist, die nichts anderes vorhatten, als schlecht gemachtes Essen in diesem militanten Lokal, in das du so vernarrt bist, zu sich zu nehmen. Ha, ha, ha!“

Rudra grinste und musste stillvergnügt in sich hineinlachen. Bei dem Alten Mann überraschte ihn rein gar nichts mehr.

Sobald du an Mich denkst, bin Ich immer an deiner Seite. Wenn du Mich in jedem Augenblick bei dir haben willst, dann denke einfach in jedem Augenblick an Mich.

"Baba, erklär mir doch, was bei den Martins passiert ist!" Pfefferminztee und Sandwichs waren abgeräumt. Baba aß immer sehr wenig. Abends aß Er kaum mehr als ein oder zwei Stücke der Sandwichs, die Rudra zu Hause zubereitet hatte; und manchmal noch nicht einmal eins. Aber Er liebte es, Tee zu trinken. Also kochte Rudra den ganzen Tag über jede Menge Tee. Bevor er schlafen ging, füllte Rudra noch mindestens eine Thermoskanne mit kochend heißem Pfefferminztee.

Den größten Teil der Nacht verbrachte Baba im Gebet. Er pflegte im Schlafzimmer vor vielen Öllampen und Kerzen zu sitzen und zu beten, wobei Er Seine Finger und manchmal auch Seine Hände bewegte. Rudra lag gewöhnlich in der anderen Ecke des Zimmers auf seinem Bett und beobachtete, wie dieser Alte Mann, der so unendlich sanft und mächtig war, betete und vor dem Heiligen Feuer meditierte. Er beobachtete Baba so lange, bis er selbst von Schlaf übermannt und in sein Schattenreich gezogen wurde. Wenn Rudra wieder erwachte, fand er Baba oft in derselben Position vor, während Er Seine Lippen geräuschlos bewegte und voller Liebe in die Flammen schaute, die in einem Spiel aus Licht und Schatten verschiedene Muster an die weißen Wände warfen. Rudra setzte sich dann meist langsam aufrecht hin und wartete still. Nach einer Weile pflegte Baba unweigerlich den Kopf in Rudras Richtung zu drehen und ihn anzulächeln. Dieses Lächeln liebte Rudra. Tränen stiegen ihm in die Augen, sobald er all die Liebe und Zärtlichkeit, die in diesem Lächeln lagen, wahrnahm. Danach fragte Rudra gewöhnlich mit Gesten, ob Baba nun etwas Chai trinken wolle.

Oft saßen dann Baba und Rudra in dem gemütlichen Zimmer, tranken Tee und schauten den Flammen zu, wie sie hier und dort sanft flackernde Schimmer in dem sonst dunklen Zimmer erzeugten. Wenn Rudra jemals nahe daran war, den Himmel zu umarmen, dann in diesen Momenten. Ob sie nun Tee tranken oder nicht, veranlasste Rudra nach dem Aufstehen normalerweise, dass Baba sich für eine Weile hinlegte, damit er Ihm Beine und Füße massieren konnte. Baba hatte starke Schmerzen in Füßen und Waden. Wenn Baba von Seinen spirituellen Unternehmungen zurückkehrte, konnte Rudra oft feststellen, dass Seine Nerven angespannt und sogar verhärtet waren. Baba schlief, wenn überhaupt, nur ein paar Stunden jede Nacht. Tatsächlich hatte Rudra Baba nie richtig schlafen sehen. Der Alte Weise lag mit geschlossenen Augen auf Seinem Bett, schlief aber nicht wirklich. Viele Male hatte Baba in solch einem Zustand, mit geschlossenen Augen, Fragen beantwortet, an die Rudra gerade erst gedacht, geschweige denn sie ausgesprochen hatte.

„Heute ist der Tee richtig klasse. Wie kommt's?"

„Echt lustig, Baba. Sag mir doch bitte, was da heute passiert ist."

Wir sind alle karmisch miteinander verbunden, genau wie wir alle mit Gott verbunden sind. Verletze, hasse oder behandle nie jemanden schlecht, denn du könntest gerade die Seele treffen, die deinem Herzen am nächsten steht, die du aber in diesem Leben nicht erkennst, weil sie in einem dir unbekannten Körper steckt.

Baba präparierte Seine Chillum sorgfältig. Es kam Rudra in den Sinn, dass diese gemächliche Prozedur manchmal selbst ein spiritueller Vorgang war, als ob Baba sich vorbereitete, sich mit einer besonderen spirituellen Energie auflade, bevor Er sich anschickte, Rudras nie enden wollende Fragen zu beantworten. In der Zwischenzeit schaute Rudra auf das Meer hinaus. Die Strahlen des Mondes fielen auf das dunkle, silbern aufleuchtende Wasser, und die Wellen erzeugten einen gleichmäßigen, beruhigenden Klang. Rudras Herz würde brechen, wenn er diesen Ort verlassen müsste. Ein paar Monate würde das Geld noch für sie beide reichen. Wenigstens die Monsun-Monate könnten sie noch an diesem sicheren Hort verbringen. Ihr Haus hieß Dwarka. Rudras Guru, Shirdi Sai Baba, hatte Sein ganzes Leben in einer baufälligen Masjid, einer Moschee, verbracht und diese Masjid Dwarkamai genannt.

„Lass mich dir erst ein paar Fragen stellen, dann werde ich dir antworten!", gestikulierte Baba. Rudra nickte zustimmend mit dem Kopf. „Hast du all das gemacht, was ich dir aufgetragen habe?"

„Ja. Alles." Es fing an zu regnen. Rudra stand auf, verließ die Terrasse und kam mit einem Schal zurück, den er Baba umlegte.

„Was genau hast du alles gemacht?"

„In erster Linie habe ich mich immer bemüht, im gegenwärtigen Moment zu sein, und wenn das nicht klappte, weil mein Geist unruhig wurde, habe ich ein Gebet gesprochen."

„Was meinst du mit 'im gegenwärtigen Moment sein'?"

„Genau das, was du mir beigebracht hast, Baba. Wenn ich esse, erfreue ich mich an der Tätigkeit des Essens. All meine Aufmerksamkeit und auch all meine Dankbarkeit fließen in diese Tätigkeit ein. Ich nehme mein Essen nicht mechanisch oder widerwillig zu mir. Außerdem lade ich Gott dazu ein, an dem Mahl und der Erfahrung des Essens teilzuhaben, und mit jedem Bissen, den ich zu mir nehme, danke ich Ihm für mein Essen. Dadurch sind meine Gedanken auch bei denen, die Hungers sterben, und so geht wie von selbst ein kurzes Gebet für alle Hungernden und Verhungernden in das Universum hinaus. Ich glaube daran, dass die Energie und Überzeugung, mit denen ich gebetet habe, einen positiven Umschwung in wenigstens ein paar Leben herbeiführen können."

„Wie denn das?"

„Das Gebet wird eine Energie erzeugen, die einige Menschen dazu bringen wird, ihr Essen mit den Armen zu teilen. Zum Beispiel könnte das Gebet eine gute Seele dazu veranlassen, ihr Auto anzuhalten und ein paar Plätzchen, Früchte oder sonst etwas Essbares einem Bettler, der an einer Ampel steht, zu geben. Oder vielleicht Geld oder Säcke mit Korn einer wohltätigen Organisation zu spenden, die sich um diejenigen kümmert, die nicht genug Nahrung und Unterstützung bekommen. Oder aber mein kurzes Gebet vermag es, einem armen Menschen genug Kraft zu geben, um eine schwere Hungerperiode zu überstehen. In diesem Sinne könnten die Schwingungen, die mein Gebet aussendet, einem Armen auch die Gemütsruhe verleihen, die er braucht, um sein Schicksal mit Würde und positiver Hingabe zu akzeptieren. Auf solche oder ähnliche Auswirkungen setze ich meine Hoffnung, noch bevor ich selbst esse. Sehr oft auch mit jedem Bissen, den ich zu mir nehme. Ich weiß sehr wohl, wie gesegnet ich bin, nicht Hunger leiden und mich nicht darum sorgen zu müssen, woher denn nur der nächste Bissen kommen soll. Ich weiß das, Baba. Du weißt, dass auch ich durch Zeiten gegangen bin, in denen ich Hunger litt. Du weißt, dass ich mein Haus nach ein paar Münzen durchsucht habe, um etwas Essbares für meine Kinder und meine Familie kaufen zu können. Solche Zeiten habe auch ich durchgemacht, und ich weiß, dass du darüber im Bilde bist. Deshalb kann ich auch nachempfinden, was es bedeutet, keinen Bissen zu essen zu haben, und wie es sich anfühlt, seinen Kindern und Lieben beim Hungern zuschauen zu müssen. All das weiß ich wohl, und deshalb fühle ich mit den Armen. Vielleicht musste ich durch diese Erfahrungen gehen, um Bescheid zu wissen und Mitgefühl zu verspüren, so dass ich zu einem Kanal werden konnte, der Gebete und Schwingungen weiterleitet. Was auch immer der Fall sein mag, jedenfalls weiß ich genau, was es heißt, großen Hunger zu leiden. Niemals werde ich das vergessen können. Ich werde auch nie vergessen, wie Shirdi Sai Baba immer wieder behauptet hat, dass all diejenigen, die den Namen Gottes oder eines Meisters verehren, nie verhungern müssten. Sich nie Sorgen um Essen oder Kleidung machen müssten. Niemals. Daran glaube ich. Wie schlimm es bei uns auch aussah, im allerletzten Moment kam immer etwas zu essen. Von irgendwoher kam Geld ins Haus, um Essen zu kaufen."

Halte dir vor Augen, dass gerade der Mensch, von dem du annimmst, dass er dich hasst oder fertig machen will, und den du deshalb auch hasst, dir – spirituell gesehen – besonders wohlgesonnen sein könnte. Es könnte sein, dass du gerade aufgrund der Begegnung mit diesem Menschen einen spirituellen Weg einschlägst oder Mitgefühl entwickelst. Genau die Person, die dein Leben zur Hölle macht, könnte dich näher zu Gott, zu Gebeten und Spiritualität bringen – zwar tut diese Person es auf eine Weise, die dir in diesem Leben sehr weh tut, aber vielleicht ist das auch die einzige Art, in der du diese Lektion überhaupt lernen kannst.

„Ich weiß, mein Sohn. Es ist mir wohl bewusst. Es ist gut, dass du verstehst, dass du durch die Schmerzen und Erfahrungen des Hungerns gehen musstest, damit du mit all denen, die verzweifelt nach Essen für sich und ihre Familie Ausschau halten, mitfühlen kannst. Die Natur wusste, dass du all diese Erfahrungen für ein größeres Ziel, für einen übergeordneten Zweck einsetzen würdest. Du würdest für die Armen und Verhungernden beten. Du würdest andere dazu veranlassen, den Verhungernden zu helfen. So offenbart sich die der Schöpfung zugrunde liegende Einheit: Wir alle sind miteinander verbunden, wir alle sind Glieder in einer Kette. Natur und Vorsehung empfinden nicht so etwas wie Genugtuung, wenn ein Lebewesen leidet oder Seelenqualen aussteht, sondern Sie haben ein höheres Ziel im Auge und hoffen, dass das Lebewesen dieses höhere Ziel zum Wohle aller umarmt und widrige Umstände mit Gelassenheit und Würde erträgt.

Mein Sohn, weißt du, was das allerwirksamste Gebet überhaupt ist? Wenn ein Mensch Gott und Meister darum bittet, ihm Kraft und Weisheit, Liebe und Mitgefühl zu geben, so dass er durch das Leben und all seine Erfahrungen mit Würde, Humor und positiver Hingabe gehen kann. Wenn du Gott um diese Fähigkeiten bittest, muss Er sie dir geben. Bitte um nichts anderes, denn etwas anderes könnte dir nicht bestimmt sein. Es könnte in deinem Schicksal liegen, durch bestimmte Erfahrungen gehen zu müssen, wie zum Beispiel durch Krankheit. Aus karmischen Gründen könnte es sein, dass du für einige Jahre an schlechter Gesundheit leiden wirst. Lass uns mal annehmen, dass du im Alter von fünfunddreißig bis zweiundvierzig Jahren viel krank sein wirst; doch Gott und die Natur hoffen, dass du aus dieser Phase alles Nötige lernst und dann voran schreitest, um nicht erneut durch solch eine Erfahrung gehen zu müssen. Solltest du in dieser Phase nun Tag und Nacht um bessere Gesundheit beten, die besten Medikamente einnehmen, von den berühmtesten und erfolgreichsten Ärzten behandelt werden, die optimale Diät und Tagesplanung einhalten, dann ... wirst du trotzdem durch diese Phase gehen müssen, falls dir dies nun einmal beschieden sein sollte. Da kannst du anstellen, was du willst! Also wird es nicht viel bringen, um gute Gesundheit zu beten. Aber wenn du um Kraft und Weisheit, Liebe und Mitgefühl bittest, um durch diese Krankheitsphase und all das, was Gott, Meister und Schicksal für dich noch in petto haben, mit Würde, Humor und positiver Hingabe zu gehen, dann werden deine Gebete erhört werden müssen. Auch wenn du krank bist, wirst du mit Kraft und Weisheit gesegnet sein, um durch diese Phase mit Würde und Größe zu gehen. Es wird dir vergönnt sein, deiner Krankheit mit Humor zu begegnen, und – was am wichtigsten ist – du wirst der Krankheit mit würdevoller und positiver Hingabe begegnen, weil sie dir mit dem Willen Gottes und deines Meisters geschickt wurde. Du wirst krank sein, aber nicht leiden, und, noch wichtiger, von der Erfahrung lernen und aus ihr als ein Mensch mit mehr Mitgefühl hervorgehen, der sich dann in Kranke und vom Leben Benachteiligte einfühlen kann. Du selbst wirst anfangen, Kranken und Hilflosen zu helfen. Auf diese Weise kannst du deine eigene Erfahrung für ein größeres Wohl und einen höheren spirituellen Zweck dienstbar machen. Du wirst nicht von Ärger und Negativität beherrscht werden und weder Gott noch diejenigen verachten, die mit guter Gesundheit gesegnet sind. All dies wird möglich sein, weil du Gott um die richtigen Dinge gebeten hast. Bitte um die richtigen Dinge, und Gott wird sie dir geben müssen. Also bitte um Kraft und Weisheit, Liebe und Mitgefühl, um durch das Leben mit Würde, Humor und positiver Hingabe zu gehen. Das ist das beste Gebet, was es gibt.

Manchmal kommt eine Gelegenheit in Form einer Katastrophe daher und kann erst in diesem Augenblick beim Schopf gepackt werden. Manchmal geht der einzige Weg, auf dem Gott Eingang in dein Herz und Leben finden kann, durch Schmerz und Sorge und Schicksalsschläge hindurch.

Zurück zu dir. Es ist wichtig, dass du die ganze Zeit an dem, was du gerade machst, Freude empfindest. Zumindest aber immer inneren Frieden spürst."

„Das versuche ich schon …"

„Gut. Diese geistige Verbundenheit, versuchst du denn, sie bei allem, was du tagsüber so tust, aufrechtzuerhalten?"

„Ja. Heute, als ich zu diesem komischen Restaurant der Martins unterwegs war, fuhr ein Krankenwagen an mir vorbei, und meine Seele sprach ein Gebet für die kranke Person, die er abholen sollte. Nicht nur für die kranke Person allein, sondern sie bat Gott auch, Gefühlsstärke und genügend Geldmittel all denen zu geben, die direkt oder indirekt von dem Krankheits- oder Unglücksfall betroffen sein würden. Baba, das Gebet kam ganz von selbst …"

„Das konnte passieren, mein Sohn, weil du völlig in dem gegenwärtigen Moment aufgegangen bist. Wenn du im gegenwärtigen Augenblick lebst, dann befindest du dich in demselben Strom, der durch Gott Selber fließt. Du schwimmst in demselben See, in dem auch unser Herrgott schwimmt. Du wirst von demselben Wasser gereinigt und geläutert, das auch den Allmächtigen berührte. Deshalb ist es so wichtig, immer im gegenwärtigen Moment zu sein. Wärst du nicht präsent gewesen, wäre der Krankenwagen an dir vorbeigefahren, ohne dein Gebet und deine Schwingungen aufzunehmen. Denke immer daran: Alles, was man ständig vor sich hin denkt und wünscht, wird von der Natur gehört, gefühlt und aufgenommen. Und dann wird es von der Natur in Energie transformiert. In gute oder negative Energie. Das hängt nur von dem jeweiligen Menschen ab. Stelle dir vor, Abertausende von Menschen hätten gute Wünsche und würden positive Gedanken und Gefühle aussenden und so ein wahres Meer an positiven Emotionen erzeugen. Alle diese Schwingungen würden sich durch das Universum ausbreiten und die gesamte Schöpfung beeinflussen. Ein ähnlicher, wenn auch umgekehrter Effekt tritt ein, sobald du einen Raum betrittst, der von einem Ehepaar bewohnt wurde, das von Hass auf einander und die ganze Welt beherrscht war – in dem Moment, in dem du diesen Raum betrittst, fühlst du dich bedrückt, du wirst niedergeschlagen und es wird dir unheimlich zumute. Diese Energie wirst du mit dir tragen und sie wird deine Handlungen und Gedanken beeinflussen, und sei es auch nur für eine kurze Zeit. Wenn du hingegen einen Raum betrittst, der von einer Familie bewohnt wird, deren Mitglieder sich lieben, sich am Leben erfreuen und für das Gesamtwohl beten und arbeiten, wirst du dich automatisch gut und glücklich fühlen. Dir wird warm ums Herz. Du verspürst Mitgefühl. Auch diese positiven Gefühle wirst du eine Weile mit dir tragen, sie werden dich dahingehend beeinflussen, besser und mitfühlender zu werden und dich nachsichtiger und versöhnlicher deinen Mitmenschen gegenüber zu verhalten, auch wenn es nur für eine kurze Zeit sein sollte.

Der Guru ist allwissend, mein Sohn, und weiß, was das Beste für Sein Kind ist. Der Guru weiß, wie schnell oder langsam das Kind reisen, wie schwer das Kreuz sein und wie schnell die karmische Reinigung vonstatten gehen kann. Überlasse alles deinem Guru. Der Guru weiß um alles, so weiß Er auch, was das Beste für dich ist.

Selbst wenn es nur eine kurze Weile dauern sollte. Jetzt stelle dir vor, auf der Welt gäbe es wirklich viele Menschen, die Gott liebten und deren Seelen von Mitgefühl für alle Lebewesen erfüllt wären. Kannst du dir vorstellen, was für Schwingungen da erzeugt und weitergeleitet werden könnten? Millionen Menschen ständen unter einem positiven Einfluss, und falls die Energie beständig fließen würde, wäre dieser Einfluss von beständiger Dauer. Das Gute würde stärker werden, was wiederum mehr positive Energie erzeugen würde; und dieser energetische Kreislauf würde sich selbst in alle Ewigkeit fortsetzen, wie ein Perpetuum mobile. Das ist eine Tatsache. Genieße den gegenwärtigen Augenblick. Akzeptiere ihn nicht widerwillig. Sei nicht gleich so ernsthaft und pingelig. Sei cool, lebe leichten Herzens im gegenwärtigen Augenblick. Es wird allerdings auch Zeiten geben, in denen du dich nicht auf den gegenwärtigen Moment konzentrieren kannst. Was machst du dann?“

„In solchen Zeiten rezitiere ich die Namen Gottes und meiner Meister. Egal, an wen ich im Moment gerade denke, sei es Shiva, Rama, Ganesha, Krishna, Hanuman, Ma Mookambika, Kali Ma, Jesus und Maria, Zarathustra, Allah, Guru Nanak, Makdum Singh, Shirdi Sai Baba oder Meher Baba. Welcher Heilige auch immer mich in solch einem Moment mit Seiner Gegenwart erfüllt, dessen Namen preist meine Seele. Wenn ich mich also nicht auf den gegenwärtigen Augenblick konzentrieren kann und weiß, dass mein unruhiger Geist nur darauf wartet, mir die Hölle auf Erden zu bereiten, rezitiere ich den Namen Gottes. Dabei habe ich feststellen können, dass ich immer dann vor negativen Gedanken, unnötigem Schmerz und Angst beschützt worden bin, wenn ich Seinen oder Ihren Namen in meinem Inneren spreche oder singe. Früher pflegte ich mich im gegenwärtigen Augenblick wie in einem Zufluchtsort aufzuhalten. Nur um nicht an meine Kinder denken zu müssen, habe ich mich im Hier und Jetzt versteckt. Aber jetzt genieße ich es wirklich, ganz und gar präsent zu sein. Ich verstecke mich nicht mehr im gegenwärtigen Moment, sondern fließe mit ihm; und immer wenn ich das nicht schaffe, sage ich meine Gebete."

Die Absicht der Seele ist wichtiger als alle irdischen Gesetze zusammen genommen.

„Das Aufsagen von Gebeten und Mantras ist wie Brennmaterial für spirituelles Feuer. Es wirkt genau so, als ob wir tatsächlich ein Havan, eine heilige Feuerzeremonie, durchführten. Während wir unsere Gebete aufsagen, geben wir in das heilige Feuer Sandelholz oder andere Brennmaterialien. Was findet da eigentlich statt? Was als kleine Flamme begann, endet – durch das Opfern von Holz und all den anderen Ingredienzien – als großes und starkes Feuer. Dieselbe Reaktion findet in deinem Inneren statt, wenn du ständig betest und Mantras rezitierst oder einfach den Namen Gottes oder deines Meisters wiederholst. Am Anfang ist da nur eine ganz kleine Flamme oder vielleicht auch nur ein Flackern. Doch wenn du weiter heilige Mantras oder Gottes Namen rezitierst und es auf diese Weise mit Nahrung versorgst, dann wird aus dem Funken langsam eine kleine Flamme, dann ein winziges und schließlich ein großes, starkes Feuer. Während du die heiligen Namen rezitierst, nimmt es immer weiter an Stärke und Intensität zu. Dieses Feuer, das in deiner Seele brennt, kann das Karma deiner ganzen Vergangenheit verbrennen. Es zeigt dir den Weg. Es hält die Dunkelheit von dir fern. Es erhellt dich mit Wissen, von dem du niemals geahnt hast, dass es überhaupt existieren könnte, denn früher wurde es durch die verschiedenen Schichten Dunkelheit, die dich umhüllten, verdeckt. Aber jetzt ist alle Dunkelheit durch das lodernde Feuer in deinem Inneren verbrannt worden, wie es auch im Äußeren alles um dich herum erhellt hat. Dieses Feuer gibt dir Wärme, Nahrung, Stärke, Licht und Ewiges Leben. Während du weiter betest, werden sich alle Geheimnisse des Universums vor dir offenbaren, denn nichts kann sich vor dem Licht verbergen. Während du weiter den Namen Gottes oder deiner Meister rezitierst, wirst du ein Teil des Feuers, und schließlich das Feuer selbst. Durch diesen Prozess vereinst du dich als Göttliches Licht mit dem Ewigen Feuer und Licht. Eigentlich ist es ganz einfach. Es ist gar nicht nötig, ein ausgefallenes Trainingsprogramm zu absolvieren. Du musst nur im gegenwärtigen Augenblick leben und dir selbst treu bleiben. Rezitiere den Namen Gottes und deines Meisters oder sprich deine Gebete, aber tue alles wahrhaftig, mit Liebe und Konzentration. Dieser Prozess ist ganz einfach. Überlasse alles Gott und Meister und gib dem Leben dein Bestes … noch wichtiger, gib dem gegenwärtigen Moment dein Bestes. Paramahansa Yogananda hat es mit den Worten eines Yogi so treffend in seiner „Autobiographie eines Yogi" ausgedrückt: „Gott ist einfach. Alles andere ist kompliziert." Das ist die ewig gültige Wahrheit. Gott braucht nichts, was kompliziert oder ausgefallen ist. Er will Liebe und Einfachheit und Wahrheit. Alles, was Er will, ist, in deiner Seele zu wohnen. Jetzt entspanne dich. Morgen können wir über das, was heute passiert ist, reden. Gehe aus und iss zu Abend. Gehe aus. Genieße dein Leben …"

„Baba, du bist mein Leben."

Tränen stiegen dem jüngeren Mann in die Augen. Baba atmete tief ein und flüsterte dann ein kurzes Gebet. Sie saßen eine Weile nebeneinander und nahmen die Majestät des Meeres in sich auf.

„Warum kann ich nicht mitkommen, Baba? Ich kann doch einiges für dich tun. Gräulichen Tee kochen und dir die Füße massieren, wenn du müde bist. Ach, lass mich doch mitkommen."

Baba lächelte und fuhr fort, Seine spärlichen Habseligkeiten zu packen. Er setzte sich auf das weiche Sofa, während Er Rudras Hand hielt und sanft an ihr zog, damit der jüngere Mann sich neben Ihn setzte.

„Ich gehe nur für ein paar Tage fort; das ist nichts, worüber man traurig sein oder sich sorgen müsste. Das Wichtigste ist und bleibt: Niemals werde ich dich alleine lassen! Seit vielen Leben bin ich an deiner Seite, und, egal, ob du dir dessen damals bewusst warst oder es jetzt bemerkst, sobald du an mich denkst, bin ich sofort an deiner Seite. Wenn du mich in jedem Augenblick bei dir haben willst, dann denke einfach in jedem Augenblick an mich! Je mehr du an mich denkst, desto stärker wird unsere Verbindung. Aber sogar wenn du nicht an mich denkst, wirst du von meiner Energie umfangen und von meiner Liebe gehalten. Also, mach dir keine Sorgen. Mach dir nie Sorgen, weil ich hier bin, bei dir, für immer."

Die nächsten zwei Tage verließ Rudra sein Haus nicht. Er saß in der Nähe des Lagers, auf dem Baba geruht hatte, und stellte sicher, dass das Feuer, das Baba angezündet hatte, hell weiter brannte. Obwohl es zuerst ungewohnt war, konnte Rudra Babas Gegenwart in seiner Nähe spüren. Das Zimmer, in dem sie schliefen, hatte einige Fenster, aber Rudra traf Vorkehrungen, die das Sonnenlicht ganz draußen hielten, so dass das Zimmer den Charakter einer Höhle annahm. Während des Tages lag es im Halbdunkel und zur Nachtzeit in völliger Dunkelheit, nur Öllampen und Feuer brannten die ganze Zeit und erhellten das Zimmer mit dem Spiel ihrer Flammen und der Schatten, die sie an die Wände warfen. Rudra verbrachte den größten Teil seiner Zeit damit, den Heiligen Namen Gottes zu rezitieren.

Je stärker, klarer und reiner ein Mensch ist, desto mächtiger und klarer wird er auch als Gefäß oder Instrument sein und – vom Heiligen Geist erfüllt – die Botschaft des Heiligen Wortes in die Welt tragen können. Ein Medium oder Gefäß für Gott zu werden, ist das Geburtsrecht eines jeden lebenden Organismus.

Eine Woche später merkte Rudra eines Nachts, als er für einen Moment aus dem Tiefschlaf erwachte und sich im Bett umdrehte, dass der Name Gottes in seinem Geist und Herzen widerhallte. Am nächsten Morgen konnte er innerlich nachvollziehen, welch nachhaltige Auswirkung es hatte, den ganzen Tag lang irgendeinen der Namen Gottes oder eines Meisters zu rezitieren. Erst vor ein paar Tagen hatte Baba ausgeführt, wie man Geist und Gedanken unter Kontrolle halten könne. Anfangs hatte Baba klargestellt, dass der Geist an und für sich eine ganz wunderbare Erfindung sei. Gedanken seien eng mit dem Geist verbunden. So wie Pferde mit einer Kutsche. Entweder bist du es, der die Gedanken kontrolliert, oder sie kontrollieren dich. Entweder bist du ihr Guru und Meister oder sie sind deiner. Wie Feuer, können sie dein Leben entweder bereichern oder dich lebendigen Leibes verbrennen. Wenn du im gegenwärtigen Augenblick lebst, ist der Geist beschäftigt. Das Aufsagen von Gottes Namen stellt sicher, dass der Geist, auch wenn er nicht im Moment verweilt, sich dennoch 'zu Hause' befindet und dort auch bleibt. Schwimme entweder im Fluss des Hier und Jetzt oder rezitiere den Namen Gottes oder deines Meisters, auf diese Weise hältst du den Geist mit all seinen Pferden sicher am Zügel. Was könnte besser sein, als einfach sein Leben zu leben, ohne ständig von Gedanken, verschiedensten Erinnerungen aus der Vergangenheit oder Angst um die Zukunft abgelenkt und kontrolliert zu werden?

Gedanken sind wie Pferde. Jeder Gedanke kann einem Pferd gleichgesetzt werden. Je mehr Gedanken, desto mehr Pferde sind vor der Kutsche, dem Geist, eingespannt. Was passiert, wenn jedes Pferd in eine andere Richtung davonpreschen will? Zehn Pferden ist gerade danach, ein bisschen zu verschnaufen, sie haben die Nase voll vom ewigen Hin- und Hertraben. Zwanzig Pferde wollen nach links galoppieren, wo es einen Stall mit klasse Stuten gibt. Vierzig Pferde wollen geradeaus laufen, wo, gar nicht weit entfernt, ein Fluss mit absolut wunderbarem kühlen Wasser fließt. Siebzehn Pferde scheren sich keinen Deut um Stuten oder Wasser. Sie wollen nach rechts, weil dort die Zivilisation lockt – diese Pferde haben keine allzu hohe Meinung vom Landleben, sie finden Verkehr toll, genau wie Stadtleben und den Glanz von Neonlichtern in der Nacht. Jedes Pferd ist wild darauf, seine Wünsche erfüllt zu bekommen. Was für ein Albtraum für den Kutscher, der offensichtlich bei der ganzen Angelegenheit nicht gerade viel mitzureden hat. Die Pferde kümmern sich einen feuchten Kehricht um Kutsche oder Kutscher, denn der Kutscher ist ja offenbar nicht Manns oder Frau genug, die Zügel fest anzuziehen, sie zu kontrollieren und insgesamt die Leitung zu übernehmen. Im Leben der meisten Menschen sitzen Kutsche und Kutscher in einer ähnlichen Patsche, da zu viele Pferde mit widersprüchlichen Wünschen aus der Reise des Lebens eine mühsame Plackerei machen. Genauso verhält es sich mit dem Geist und all den widersprüchlichen Gedanken und Wünschen, die er beherbergt. Wie schon gesagt, jedes Pferd entspricht einem Gedanken. Unzählige Gedanken schießen jeden Moment kreuz und quer durch den Kopf. Der Geist ist die Kutsche. Der einzelne Mensch ist der Kutscher. Mit so vielen Gedanken, die in verschiedene Richtungen drängen und ziehen, und mit einzelnen stark ausgeprägten Gedanken, die stur darauf bestehen, stocksteif an einem Platz auszuharren und sich nicht weiter zu bewegen, wird die Reise des Lebens zu einem Albtraum. Ganz gleich wie stark die Kutsche oder wie geschickt der Kutscher auch sein mag, so lange nicht alle Pferde an einem Strang ziehen und einen Weg verfolgen, ist nichts als der Teufel los. Das reinste Chaos, sonst gar nichts! Im Hier und Jetzt zu leben, den Namen Gottes zu rezitieren und auf dem Pfad des Herrn zu wandeln, lässt nicht nur ein zielgerichtetes Streben, sondern auch solch einen Einklang entstehen, dass man wahrhaft in Schwung kommt und das Leben zu einer angenehmen und beseligenden Reise wird. Einheit und Harmonie können so stark werden, dass sogar der Fall eintreten kann, dass sich die verschiedenen Pferde zusammenschließen und die Form eines einzigen, unglaublich starken und behänden Hengstes annehmen. Dieser Hengst galoppiert so schnell und sicher, als ob ihm die Straße selbst gehöre. Solch einen Hengst zu dirigieren, ist ein Kinderspiel. Auf diese Weise vermag auch der Kutscher die Reise zu genießen. Die Kutsche ist nicht in Gefahr, durch unachtsamen Gebrauch kaputtzugehen oder auseinandergerissen zu werden. Die Entfernung kann in der kürzest möglichen Zeitspanne zurückgelegt werden, so dass Kutscher, Kutsche und Hengst mehr Zeit zur Verfügung haben, um sich zu entspannen und das Leben zu genießen – und das wiederum garantiert ein langes Leben.

Jedes Heilige Buch auf Erden hält die Menschen dazu an, zu beten und zu meditieren und das Leben in Zufriedenheit und Frieden mit dem Plan des Schöpfers zu verbringen. Warum? Wenn du betest, meditierst, in Zufriedenheit und Frieden mit dem Plan deines Herrn und Gottes lebst, dann erlaubst du dir selbst, zu einem Gefäß, einem Medium oder Instrument zu werden, in das der Heilige Geist Eintritt finden kann.

Rudra fasste Babas philosophische Ausführungen für sich in einem Satz zusammen: Wenn die Pferde (Gedanken) unter Kontrolle und sich zu einem großen Hengst (einem zielgerichteten Gedanken, Plan oder einer entsprechenden Handlung) entwickelt haben, läuft die Kutsche (der Geist) ruhig und der Kutscher (das Individuum) kann sich entspannt zurücklehnen und die Fahrt (sein Leben) in guter Gesundheit genießen. Eine einfache Lebensregel, aber Rudra war sich wohl bewusst, dass er seine ganze Überzeugungskraft einsetzen und hart daran arbeiten müsse, um diese wilde Horde von Pferden dazu zu bringen, einen gemeinsamen Weg und ein gemeinsames Ziel zu verfolgen und ihn in Frieden leben zu lassen. Eins war allerdings jetzt schon deutlich: Die ehemals völlig ausgeflippte Herde war dabei, sich zu verständigen Zuchtpferden zu entwickeln. Eine harmonische Zusammenführung aller Kräfte begann sich zu entfalten, und er konnte sogar schon die Züge des Hengstes ausmachen. Zwar zeigte sich erst noch ein verschwommenes Bild, aber immerhin war das Erscheinen des Hengstes schon in greifbare Nähe gerückt. „Er sollte sich lieber beeilen, das wäre das Beste für uns alle. Sonst muss ich die ganzen verdammten Viecher noch selbst kastrieren."

Rudra vermied es, erneut zu den Martins zu gehen. Die unerwarteten Ereignisse bei seiner Begegnung mit Herrn Seth hatten ihn doch ziemlich erschüttert. Was vor zwei Wochen passiert war, war sicher in der Schublade „Rudra dreht durch" verstaut, die sowieso schon aus allen Nähten platzte. Er war zu dem Schluss gelangt, dass es eines gab, was er in seinem sowieso schon ziemlich verkorksten Leben nicht auch noch gebrauchen konnte, und das waren weitere Komplikationen. Die Schmerzen in seinem Kopf nahmen auch ständig zu. Es schien klar auf der Hand zu liegen, dass die Nerven in seinem Gehirn auf verlorenem Posten kämpften, was nach all dem, was er ihnen in den letzten Jahren zugemutet hatte, auch nicht weiter verwunderlich war.

Vergangene Nacht hatte er wieder von seinen Kindern geträumt. Sein Sohn hatte ihn festgehalten und ihn gebeten, nicht fort zu gehen. Sogar jetzt noch konnte Rudra das Schluchzen in der Stimme des kleinen Jungen hören. Sie hatten sich in einem dunklen Zimmer aufgehalten, und sein Sohn hatte Angst gehabt, dass seine Mutter hereinkommen und Vater und Sohn zusammen entdecken könnte. Trotzdem fuhr der Junge fort, ihn inständig zu bitten, auf irgendeine Weise das Unmögliche zu vollbringen und eine friedvolle Einigung in die Wege zu leiten, die es Vater und Sohn ermöglichen würde, auch in Zukunft zusammenzubleiben. Aber wie macht man Frieden mit jemandem, der nichts anderes als Krieg will? Nur im Krieg war es schließlich möglich, alle Arten von Missbrauch, Manipulationen und Anschuldigungen zu rechtfertigen. Rudra war es klar geworden, dass Hass für einige Menschen der einzige Schutzwall war, der sie davor bewahrte, die Realität so zu akzeptieren, wie sie war. Solange sie Gedanken von Hass, Missbrauch und Rache in sich Raum gaben, war ihr Geist beschäftigt – und solange ihr Geist beschäftigt war, hielt er die ganze Wahrheit ihrer Situation von ihnen fern. So beschützte Hass einige Menschen davor, erkennen zu müssen, welche Rolle sie selbst gespielt hatten und wo ihre eigene Schuld und Verantwortung für die Situation lag, in der sie sich befanden. Auf diese Weise konnte, unter dem Deckmantel von Hass, eine Illusion von geistiger Gesundheit aufrechterhalten bleiben. Sollten Hass und Ärger aber verschwinden, gäbe es nichts mehr, was verhindern könnte, dass sich die Situation in ihrer ganzen Bandbreite offenbarte. Ließ man Hass und Hysterie los, würde der Geist beginnen, sich mit den wirklichen Gründen für die verfahrene Situation auseinanderzusetzen. Dann würde es Zeit für diesen Menschen, die Rolle, die er gespielt hatte, anzuerkennen und die Verantwortung für den Schlamassel zu übernehmen. Es braucht Stärke, sich seine Fehler einzugestehen, ebenso wie Mut, zuzugeben, dass man gelogen, manipuliert und Fakten verdreht sowie seine Familie, Freunde und Kinder dazu benutzt hat, schwere Geschütze aufzufahren. Dass man nicht davor zurückgeschreckt ist, sogar seine eigenen Kinder zu benutzen. Dass man das Gewehr nicht nur auf ihre kleinen Schultern legte, um besser feuern zu können, nein, dass man sogar durch die Körper seiner eigenen Kinder hindurch schoss, damit man zielsicher genau dort einen Treffer landen konnte, wo es dem anderen wirklich weh tat. Die meisten Menschen haben weder genügend Stärke noch Charakter oder Größe, um solch eine Wahrheit auszuhalten.

Wenn du alle Gedanken, Wünsche, all den Hass, die Gier und Besessenheit loslässt und leer wirst, tritt automatisch der Geist Gottes in dich ein. Denke daran: Nur einer kann in dir wohnen – du oder dein Meister. Für zwei Herrscher ist kein Platz.

Ganz gleich, welche Schuld bei Rudra selber lag, hatte er doch nie jemanden manipuliert, benutzt oder geschädigt. Noch nicht einmal gegen die grundlosen Anschuldigungen, mit denen er bombardiert worden war und die seinen guten Ruf zerstörten, hatte er sich zur Wehr gesetzt. Genau genommen hatte sich der Verlust seiner Kinder daraus ergeben, dass er versucht hatte, eine Lösung für die verfahrene Situation zu finden, indem er seine eigenen Fehler eingestand und ein 'neues Leben' beginnen wollte. Was ihn mehr als alles andere verletzt hatte, war, dass er in seinem ehrlichen Bemühen, ein 'neues Leben' zu beginnen, nach allen Regeln der Kunst ausgetrickst worden war, als ihm nahe gelegt wurde, genau dies doch zu tun, allerdings nur für sich alleine. Er war kein Heiliger, hatte aber nie den Versuch unternommen zu beweisen, dass er nicht der Teufel war, als der er hingestellt worden war. In der Hoffnung, dass seine Kinder nicht noch weiter im Kreuzfeuer der Anschuldigungen stehen müssten, hatte er Stillschweigen bewahrt. Als Mann und Ehemann mochte er Fehler gemacht haben, aber er war nicht der einzige. Der Unterschied bestand einzig darin, dass er sein Wissen nicht ausposaunte. Für ihn lag der Grund auf der Hand. Die Person, die auch Fehltritte begangen hatte, war einmal ein Teil seines Lebens gewesen und würde auch weiterhin ein unerlässlicher Bestandteil im Leben seiner Kinder sein. Hängt man in so einem Fall seine intimsten Geheimnisse an die große Glocke? Das wäre ja so, als ob man eine schwangere Frau absticht und sich später folgendermaßen rechtfertigt: „Was kann denn ich dafür, dass das Kind gestorben ist? Schließlich hatte ich doch nur ein Problem mit der Mutter und nicht mit dem Kind!"

Rudra seufzte. Sollten sie doch all ihre Schläue, ihren Hass, ihre kleinlichen Manipulationen und Intrigen ebenso wie ihre schmutzigen Anschuldigungen behalten und weiterhin vorgeben, die weiße Robe der Unschuld zu tragen. Wenn es sie glücklich machte, sollte sie doch Steine schmeißen, ihn mit spitzen Zungen zerfetzen und mit ihren engstirnigen Gedankengängen in eine Ecke mit Verbrechern stellen. Es stand für Rudra außer Frage, dass er wieder mit seinen Kindern vereint sein würde, sobald sie sich in der Geisteswelt begegnen würden. Eine Ewigkeit könnte er mit ihnen in Gottvaters Haus verbringen, nachdem sie ihre Körper abgestreift und diesen verkorksten Planeten verlassen hätten. Für seine Sünden hatte er schon bezahlt, indem er von seinen kleinen Kindern ferngehalten worden war. Einen

Preis, den sogar der schlimmste Kriminelle, Terrorist und Mörder nicht zahlen musste … sogar sie durften manchmal ihre Familien in ihren Zellen sehen. Seinen Preis hatte er also schon beglichen. Sein Kreuz getragen. Still und schweigend. Ohne Hass zu spüren oder heimtückische Intrigen auszuhecken. Auch jetzt verspürte er keinerlei Hass. Traurigkeit? Ja, die schon. Wie Baba ihm oft gesagt hatte: „Es ist nicht schlimm, Fehler zu begehen und zu fallen … das tun wir alle … in diesem oder einem anderen Leben haben wir alle Fehler begangen … Es ist nur von Bedeutung, dadurch nicht am Boden zerstört zu werden, nicht mit dem Schicksal zu hadern, andere nicht zu hassen oder zu schädigen und keine negative Einstellung gegenüber Gott, der Welt oder denen, die alles daransetzen, dich zu ruinieren, einzunehmen … Wenn es dir gelingt, dich über solche Situationen in Würde zu erheben, dann bist du nicht wirklich gefallen und am Boden, mein Sohn, sondern hast dich in Wahrheit weit über das Maß erhoben, das du normalerweise geschafft hättest, ohne Schmerzen und Qualen zu erleiden. Im Himmel findest du nicht nur die vor, die niemals gefallen sind. Im Gegenteil – der Himmel ist voll von denen, die widrige Umstände, ihre eigenen Unzulänglichkeiten und Schwächen überwunden haben. Vor allem aber ist er voll von denen, die es gelernt haben, wie man in Würde loslässt und die Früchte aller Handlungen allein Ihm, unserem Schöpfer, überlässt. Der Himmel ist voll von Versagern, die sich wieder aufgerafft und auf die Füße gestellt, den Staub von ihren Kleidern geklopft und gelächelt haben. Und weiter ihren Weg gegangen sind – mit dem Namen Gottes auf den Lippen und dem Himmel im Herzen."

Je mehr du dein ganzes Wesen mit dem Namen deines Meisters erfüllst und je mehr du an Ihn denkst, desto mehr wirst du mit Seiner oder Ihrer Energie erfüllt und wirst automatisch zu einem Medium deines Meisters.

Rudra unternahm einen langen Spaziergang am Strand entlang. Zwei Wochen waren vergangen und noch immer kein Zeichen von Baba. Doch ganz stimmte das ja nicht. Zwei Wochen hatte er ohne direkten *physischen* Kontakt zu Baba verbracht. Tatsächlich verhielt es sich jedoch so, dass Baba die ganze Zeit über bei Rudra war. Den ganzen Tag konnte er Babas Energie wahrnehmen und deutlich Seine Präsenz spüren. Diese Art von Verbundenheit hatte eine surreale Qualität. Sie sprengte jeden Rahmen; und belebend war sie auch. Was sie letzten Endes in Wirklichkeit auch immer darstellen mochte, Rudra liebte sie.

Er saß unter einer Palme und zündete sich eine Zigarette an. Der Himmel war bewölkt, und er hoffte, dass es nicht anfangen würde zu regnen. Er fühlte sich weder kräftig genug, zu seinem Haus zurückzujoggen, noch verspürte er ein besonderes Verlangen danach, klatschnass zu werden. Es gab zwar nicht viel Arbeit im Haus, aber es war eine Art von Arbeit, für die er weder großes Interesse noch Geduld übrig hatte, besonders wenn er sie nur für sich selbst tun musste, und nicht für Baba. Wenn der Alte Mann bei ihm war, verrichtete Rudra jede Tätigkeit voller Liebe, da er wusste, dass sie dem Alten Weisen das Leben etwas bequemer gestalten würde.

Es war so wichtig, jemanden zu lieben. Allein die Liebe verlieh allen Routinearbeiten und Spielregeln im Leben erst einen Sinn. Nur wer gesegnet war, hatte die Gelegenheit, wahre und selbstlose Liebe zu erfahren, denn selbstlose Liebe bereicherte nicht nur das Leben des Empfängers, sondern auch das des Gebers. Jetzt verstand er, warum Mütter so gerne kochten. Warum Eltern ihr Leben lang hart arbeiteten, um ihre Kinder mit der besten Erziehung, den besten Kenntnissen und dem besten Startmaterial zu versorgen, damit sie auf dieser Basis eine gelungene Zukunft aufbauen könnten. Wenigstens versuchten sie alles Menschenmögliche, um ihre Kinder zu versorgen. Die Liebe bringt die Sonne zum Scheinen, die Erde zum Drehen, Blumen zum Blühen, die Jahreszeiten zum Wechseln, die Ernte zum Wachsen und Gedeihen, die Künste zum Erblühen, Babys zum Glucksen und Liebende zum Seufzen. Gottes Liebe für uns ist es, die all diese Dinge erst möglich macht und unseren Planeten davon abhält, sich tausendmal schneller, als es tatsächlich geschieht, zu zerstören.

Solange ein Mensch sich bemüht, auf Gottes Pfaden zu wandeln, solange er auf dem Weg des Lichtes voranschreiten möchte, ist mit diesem Menschen alles in Ordnung, denn allein laut seiner Absichten befindet er sich schon auf dem Weg. Wer sind denn wir, dass wir über ihn urteilen könnten? Überlasse alles Urteilen und Bewerten einzig dem Fakir.

Aus irgendeinem Grund musste Rudra an seine guten Freunde von früher denken. An die, die sich dafür entschieden hatten, zu ihm zu stehen, und an die, die es vorgezogen hatten, sich von ihm zurückzuziehen. Vielleicht war es nicht das Normalste von der Welt, aber er vermisste sie alle. Alle diejenigen, die ihn einst geliebt hatten und die er geliebt hatte, vermisste er. Was machte es schon aus, dass sie nicht länger zusammen waren? Möglicherweise wünschten sie ihm nicht mehr alles Gute. Vielleicht waren sie sogar ärgerlich auf ihn oder verletzt. Tatsache war, dass ein kleiner Teil seiner Seele jedes Mal starb, wenn eine Beziehung starb. Auch von ihm wurde mit dem irdischen Ende einer Beziehung, sei es zu einem Freund oder einer Geliebten, ein kleiner Teil ausgelöscht. Trotzdem liebte er sie weiterhin, wünschte ihnen immer noch alles Gute und würde auch in Zukunft alles Menschenmögliche tun, um ihnen zu helfen und sie zu beschützen. Wie kann es geschehen, dass man plötzlich anfängt, jemanden zu hassen, den man irgendwann in seinem Leben von Herzen liebte? Um irgendjemanden oder irgendetwas – sei es Mann, Frau, Kind, Haustier, Land oder Religion…– zu lieben, muss man doch Herz und Seele öffnen und der Liebe Raum zum Erblühen geben. Es bedeutet, man hat seiner Seele die Erlaubnis erteilt, ein kleines Stück von einem selbst in den Besitz und die Pflege des geliebten Wesens zu geben. Ein Teil von einem selbst und der eigenen Seele gehört der geliebten Person. Wenn die Liebe echt ist, kann daraus kein Hass entstehen. Wie kann man die Erinnerung an Liebe und Lachen, an Gemeinsamkeit und Zärtlichkeit hassen? Falls das machbar sein sollte, blieb Rudra in seliger Unkenntnis solch weltlicher Gepflogenheiten.

Er stand auf und begann zu seinem Haus zurückzugehen. Nur ein paar Meter vom Haus entfernt sah er, wie Seth und ein junges Paar auf ihn wartete. Er fluchte leise vor sich hin. Erlesene Flüche, die – da war er sich sicher – Baba laut hätten auflachen lassen. Wo war der mutwillige Alte Löwe bloß? Das fragte Rudra sich und konnte nicht verhindern, dass dabei ein Lächeln über seine Lippen kam und ein Funkeln seine müden Augen aufleuchten ließ.

ihm ins Haus zu folgen, betrat sein Schlafzimmer und setzte sich auf Babas Gebetsmatte. Eine Wahl hatte er nicht. All dies ging weit über sein Verständnis hinaus. Irgendwer zog an unsichtbaren Fäden, und alles, was er tun konnte, war, einfach darauf zu reagieren.

Er stand auf, betrat das Badezimmer und wusch sich Hände, Füße und Gesicht. Als er wiederkam, hatte er ein Tuch eng um den Kopf geschlungen. Er fühlte sich veranlasst, ein paar Räucherstäbchen anzuzünden. Er setzte sich, schloss die Augen und begann, im Einklang mit dem gegenwärtigen Moment zu fließen. Die ganze Zeit über rezitierte er still seines Meisters Namen. Dann geschah es wieder.

„Ihre Mutter ist gegen diese Verbindung…"

„Ja."

„Ihr Vater hat in dieser Angelegenheit nichts zu sagen. Obwohl er ein guter Mann mit guten Absichten ist, hat er nicht den Mut, sich für sie einzusetzen…"

„Aber er liebt uns sehr…"

„Er liebt sie beide sehr, fürchtet aber Ihre Mutter mehr. Traurig, aber wahr. Nicht seine Schuld. Als Kind wurde ihm eingebläut, Überleben höher als selbstlose Liebe einzuschätzen. Er wurde dazu erzogen, sich eher zu verstecken als für seine Überzeugung und seinen Glauben einzutreten. Als Kind wurde er dazu gebracht, sich schuldig zu fühlen, wenn er glücklich und fröhlich war und dem Ausdruck verlieh, deshalb fällt es ihm heute schwer, sich für Liebe und Glück einzusetzen. Doch das ist jetzt nicht so wichtig, denn Sie sind heute hier, weil Ihre Familie nicht will, dass Sie dieses Mädchen hier heiraten. Ihre Familie ist aus religiösen, finanziellen und sozialen Gründen gegen diese Heirat?"

„Richtig."

„Falsch, mein Sohn. In Wahrheit ist Ihre Familie dagegen, weil sie Angebote von anderen Familien erhalten hat, die bereit sind, eine sehr hohe Mitgift zu zahlen, wenn Sie deren Tochter heiraten. Massenhaft Geld, tonnenweise Geld – davon haben Sie gar keine Ahnung..."

„Aber sie sagen mir doch ständig, dass Geld nicht so wichtig sei. Meine Mutter..."

„Reine Spiegelfechterei. Wer auch immer Ihnen erzählt, dass Geld keine Rolle spielt, führt Sie an der Nase herum. Tatsache ist, dass Ihre Familie diese Heirat nicht unterstützt, weil die Familie dieses Mädchens nicht die Art von Mitgift bezahlen kann, die Ihre Familie haben will."

„Aber warum sollte unsere Familie überhaupt eine Mitgift wollen? Wir sind sehr reich..."

„Ihr Cousin hat neulich geheiratet..."

„Ja."

„Als Mitgift – neben jeder Menge Geld, Schmuck und anderen Sachen – bekam er ein großes Haus im Ausland..."

„Mein Gott, wie Sie das alles nur wissen können... Ja, er bekam eine schicke Atelierwohnung in London, in Mayfair..."

„Ihre Mutter möchte im Wettbewerb mit der Schwester Ihres Vaters besser abschneiden... mit Ihrer Tante, mit der sie sich gar nicht gut versteht..."

„Oh ja, sie hasst meine Tante. Armes Ding, meine Tante ist eine gute Frau, die..."

„Wollen Sie wissen, wann Sie dieses Mädchen heiraten können? Bis dahin müssten Sie allerdings noch ein paar Sachen tun..."

„Für sie tue ich alles..."

„Gut. Zuallererst müssen Sie in den kommenden vierzig Tagen zwei Stunden täglich beten…“

„Waaas?!“

Bei jedem Schritt, den du im Leben tust, hast du eine Wahl. Jede Wahl, die du triffst, und die Art, in der du sie triffst und ausführst, bestimmt dein weiteres Emporwachsen und deine Reise ins Licht oder dein Abgleiten in Dunkelheit, die der Seele zusetzt und sie immer mehr betäubt. Es ist niemals zu spät, aber jedes Mal, wenn wir unsere Weiterentwicklung verzögern, weint die Seele, denn sie ist sich bewusst, dass es nun um einiges länger dauern wird, bis ihr Funken mit Der Flamme vereint werden kann.

„Ist das Ihr ‘Für sie tue ich alles’?”

„Ich meine… ich meine… ich bete ja noch nicht einmal zwei Minuten täglich. Zwei Stunden ist einfach zu viel.“

„Wieso ist das zu viel? Wenn Sie nur zehn Minuten in jeder Stunde, in der Sie wach sind, beten, beten Sie schon mehr als zwei Stunden täglich. Versuchen Sie mir etwa einzureden, dass Sie noch nicht einmal zehn Minuten von jeder Stunde für Gott übrig haben?“

Im Zimmer herrschte Schweigen. Für Rudra war ohnehin alles, was hier geschah, so völlig jenseits aller Normalität, dass er keiner einzelnen Begebenheit eine größere Bedeutung als all den anderen beimessen konnte. Bald würde er aufwachen – das waren seine logische Erklärung und sein Trost, daran hielt er sich fest –, um sich mit dieser Realität aus einer komplett anderen Dimension auseinanderzusetzen.

„Sagen Sie mir, mein Sohn, ist es zu viel von Ihnen verlangt, zehn Minuten jeder Stunde für das Erreichen Ihrer Träume zu opfern?"

„Nnnnein! Wenn Sie es so ausdrücken, scheint es nicht so viel zu sein … Aber was soll ich denn beten?"

„Alles, was Sie wollen. Sie verehren Swami Akalkoth Maharaj…"

„Mein Gott, woher wissen Sie das bloß…"

„Es ist mein Job, das zu wissen, mein Sohn… Ich beschäftige mich mit dem Reich der Seele, mein Kind. Dieser Job verlangt einem viel ab, denn in meiner Branche werden keine zweiten Chancen vergeben. Nur besonders Begünstigten oder Gesegneten ist es gestattet, sich Uns anzuschließen, aber wenn sie das einmal getan haben, dann schließen Wir sie auch nie mehr aus dieser Partnerschaft aus. Deshalb sind Sie hier. Sie wollten nicht herkommen, fühlten sich aber dazu gedrängt. Dieser innere Drang stammt aus einer weit in die Vergangenheit reichenden Verbindung mit Uns, die sich schon über viele Leben und Evolutionen erstreckt hat. Nun, darüber können wir später noch reden. Lassen Sie uns wieder auf Ihre jetzige Situation zu sprechen kommen. Was können Sie tun, damit Sie für alle Ewigkeit an der Seite dieser jungen Frau bleiben können? Zuallererst müssen Sie zwei Stunden täglich beten und morgens, abends und nachts Öllampen anzünden. Fünf Prozent Ihrer Einnahmen aus dem vergangenen Jahr müssen Sie für wohltätige Zwecke spenden. Dieses Geld müssen Sie eigenhändig einer Person oder Organisation übergeben, die das Geld auch wirklich braucht. All das muss in vierzig Tagen erledigt werden, vergessen Sie das nicht. Als letztes müssen Sie alles Vermögen, das Sie, entweder in bar oder in Anlagen, angespart haben, dieser jungen Frau überschreiben. Niemand sollte darüber Bescheid wissen, aber auch dies muss innerhalb von vierzig Tagen erledigt sein. Wenn Sie all das tun, verspreche ich Ihnen, dass diese junge Frau in Ewigkeit die Ihre sein wird."

Der junge Mann nickte. Er schaute auf die junge Frau, welche errötete, und Rudra bekam Schwierigkeiten mit seiner Atmung. Tränen stiegen ihm in die müden braunen Augen, und er spürte einen Kloß in der Kehle. In nur einer Sekunde hatte er die Zukunft geschaut, und sie war genauso gewesen, wie Baba vorausgesagt hatte.

„Sie müssen das Geld im Namen der jungen Frau auf ein Festgeldkonto bei einer angesehenen Bank einzahlen. In vierzig Tagen muss das erledigt sein. Haben Sie das alles verstanden?"

„Ich werde das alles erledigen, das ist kein Problem… Aber versprechen Sie, dass sie dann die Meine sein wird und meine Familie keine weiteren Probleme mehr machen wird?"

„Es wird nicht in der Macht Ihrer Familie liegen, noch irgendetwas gegen diese Verbindung zu unternehmen. Darauf haben Sie mein Wort. Und Sie, mein Mädchen, müssen in zweieinhalb Monaten wiederkommen. Das ist nötig, verstehen Sie?"

„J..aa."

„Gut. Dann gehen Sie jetzt. Gott sei mit Ihnen. Allah Malik. Sai Ram."

Also, mein Kind, das sterben möchte, aber noch keinen Weg gefunden hat, sein Leben zu leben, – wer wohnt denn nun in deiner Seele? Du oder Gott?

Das junge Paar erhob sich, berührte Rudras Füße (jetzt zuckte er nicht mehr zurück) und verließ das Zimmer. Rudra stand auch auf und ging auf Seth zu.

„Stellen Sie sicher, dass er seine Gebete und wohltätigen Spenden macht und all sein Geld auf den Namen des Mädchens überschreibt. Das ist sehr wichtig. Wichtig für ihn und für sie."

„Rudraji, wird denn auch alles gut gehen?"

Rudra atmete tief aus. Er war müde. So müde, dass es sich anfühlte, als ob jemand ihm alle Kraft bis aufs Mark ausgesogen hätte. Er hatte die Zukunft gesehen, hatte einen Blick darauf werfen können. Er fühlte sich krank, ihm war kalt und er hatte sogar Angst. Er blickte auf Seth und konnte dessen tiefe Besorgnis und Hilflosigkeit wahrnehmen.

„Der Junge wird in neun Wochen sterben, Herr Seth. Es tut mir leid. Es gibt nichts, was Sie oder ich daran ändern könnten. Für das Wohl seiner Seele und seiner Geliebten möchte Baba, dass er all diese Sachen macht. Gebete und Wohltätigkeit werden für das Wohl seiner Seele hilfreich sein. Das Geld wird dem Mädchen helfen, denn sie wird nie heiraten; und so wird sie in die Lage versetzt, ihren Unterhalt bestreiten zu können, bis sie im Alter von neunundvierzig Jahren sterben wird. Sie hat noch ungefähr dreißig Jahre ihres Lebens vor sich. Baba möchte, dass sie versorgt ist. Wenn sie leidet, dann wird die Seele dieses Jungen nie Frieden finden – und, vertrauen Sie mir, so ein Schicksal würden Sie noch nicht einmal Ihrem schlimmsten Feind wünschen, geschweige denn jemandem, den Sie lieben. Stellen Sie sicher, dass alles erledigt wird, und bewahren Sie Stillschweigen. Falls Sie das nicht tun, werde ich Ihnen nie mehr erlauben, mich noch einmal zu treffen. Nie. Verstehen Sie?"

„Bitte, lassen Sie ihn doch nicht sterben, Rudraji, bitte, lassen Sie ihn nicht sterben. Für mich ist er wie mein eigener Sohn…"

„In seinem Horoskop wird ihm ein Leben bis zum Alter von achtundsiebzig Jahren vorhergesagt. Was allerdings nicht in seinem Horoskop ausgeführt wird, ist, dass er davon mehr als fünfzig Jahre ans Bett gefesselt sein wird, paralysiert und mit schweren gesundheitlichen Schäden, die er in dem Unfall davontragen wird, den er in neun Wochen erleiden wird. Ich würde es ihm wünschen, nur einmal sterben zu müssen, anstatt für den Rest eines langen Lebens jeden Tag erneut sterben zu müssen. Bleibt er seinem Schicksal überlassen, wird er mehr als fünfzig Jahre leiden müssen. Er wird nicht fähig sein, damit umzugehen, als Krüppel angesehen zu werden, und er wird auch nicht fähig sein, ein halbes Jahrhundert nichts anderes tun zu können, als nur vor sich hin zu vegetieren. Man braucht wirklich viel Weisheit, Kraft, Mitgefühl und Humor, um mit solch einer Tragödie fertig zu werden. Diese Qualitäten hat er nicht. Was er aber hat, ist die Gnade seines Meisters. Der Segen seines Meisters, Swami Akalkoth Maharaj, wird sein Schicksal beeinflussen und diesen Jungen von Leiden und Demütigungen in den langen kommenden Jahren erlösen. Das ist einer der Gründe, warum ihm aufgetragen wurde zu beten, für wohltätige Zwecke zu spenden und das Mädchen und ihre Familie zu versorgen. Ihre Segenswünsche sowie die Segenswünsche all derer, denen seine wohltätige Spende zugute kommt, die Macht der Gebete und die Präsenz seines Meisters werden ihn von dem ursprünglich für ihn vorgesehenen Schicksal erretten. Nun gehen Sie und tun Sie das, was ich Ihnen aufgetragen habe, denn so werden Sie nicht nur das arme Mädchen versorgt wissen, sondern auch noch die Seele dieses jungen Mannes retten können."

Seth berührte Rudras Füße, und Rudra konnte spüren, dass er in Wirklichkeit gar nicht seine, sondern die Füße seines Meisters Shirdi Sai Baba berührte.

Aber vergiss nie, dass das Wichtigste, wofür du für jeden Menschen beten kannst, Stärke und Weisheit, Liebe und Mitgefühl sind, so dass jeder Mensch alles das, was Gott, sein Meister oder das Schicksal für ihn bereithält, mit Würde, Zufriedenheit und positiver Hingabe akzeptiert. Das ist unbedingt erforderlich. Daran führt kein Weg vorbei. Ohne diese Kernaussage ist die einem Gebet innewohnende Lebenskraft praktisch nicht vorhanden.

Über eine Stunde konnte Rudra nichts anderes tun, als ausgestreckt auf dem Sofa auf der Terrasse zu liegen. Seine Atmung war völlig durcheinander geraten, und er starrte auf das Meer hinaus, bis er nach einer Weile die Augen schloss. Jede einzelne Zelle seines Körpers war immer noch von Trauer durchdrungen, und das Herz war ihm schwer. Er fragte sich, ob das, was da drinnen – mit Seth und dem jungen Paar – vorgefallen war, in irgendeinem Zusammenhang mit seinem jetzigen leblosen und komatösen Zustand stehen könnte.

Was geschah mit ihm? Woher stammten alle diese eigenartigen Vorhersagen? Es lag nahe, dass sie einer Quelle entsprangen, die mit ihren astralen Fingern mühelos den Puls jedes lebenden Organismus fühlen konnte. Wie sonst hätte er mit solch großer Sicherheit Aussagen über Mutter, Vater und Großmutter des jungen Mannes machen und schließlich sogar dessen kurz bevorstehenden Tod genauestens beschreiben und zeitlich festlegen können?

Rudra nahm eine Zigarette aus der Schachtel und brachte es nur unter großen Schwierigkeiten fertig sie anzuzünden, da heftige Windböen erneut hin und her brausten. Es fing an zu nieseln, und Rudra lag weiterhin auf dem Rücken, eine Zigarette zwischen die Lippen geklemmt, und starrte auf die nasse Welt da draußen.

Wo war der Alte Mann? Er vermisste Ihn. Rudra verspürte das dringende Bedürfnis, mit Baba zu reden und herauszufinden, was zum Teufel eigentlich los war. Langsam verebbten die Schmerzen in seinem Kopf. Er konnte seinen Mund wieder öffnen, ohne dass es sich so anfühlte, als ob seine Schläfen von einem Dolch durchbohrt würden.

Bitte deinen Meister, dass du Weisheit und Stärke, Liebe und Mitgefühl empfangen mögest, um all das mit Würde und vollkommener positiver Hingabe zu akzeptieren, was Er und das Schicksal für dich vorgesehen haben. Bitte Ihn auch darum, dir zu verzeihen, dich zu führen, zu leiten und zu beschützen.

Was seine Kinder jetzt wohl gerade machten? Es war beinahe halb sechs Uhr abends. Ob sie schon zu Hause oder noch in der Schule sein würden? Ging es ihnen gut? Hoffentlich waren sie nicht krank. Sehnten sie sich nach seiner Nähe, wenn sie weinten? Dachten sie an ihn, wenn sie den Mond anschauten? War ihnen klar, dass er ohne sie starb? Ob er sie wohl jemals wieder in seinen Armen halten könnte? Würde es ihm je wieder vergönnt sein, frei und glücklich zu atmen?

Rudra atmete tief ein und stand vom Sofa auf. Er ging zum Wandschrank, nahm eine Flasche Skotch heraus, goss eine großzügige Portion in ein Glas und kippte sie in einem Zug hinunter. Die Flüssigkeit fühlte sich wie geschmolzene Lava an, die sich einen Berg hinunter wälzte und alles auf ihrem Weg zu Asche versengte. Die Hitze war so unerträglich, dass ihm keine andere Wahl blieb, als den Mund weit aufzureißen und kalte Luft einzusaugen. Er goss sich noch einen großen Whisky ein, warf ein paar Eiswürfel aus dem Tiefkühlfach des Kühlschranks hinein und ging ins Wohnzimmer. Die Sonne war untergegangen, und schnell breitete sich überall Dunkelheit aus. In seinem Inneren war die Sonne schon lange untergegangen, nur noch Dunkelheit herrschte dort. Nicht die Dunkelheit bei Einbruch der Nacht, sondern totenähnliche, starre Schwärze.

Rudra schaltete ein paar Lampen ein und setzte sich mit dem Rücken zur Wand auf den Boden. Er schaute auf das Meer hinaus, lauschte dem Rauschen der Wellen und beobachtete, wie sich die geflügelten Lebewesen draußen auf die Nacht vorbereiteten.

Rudra schloss die Augen und atmete tief ein. Er wollte nicht weinen. Sollte die Welt da draußen doch Ränke schmieden und Intrigen gegen ihn aushecken, er würde nicht davon ablassen, sie weiterhin zu lieben und ihr sein Mitgefühl zu schenken. Wie konnte es nur passieren, dass Liebende plötzlich anfingen, sich zu hassen? Wenn man von Herzen liebte, blieb doch kein Platz für Hass. Wenn Hass es trotzdem schaffte, ein Plätzchen zu ergattern, wo er sich einnisten konnte, dann hieß das doch nur, dass es noch einen dunklen Fleck im Herzen gab, der noch nicht von Liebe durchdrungen worden war. Das konnte doch nur bedeuten, dass die Liebe noch nicht allumfassend gewesen war. Jemanden wirklich zu lieben, beinhaltete, dass man den anderen nie hassen konnte, egal was der andere einem auch antun mochte. So brachte es Rudra auch nicht übers Herz, die zu hassen, die jetzt mit unsinnigen Anschuldigungen, Intrigen und Klatsch gegen ihn arbeiteten, seine eigenen Kinder gegen ihn aufhetzten und sich schier überschlugen, um ins gegnerische Lager überzuwechseln, und die all dies in der ruhigen Gewissheit tun konnten, dass er alleine stand, während die Bande von Heuchlern im anderen Lager ständig größer wurde.

Rudra erhob das Glas auf den Himmel, das Meer und die Welt im Allgemeinen. Er sprach einen Toast auf seine Kinder aus, nach denen er sich so sehr sehnte, dass ihn sogar der Tod nicht von dem Schmerz über ihre Abwesenheit erlösen könnte. Er toastete Baba zu, der – wie er wusste – alles sah und verstand und vergab, niemals urteilte und schon gar nicht verurteilte.

Rudra fing langsam an, seinen Whisky zu trinken. Die Nacht war jung. Die Flasche fast voll. Er hatte noch einen langen Weg vor sich.

Drei Tage später, als Rudra zum Haus zurückkehrte, begrüßte ihn der süße Duft von Babas Chillum. Er rannte auf die Terrasse und hielt sich an Babas Füßen fest. Der Alte Mann saß auf seinem angestammten Platz auf dem Sofa. Ein bestimmter Teil des Sofas war nur für Baba reserviert, denn Rudra hielt Babas Sitz heilig und pflegte sich nie selbst darauf zu setzen.

Ungefähr eine Minute lang ließ Rudra seine Stirn auf Babas Füßen liegen, während der Alte Mann sanft sein langes, zerzaustes Haar streichelte.

„Außer einer Nacht, in der du fast eine halbe Flasche Alkohol getrunken hast, scheinst du tatsächlich dem Weg gefolgt zu sein."

Rudra lächelte, und beide Männer fingen an, leise in sich hinein zu lachen. Zwischen ihnen gab es keine Geheimnisse. Rudra war davon überzeugt, dass Baba über jeden seiner Gedanken, all seine Worte und Taten Bescheid wusste.

„Letztendlich blieb mir nichts anderes übrig, als die Flasche kaputt zu machen, das schien mir die einzige Garantie zu sein, dass du auch wirklich aufhörst zu trinken."

Rudra nickte. Er hatte die Flasche auf die Terrasse getragen, wo sie ihm aus der Hand geglitten und auf das Geländer gefallen war, so dass sie in viele Stücke zersprungen war.

„Geh nicht weg und verlass mich nicht, Baba. Alleine kann ich das Leben nicht meistern."

„Mein Kind, ich bin immer bei dir. Immer, wenn du an mich denkst, bin ich bei dir. Wenn du möchtest, dass dein Meister immer bei dir ist, musst du immer an deinen Meister denken und Ihn die ganze Zeit vermissen. Rezitiere unentwegt Seinen oder Ihren Namen. Das Gesetz ist einfach: Wenn du deinen Meister bei dir haben möchtest, musst auch du bei deinem Meister sein – und ich garantiere dir, dass deine Anstrengung von Erfolg gekrönt sein wird. Was du säst, wirst du auch ernten, mein Sohn. Jetzt hat also dein Freund Seth angefangen, dich seinen Freunden und Familienmitgliedern weiterzuempfehlen?"

Als erstes nach jeder Geistigen Botschaft solltest du dich wieder in die Heilige Flamme begeben und zu Ihr beten, dass Sie deinen Körper, Geist und deine Seele, Aura, Schwingungen, Kanäle, jeden Tropfen Blut, jede Zelle und deine ganze DNS von aller Negativität und Krankheit reinigen möge. Danke der Flamme, dass Sie dich beschützt, geführt und über dir gewacht hat.

„Baba, was passiert hier eigentlich? Das ist doch eine ernste Sache und keine Spielerei. Bei dieser ganzen Vorhersagerei kann doch leicht jemand zu Schaden kommen. Nimm nur einmal diesen jungen Mann. Wegen mir wird er nun alle seine Aktien und Wertpapiere verkaufen und seiner Freundin das ganze Geld geben. Er bekam den Auftrag, zu beten und für wohltätige Zwecke zu spenden. Und all das, weil ich dazu gebracht worden bin – und frage mich nicht von wem – zu glauben, dass der Junge bald sterben wird und alle diese Schritte für das Wohl seiner Seele und zum Ausgleich seiner karmischen Bilanz vonnöten sind. Aber Baba, was ist, wenn das alles nicht wahr sein sollte? Verstehst du, ich meine, wenn das alles nicht wahr sein sollte, sind die Konsequenzen doch…"

„Nennst du mich einen Lügner, Sohn?"

„Um Gottes willen, natürlich nicht, Baba. Du bist alles für mich. Deine Worte sind für mich Befehle. Du und nur du bist für mich von Bedeutung. Du bist weise und verständnisvoll. Du bist allgegenwärtig und allmächtig, denn ich weiß, dass du und Gott eins geworden sind und es keinen Unterschied mehr zwischen Euch gibt. Genau so wie es keinen Unterschied zwischen dem Meer und seinen Wellen gibt. Das Meer ist ein Teil der Wellen und die Wellen sind ein Teil des Meeres. Sie sind ein und dasselbe, nur die äußere Form ist eine andere. Das weiß ich. Aber, Baba, schau mich an, ich bin ein Versager. Ich habe mein Leben ruiniert und deshalb in gewisser Weise auch das meiner Kinder. Ich kann ja noch nicht einmal geradeaus denken und mir selbst helfen. Wie kann ich da anderen, die in Not sind, helfen?"

„Du bist wie der beste Chirurg der Welt, der die kompliziertesten Operationen an anderen vollführen kann, aber nicht dazu imstande ist, sich selbst eine kleine Spritze zu setzen. Das bedeutet aber noch lange nicht, dass der Chirurg ein Versager ist. Das bedeutet auch nicht, dass er keine Ahnung von Chirurgie hat. Er kann sich nicht selbst operieren, das bedeutet es, nicht mehr und nicht weniger. Du bist ein Derwisch. Ein Medium. Ein Kanal. Egal, was die Welt oder deine Gegner von dir sagen oder denken mögen, zweifele nie an dir selbst. Karma und karmische Verbindungen sind sehr kompliziert und verwickelt. Du hast schon viele Leben gelebt und hast sie mit vielen von denen verbracht, mit denen du auch in diesem Leben verbunden warst, seien es Familienmitglieder, Freunde oder sogar die, die mit dir nicht klar kamen oder versuchten, dir emotional, physisch oder spirituell zu schaden. Ihr alle gehört einer Seelengruppe an. Ihr alle seid schon seit vielen Leben miteinander unterwegs und standet in unterschiedlichen Beziehungen zueinander: Vater, Mutter, Ehemann, Ehefrau, Großeltern, Onkel und Tante, Sohn, Bruder, Schwester, Cousins, angeheiratete Verwandte, Freunde, Diener, Nachbarn, Fahrer und oftmals sogar sogenannte Feinde. Jedes einzelne Mitglied einer Seelengruppe versucht dem anderen zu helfen, sich spirituell weiter zu entwickeln und dessen karmisches Gepäck zu reduzieren. Manchmal inkarniert sich gerade die Seele, die dich am meisten liebt, willentlich als dein Feind oder Peiniger, einzig und allein aus dem Grund, um dir zu helfen, dein Karma abzuarbeiten. Halte dir vor Augen, dass gerade der Mensch, von dem du annimmst, dass er dich hasst oder dir schaden will, und den du deshalb auch hasst, dir – spirituell gesehen – besonders wohlgesonnen sein könnte. Es könnte sein, dass du gerade aufgrund der Begegnung mit diesem Menschen einen spirituellen Weg einschlägst oder Mitgefühl entwickelst. Genau die Person, die dein Leben zur Hölle macht, könnte dich näher zu Gott, zu Gebeten und Spiritualität bringen – zwar tut diese Person es auf eine Weise, die dir in diesem Leben sehr weh tut, aber vielleicht ist das auch die einzige Art, in der du diese Lektion überhaupt lernen kannst. Manchmal inkarniert eine Seele nur aus dem Grund, um dir Trost zu spenden und wie ein Fels in der Brandung zu dir zu stehen, weil du genau diese Unterstützung und Stärke brauchst. Also, Sohn, nun sage mir: Wer genau ist denn nun dein Freund und wer dein Feind? Vielleicht gehören alle deiner Seelenfamilie an und versuchen alle, dir zu helfen, wie auch du ihnen hilfst. Manchmal kommt eine Gelegenheit in Form einer Katastrophe daher und kann erst in diesem Augenblick beim Schopf gepackt werden. Manchmal geht der einzige Weg, auf dem Gott Eingang in dein Herz und Leben finden kann, durch Schmerz und Sorge und Schicksalsschläge hindurch. Das Leben ist unergründlich, mein Sohn, deshalb solltest du nie Urteile fällen, andere hassen, schlecht behandeln oder schlecht über sie reden. Wer weiß, vielleicht fügst du gerade demjenigen Schaden zu, der dich, spirituell gesehen, am meisten liebt! Sohn, das Leben ist nicht einfach nur geradeaus gestrickt. Wir sind alle karmisch miteinander verbunden, genau wie wir alle mit Gott verbunden sind. Verletze, hasse oder behandele nie jemanden schlecht, denn du könntest gerade die Seele treffen, die deinem Herzen am nächsten steht, die du aber in diesem Leben nicht erkennst, weil sie in einem dir unbekannten Körper steckt.

Das Schicksal ist wie eine Landkarte, welche die allgemeine Richtung und Hauptreiseziele vorgibt sowie einen Überblick über die zu unternehmende Reise bietet. Schlaglöcher, schlechte Straßen und Bodenschwellen zu vermeiden, wie überhaupt gesunden Menschenverstand einzusetzen, ist einzig und allein Sache des Fahrers.

Aber denke immer daran, dass ich für dich da bin und bei dir bin. Wer sollte dir da auch nur ein einziges Haar krümmen können, mein Junge? Wenn ich allerdings davon überzeugt bin, dass es das Beste für deine Seele, für deine spirituelle Entwicklung und für deine karmische Reinigung ist, durch Unfälle, Katastrophen oder emotionale und physische Tragödien zu gehen, dann werde ich dich genau da durch schicken, denn ich bin dein Meister und weiß, was – insgesamt gesehen – für dich das Beste ist. Ich weiß, was deinem wahren Wohl dient, was dir auf physischer, emotionaler, materieller, intellektueller und vor allem auf spiritueller Ebene förderlich ist und weiterhilft. Der Guru ist allwissend, mein Sohn, und weiß, was das Beste für Sein Kind ist. Der Guru weiß, wie schnell oder langsam das Kind reisen, wie schwer das Kreuz sein und wie schnell die karmische Reinigung vonstatten gehen kann. Überlasse alles deinem Guru. Der Guru weiß um alles, so weiß Er auch, was das Beste für dich ist. Du wolltest dein Leben lang dienen. Nun, dein größter Wunsch ist gerade erfüllt worden! Was auch immer du dir sehnlichst wünschst, wird dir gegeben werden – entweder in diesem oder einem anderen Leben. Es kann sein, dass du wiedergeboren werden musst, um das zu bekommen, was du dir einmal so sehr gewünscht hast. Das ist das Gesetz der Natur. Niemals versagt sie einem ihrer Kinder die Erfüllung eines Wunsches. Wie du dann mit diesem Geschenk der Natur umgehst, ist deine Sache. Du wolltest der Menschheit dienen, und jetzt wirst du darauf vorbereitet, genau dies auch tun zu können. Nicht nur den auf der Erde lebenden Menschen wirst du zu Hilfe kommen, sondern sogar denen in der Geisteswelt. Wenn du zweifelst oder Widerstand leistest, wird alles nur schwieriger. Wenn du dich aber im Einklang mit der Natur befindest und mit dem Strom des Hier und Jetzt fließt, wirst du in den stürmischsten Meeren schwimmen können – mit einem Lächeln auf den Lippen."

„Baba, ich habe schon meine Zweifel, dass dies alles wirklich passiert. Warum ich? Ich bin nicht religiös. Ich trinke, rauche und mache Sachen, die von den meisten Religionen für schlecht gehalten werden. Warum sollte gerade ich für solch einen spirituellen Hochleistungsjob ausgewählt werden?"

„Sohn, Richtig und Falsch sind Ansichtssache. Die Welt verurteilt einen Mann, der einen anderen getötet hat, zum Galgen, während ein Soldat, der hunderte von Menschen getötet hat, eine Medaille verliehen bekommt. Es hängt alles von deiner inneren Sichtweise und Einstellung ab, mein Kind. Die Absicht der Seele ist wichtiger als alle irdischen Gesetze zusammen genommen. Jetzt hol mir mal etwas von deinem gräulichen Tee, und dann können wir darüber reden, wie man ein gutes Medium werden und der Menschheit durch Geistige Botschaften helfen kann."

Rudra lächelte, küsste Babas Hände und beide Männer mussten erneut still vor sich hin lachen. Es war so gut, dass Baba wieder bei ihm war, dass Rudra einfach weinen musste.

Du bist ein Medium. Vergiss das nie. Du bist nicht der Handelnde, sondern der Kanal, durch den die Energie und der Atem Gottes fließen. Unterliege noch nicht einmal für den Bruchteil einer Sekunde der Illusion, dass du selber Macht hast oder spirituell höher stehst als andere, weil du dazu ausersehen wurdest, als Medium zu arbeiten.

„Jeder lebende Organismus kann als Kanal, Medium oder Instrument benutzt werden, so dass Meister und Geisteswelt durch ihn arbeiten können. Zarathustra, der als der älteste bekannte Prophet oder erste Weise auf Erden gilt, verkündete die Lehre, dass es nur einen Gott gebe und dieser Gott allgegenwärtig, allmächtig, allwissend sowie über alle Maßen weise und voller Erbarmen sei – auch habe dieser Gott, dem Er den Namen Ahura Mazda gab, weder Form noch Farbe. Zarathustra war das erste bekannte Medium oder Instrument Gottes. Er war der Erste, der Seinen Körper zu einem leeren Gefäß machte und dem Geist Gottes erlaubte, in ihn einzutreten und durch ihn zu sprechen. Zarathustras Anhänger, die auch Parsen und Iraner mit einschließen, beten zu Ahura Mazda, und ihre Gebete sind in der Heiligen Schrift des „Zend Avesta" niedergeschrieben. Zarathustra meditierte und offenbarte Gott, und Seine Gespräche mit Gott kann man in den „Gathas", den Gesängen des Zarathustra, nachlesen.

Mein Sohn, nimm irgendeine der Heiligen Schriften, die von den alten Religionen stammen, zur Hand, und du wirst feststellen, dass die darin enthaltenen Lehren, die Weisheit und Kunst der Formulierung sowie die hinter den Zeilen verborgene esoterische Bedeutung, das Mitgefühl wie auch die Liebe, die sich über diese Schriftseiten manifestieren, nie von einem Menschen ausgedacht, formuliert und niedergeschrieben worden sein können. Vertiefe dich in irgendeine dieser alten heiligen Schriften, und ihre kristallklare Tiefe und Weisheit wird dich schier überwältigen. Je mehr du dich mit der Bedeutung scheinbar einfacher Wörter auseinandersetzt, desto öfter wirst du merken, dass sie weitere, tiefer liegende Bedeutungsebenen enthalten und es noch mehr und immer wieder neue Wege gibt, nur einen einzelnen Satz zu erkunden. Das Epos Ramayana, das über das Leben Ramas und Seine Lehren berichtet, wurde von Valmiki geschrieben. Wer war Valmiki? Er war ein Straßenräuber, der eines Tages ein Erleuchtungserlebnis hatte, als Er Sein göttliches Ich entdeckte, umarmte und ein Weiser wurde. Du glaubst doch wohl nicht, dass ein reformierter Straßenräuber tatsächlich dazu in der Lage gewesen wäre, ein Werk wie das Ramayana zu schreiben? Vielmehr wurde Er zu einem Kanal des Heiligen Geistes, der in Ihn eintrat und dieses Buch verfasste. Es ist bekannt, dass der Prophet Mohammed weder lesen noch schreiben konnte. Hast du einmal den Heiligen Koran gelesen? Ein wahrhaft erhabenes Werk. Es predigt Frieden und ist ein einziger unermesslicher Erguss voll überströmender Dankbarkeit an den Schöpfer. Alle Weisen und Propheten erteilten ihre Zustimmung, als Gefäße benutzt zu werden, um das Wort Gottes seit tausenden von Generationen zu den Menschen zu bringen. Es versteht sich von selbst, dass das Gefäß stark genug sein muss, um das Gewicht des Heiligen Wortes fassen zu können; auch muss das Gefäß so leer sein, dass alle Unreinheiten restlos entfernt worden sind, und rein muss es sein, um die Heiligkeit des Göttlichen Wortes in sich bewahren zu können. Jedes Heilige Buch auf Erden hält die Menschen dazu an, zu beten, zu meditieren und das Leben in Zufriedenheit und Frieden mit dem Plan des Schöpfers zu verbringen. Warum? Wenn du betest, meditierst, in Zufriedenheit und Frieden mit dem Plan deines Herrn und Gottes lebst, dann erlaubst du dir selbst, zu einem Gefäß, einem Medium oder Instrument zu werden, in das der Heilige Geist Eintritt finden kann. Durch dich berührt der Heilige Geist das Leben unzähliger Menschen, durch dich macht der Heilige Geist Vorhersagen und führt andere auf ihrem Lebensweg, durch dich hilft der Heilige Geist nicht nur den Bewohnern der Erde, sondern auch denen der Geisteswelt. Sohn, Geistige Botschaften gibt es seit Anbeginn der Schöpfung selbst. Du hast sicher in den Heiligen Schriften gelesen, wie Tiere, Vögel und Fische zur Rettung von edlen Seelen gekommen sind. Bei diesen Gelegenheiten hat der Heilige Geist die Tiere als Instrumente benutzt, um mit ihrer Hilfe den Göttlichen Plan durchführen zu können. Je stärker, klarer und reiner ein Mensch ist, desto mächtiger und klarer wird er auch als Gefäß oder Instrument sein und – vom Heiligen Geist erfüllt – die Botschaft des Heiligen Wortes in die Welt tragen können. Ein Medium oder Gefäß für Gott zu werden, ist das Geburtsrecht eines jeden lebenden Organismus. Wir alle sind Instrumente und Gefäße – aber zu welchem Zweck? Das bleibt jedem Lebewesen selbst überlassen. Willst du ein Medium für das Wort Gottes sein oder willst du ein Instrument sein, das Hass und Finsternis verbreitet? Willst du mehr und mehr von deinem engstirnigen Selbst erfüllt und immer wieder erneut von deinen kleinen und nichtigen Wünschen und Nöten hierhin und dorthin getrieben werden? Oder willst du dich leer machen und von allem befreien, was nicht der Geist Gottes ist? Schwer ist es nicht. Es hängt nur davon ab, was du wirklich willst. Möchtest du, dass Gott deine wahren Wünsche erfüllt oder willst du selbst die Wünsche deines Egos erfüllen? Wenn du Gott in dir erfahren willst, wenn du ein Derwisch, Medium oder Kanal werden willst, dann musst du dich selbst loslassen und Gott in deinem Inneren umarmen. In Wirklichkeit musst du noch nicht einmal Gott in deinem Inneren umarmen. Wenn du alle Gedanken und Wünsche, all den Hass, die Gier und Besessenheit loslässt und leer wirst, tritt automatisch der Geist Gottes in dich ein. Denke daran: Nur einer kann in dir wohnen – du oder dein Meister. Für zwei Herrscher ist kein Platz. Jedes Lebewesen kann ein Medium oder Gefäß für Gottes Arbeit werden. Je mehr du dein ganzes Wesen mit dem Namen deines Meisters erfüllst und je mehr du an Ihn denkst, desto mehr wirst du mit Seiner oder Ihrer Energie erfüllt und wirst automatisch zu einem Medium deines Meisters."

„Willst du damit auch sagen, dass man übersinnliche Kräfte erlangt, sobald man ein Medium geworden ist?"

„Sohn, es gibt verschiedene Arten von Medien. Viele verschiedene Arten. Es könnte sein, dass du zu einem edlen Menschen wirst, der bereit ist, der Menschheit zu helfen und zu dienen, so wie es den jeweiligen Umständen gerade entspricht. Vielleicht wirst du auch ein Medium für Wohltätigkeit. Du könntest ein Medium werden, das für die Schwachen dieser Welt eintritt und für sie kämpft. Aus dir könnte ein Gefäß werden, das Hilfe für all die, die sie verzweifelt benötigen, organisiert. Der Heilige Geist könnte dich dazu benutzen, ein Medikament zu entwickeln, das Abertausenden von Menschen von Nutzen sein wird. Du könntest dazu gebraucht werden, umsonst Fälle vor Gericht für die zu vertreten, die zwar unschuldig, aber zu arm sind, um sich einen ausgezeichneten Anwalt leisten zu können. Urplötzlich könntest du einem inneren Impuls nachgeben und Arme mit Nahrung versorgen oder Tieren helfen. Vielleicht komponierst du Musik, schreibst ein Buch oder führst Regie bei einem Film – und deine Arbeit wird viele Menschen dazu inspirieren, besser, weiser oder mitfühlender zu werden. Sohn, es könnte sein, dass du einfach dazu gebraucht wirst, deinen Charakter so zu vervollkommnen, dass alle, die mit dir in Kontakt kommen, dazu inspiriert werden, auch bessere Menschen zu werden. Es könnte natürlich auch geschehen, dass du als Heiler, als übersinnliches Medium, als Streiter für die Rechte von Behinderten, als Kämpfer für die Verdammten von Nutzen sein wirst. Oh, mein Sohn, auf jeden Fall wird dein Leben nicht länger dir gehören. Also kann es durchaus passieren, dass du nicht nur für eine bestimmte Sache, sondern für alle diese Fälle gleichzeitig gebraucht wirst. Lasse deinen Meister entscheiden, was das Gefäß befördern soll. Lasse deinen Meister entscheiden, welche Melodie das Instrument spielen soll. Lasse dich von deinem Meister mit dem Rhythmus erfüllen, nach dem du tanzen sollst. Nun, Wir haben entschieden, dass du dazu benutzt werden sollst, um Menschen dazu anzuleiten, ihr Karma abzutragen. So sei es. Jetzt hol mir meine Chillum. Dieses Gefäß muss rauchen."

Rudra saß auf dem Boden neben Babas Füßen und massierte die Knöchel des Alten Mannes. Er konnte es immer noch nicht so recht fassen, dass der Himmel so knapp an Personal sein sollte, dass er tatsächlich einen Versager wie ihn brauchte, um als „quasi himmlisches Gefäß zum Recyceln von Karma" herzuhalten.

„Lasse Ihn entscheiden, welches Instrument gut dazu geeignet ist, eine bestimmte Melodie zu spielen, mein Sohn. Und lasse auch Ihn entscheiden, wer ein Versager und wer ein Gewinner ist. Hol jetzt meine Chillum und lasse uns unsere Gefäße mit süßem Rauch anfüllen."

Rudra musste vor Lachen glucksen. Der Alte Mann war unmöglich.

Arbeite und lebe, um dein kleines Ego auszulöschen und sonne dich in der Glorie und Präsenz von Meister, Gott und Göttin.

Außer Suppe wünschte Baba nichts zum Abendessen. Rudra ging auf den Markt und kaufte die Zutaten ein. Früher hatte er sehr gerne verschiedene Sorten Suppen für seine Kinder gekocht. Er kochte immer einen Riesentopf, genug für drei Familien. Seine Tochter neckte ihn gewöhnlich, dass er wie ein Hexenmeister aussehe, während er die Suppe kochte – aus dem einfachen Grund, weil er, mit einer riesengroßen Kelle bewaffnet, neben dem Topf zu stehen und über eine halbe Stunde die Suppe umzurühren pflegte. Es traf zu. Tatsächlich sah er einem Stammeshäuptling ähnlich, der in einem großen Topf voll diverser, unergründlicher Zutaten herumrührte, zum Wohle seines Stammes.

Seine Kinder hassten die Suppe.

Doch herrschte das eiserne Gesetz, die Suppe auch aufzuessen.

Oftmals geriet Rudra allerdings selbst in Versuchung, die Suppe ins Spülbecken zu kippen.

Wenn keiner guckte, machte er das auch.

Trotzdem war und blieb es ein Fakt, dass die eklige Suppe sehr gesund war.

Rudra kam völlig durchnässt wieder zu Hause an. Der Regen hatte genau den richtigen Moment abgewartet, um auf ihn hinabzustürzen. Er hatte sich gerade auf dem Teil der Straße befunden, der keinerlei Schutz vor Regen bot und auf dem weder ein Taxi noch eine dreirädrige Auto-Riksha vorbeikam, in die man schnell hätte springen können. Ausgerechnet dieser verflixte Teil der Straße musste auch noch circa achthundert Meter lang sein.

Trotzdem genoss Rudra den Spaziergang. Er atmete tief ein und nahm den Geruch der Erde und den Duft der Blumen, die wild auf freiem Feld wuchsen, in sich auf. Hinter dem Feld konnte er das weite Meer und die Kokospalmen sehen, die sich hin und her bogen und sich im Rhythmus der hinunter prasselnden Regengüsse wiegten. Als er klein war, liebte er es, Fußball im Regen zu spielen, ganz oben auf dem Plateau eines Berges, wo die Wolken dicht an ihm vorbeizogen und das Tal weit unten mit seinen kleinen Bauernhäusern, die ihm wie vereinzelte Schokoladenstückchen vorkamen, und den Dörfern, die wie Gruppen von zusammengewürfelten Spielzeughäusern wirkten, lag. Oft saßen seine Freunde auf der Spitze des Berges und beobachteten, wie ein Bus am Horizont auftauchte und an unzähligen Plätzen Halt machte. Der Bus war nur ein Punkt in der Landschaft, eine Ameise, die sich bewegte, hier und dort anhielt und sich manchmal eine ganze Weile lang überhaupt nicht vom Fleck bewegte.

Jetzt – ein bloßes Augenzwinkern später – war er schon in der Mitte seines Lebens angelangt und würde außerdem schon bald am Ende seines Lebensweges angekommen sein.

Es kommt recht häufig vor, dass man nach einem Massenunfall oder einer Tragödie eine bestimmte Person so etwas sagen hören kann wie: „Gott ist groß, ich wurde gerettet und nicht ein einziges Mitglied meiner Familie ist zu Schaden gekommen." Wäre Gott denn nicht groß, wenn diese Person oder ein Familienmitglied zu Schaden gekommen wäre? Verschiedentlich habe ich Leute sagen hören, dass ihres Meisters Hand sie beschütze und ihnen deshalb nichts geschehen könne. Bedeutet das etwa, dass alle die, die verletzt wurden, nicht unter ihres Meisters Schutz und Segen standen?

Er fragte sich, wie zur Hölle denn all die Jahre wie auch das Leben selbst nur so schnell an ihm hatten vorbeirauschen können. Tief in seinem Inneren fühlte sich Rudra immer noch als Kind, das es liebte, zu spielen, das Leben zu genießen, zu lachen und Krach zu schlagen – und dem es spitzenmäßig gut ging, wenn es alle diese coolen Sachen machen konnte. Er konnte sich noch gut an seinen ersten Tag im Internat erinnern: Er war aus dem Bus gestiegen und hatte sich, nur Sekunden nachdem er den Schlafsaal betreten hatte, zu seiner Überraschung in einem Faustkampf mit einem völlig fremden Jungen befunden, der sich in den nächsten zehn Jahren als guter Freund und fleißiger Schüler erweisen sollte. Mit knapp zwanzig sollte er dann an den Folgen eines Verkehrsunfalls sterben. Was war aus all seinen anderen Freunden geworden? Ging es ihnen gut, auch in finanzieller Hinsicht? Dachten sie manchmal an ihn, an den kleinen Wilden? Wie sah es mit ihrer emotionalen, geistigen und vor allem ihrer spirituellen Entwicklung aus? Er hoffte, sie seien alle gesund und glücklich. Das wünschte er von Herzen. Es war eine unschuldige Zeit gewesen, damals. Sein liebster Zeitvertreib waren Spiele gewesen, ganz egal ob Kricket, Fußball oder sogar Murmeln, wobei er allerdings mit schöner Regelmäßigkeit verlor. Sie waren auf Bäume geklettert, um Früchte zu pflücken oder einfach um neue Kicks auszuprobieren. Ständig hatten sie an quälendem Hunger gelitten, was ihn und die anderen förmlich dazu zwang, sich durch das angrenzende Wäldchen zu stehlen, um schließlich als krönenden Abschluss ein heißes und essbares Mahl in einem der örtlichen Restaurants auf dem Marktplatz zu ergattern, obwohl dies für alle Schüler strikt verboten war. Und die Prügel, die sie bezogen, wenn sie erwischt wurden … Aber das war in Ordnung: Auch wenn sie verdroschen wurden, hatten sie doch wenigstens ihre Bäuche bis zum Rand mit leckeren Linsengerichten, Eiercurrys und Biryanis mit Schaffleisch angefüllt. Hoch oben auf den Bergen liebten sie es besonders zu spielen, inmitten von Regengüssen und Wolken, die die Sicht umnebelten und Spiele gefährlich werden ließen. Trotzdem gingen die Spiele weiter, während sie vor Kälte zitterten, ihre Glieder langsam taub wurden und ihre Zähne aufeinander schlugen. Dann waren da noch die Zigeuner mit ihren dreckigen, aber unsagbar niedlichen kleinen Kindern und den Büffeln und Eseln, die als ständige Nachhut hinter den Wohnwagen her trotteten. Und nicht zu vergessen das Pfuschen bei den Prüfungen, bei dem Rudra von den Göttern im Himmel mit einer besonderen amoralischen Begabung gesegnet zu sein schien, die teilweise sogar geniale Züge annehmen konnte. Natürlich wurde er in dieser Zeit auch oft von Heimweh und Sehnsucht nach seinen Lieben zu Hause geplagt. So war es damals, das Leben war schrecklich, wunderbar, traurig, fröhlich – alles in einem, eine Achterbahnfahrt zu einem jauchzenden Hoch, im Sturzflug runter und dann wieder hoch.

„Sohn, das ist mit Sicherheit die schrecklichste Suppe in der Geschichte der Menschheit." Nachdem Er diese unbestreitbare Wahrheit verkündet hatte, löffelte Baba die Suppe, als ob sie der köstlichste Nektar sei, der direkt aus himmlischen Gefilden zu ihnen hinab geflossen sei.

„Geschmack wird auch nur von deiner geistigen Verfassung bestimmt. Wie es dir schmeckt, hängt von deiner Stimmung ab, von der Atmosphäre und Art, wie das Essen serviert wird, von den Leuten, mit denen du zusammen isst, von deiner Gesundheit, deinem Hunger … Man sollte einfach dem Herrn danken und das essen, was einem vorgesetzt wird, und seine Meinung tunlichst für sich behalten. Wenn du nach deiner Meinung über das Essen gefragt wirst, dann teile sie auf eine Art mit, in der sie so wenig verletzend wie irgend möglich klingt. Du kannst z. B. sehr ölige oder reichhaltige Gerichte schlecht verdauen, deshalb bist du oft hungrig geblieben, weil du das Essen, von dem du annahmst, dass es dir nicht bekommen würde, gar nicht erst angerührt hast. Aber indem du das Essen noch nicht einmal probiert hast, hast du die verletzt, die sich viele Stunden angestrengt haben, die verschiedenen Gerichte zuzubereiten. Das ist nicht richtig. Probiere ein klein wenig, um die Liebe, die in diese Gerichte eingegangen ist, zu würdigen. Erkläre deinen Gastgebern, warum du nicht mehr essen oder alle Gerichte probieren kannst, aber tue dies mit Liebe und Zartgefühl. Wenn du die Wahl hast, dann vermeide natürlich, Essen zu dir zu nehmen, das du schlecht oder gar nicht verträgst. Aber wenn dir keine andere Wahl bleibt, als solche Gerichte zu dir zu nehmen, dann koste ein wenig und iss sehr langsam. Verletze nie die, die für dich mit Liebe gekocht haben."

Rudra nickte.

„Weißt du was, Sohn? Man braucht echt Talent, um so eine erstaunliche Suppe zusammenzubrauen. Gib mir bitte noch etwas mehr." Sprach's und lächelte. Und Rudra strahlte vor Glück wie ein Kind.

Dein Vertrauen sollte so beschaffen sein, dass sogar dein Meister aufgerüttelt wird. Aber, mein Kind, um einen Meister aufzurütteln, solltest du es aushalten können, wenn die festen Grundlagen unter deinen Füßen und die Himmel über deinem

Kopf zum Beben gebracht und dein Körper, Geist und deine Seele wie die ganze Welt um dich herum total auf den Kopf gestellt werden.

„Du fragst dich, was mit dir geschieht? Wie es kommt, dass du auf einmal angefangen hast, Vorhersagen zu machen und in die Zukunft zu sehen? Du denkst dir: Was geht da vor? Wirst du nun wirklich ein Derwisch oder Medium oder ist das, was da abläuft, einfach ein trickreicher Film aus deinem Unterbewusstsein? So hast du angefangen, deine Glaubwürdigkeit und Integrität in Zweifel zu ziehen, weil du fürchtest, dass du vielleicht die Leichtgläubigkeit der Leute ausnutzt und sie an der Nase herumführst. Doch bleibt die Tatsache bestehen, dass weder dein Unbewusstes noch deine Intelligenz oder deine erhöhte Wahrnehmungsfähigkeit und Aufnahmebereitschaft für energetische Schwingungen dich in die Lage versetzen könnten, so klare und präzise Aussagen über Vergangenheit und Zukunft zu machen. Das weißt du wohl, bist aber trotzdem nicht gewillt, der Wahrheit ins Auge zu schauen, weil diese Wahrheit gegen all das verstößt, was dir beigebracht worden ist. Beigebracht von einer Gesellschaft, die an chronischer Verstopfung leidet, weil sie so abergläubisch, engstirnig und egozentrisch ist.

Sohn, der große Fakir, den die Welt Ahura, Ram, Gott, Allah oder Durga nennt, richtet Sein Augenmerk hauptsächlich auf die Absichten, die ein Mensch hat, und dann auf die Anstrengungen, die er unternimmt, um seine Absichten in die Tat umzusetzen. Erfolg, mein Kind, ist sehr eng mit Karma verflochten. Erfolg hat nichts mit Fähigkeit, Intelligenz oder erbrachter Leistung zu tun. Du kannst der talentierteste Schauspieler oder Sportler überhaupt sein, aber du brauchst eine Gelegenheit, dein

Können unter Beweis zu stellen, du brauchst eine Startrampe. Außerdem benötigst du Unterstützung, denn du musst bekannt werden. Aber sogar das wird dir rein gar nichts helfen, wenn Erfolg in dem karmischen Bauplan für dein jetziges Leben nicht schon vorgezeichnet worden ist. Darauf läuft alles hinaus. Aber Gott kümmert all das nicht. Er schaut auf deine Absicht, auf die Liebe, die Anstrengung und die Opfer, die du erbringst. Vergiss nicht – irgendwann wirst du Erfolg haben. Erfolg bleibt nicht aus, entweder hast du ihn in diesem oder einem anderen Leben. Wichtig ist die Absicht, die einer Handlung zugrunde liegt. Warum wacht ein Arzt Tag und Nacht bei einem Patienten? Aus Pflichterfüllung? Aus dem übermächtigen Drang, die Krankheit zu bekämpfen? Aus finanziellen Motiven? Oder weil sein Ego ständig eine hundertprozentige Erfolgsrate braucht? Aus Angst vor Versagen? Weil er jeden Patienten wie ein Mitglied seiner eigenen Familie ansieht und sich dementsprechend um ihn kümmert? Um seine Kollegen zu beeindrucken? Oder aus einer Mischung von allen oder den meisten dieser Gründe? Oder will er lieber in der Klinik bleiben und sich beschäftigt halten, als bei sich zu Hause Konflikten oder Depressionen die Stirn bieten zu müssen? Rudra, mein Sohn, der große Fakir achtet zuallererst auf die wahren Absichten, die einer jeden Handlung zugrunde liegen. Bedenke auch: Aus was für Motiven der Arzt auch handelt, solange er sich um den Patienten kümmert, erfüllt er seine Pflicht. Das ist schon einmal ein ganz wichtiger Punkt, dessen Bedeutung nicht unterschätzt werden sollte. Es ist besser, wenn sich ein verantwortungsbewusster Arzt allein aus finanziellen Gründen um einen Patienten kümmert, als dass er ihn vernachlässigt, ihm Schaden zufügt oder womöglich noch für seinen Tod verantwortlich ist. Es ist nichts Schlechtes dabei, Geld mit einer Arbeit verdienen zu wollen, die zum größeren Wohl der Menschheit gereicht. Dieser höhere Zweck würde auch dann gewährleistet, wenn der Arzt einen festen Prozentsatz seines Verdienstes für wohltätige Zwecke spenden würde – je höher der Verdienst, desto mehr Spenden kämen in Umlauf, und das wäre wunderbar, denn so wäre das Verfolgen beider Ziele in den zyklischen Kreislauf der Natur eingebunden.

Den Menschen, die ihren Meistern dienen, dienen die Meister noch tausendmal mehr. Zuallererst dienst du, indem du dich bemühst, ein anständiger Mensch zu sein. Du dienst, indem du anderen keinen Schaden zufügst, keinen Klatsch verbreitest und keine Intrigen spinnst, keine Traurigkeit verursachst und auch keine Atmosphäre voller Hass und Pein ins Leben rufst. Du dienst, indem du keine falschen Anschuldigungen aufstellst und Familien zerstörst. Ja, du dienst auch, indem du ein Medium bist, soziale Arbeit verrichtest, großzügig bist, anderen zu Hilfe kommst und den Unglücklichen oder Unterprivilegierten eine helfende Hand entgegenstreckst. Du dienst ebenso, indem du für andere um Frieden und Gesundheit betest, für Frieden auf der ganzen Welt meditierst, die Hungrigen speist, die Armen kleidest und den Obdachlosen Asyl gewährst. Es gibt Abertausende von Möglichkeiten, Gott, Meister und Göttin zu dienen – dein Meister sieht und schätzt all deine Dienste, aber vergiss nie: Dir dient Er ungleich mehr, als du es jemals vermöchtest.

Der springende Punkt ist, dass Absichten und Anstrengungen am wichtigsten sind. Resultate sind auf Gottes Skala erst sehr viel weiter unten angesiedelt. Wir haben uns deine Absichten angeschaut. Schon immer war es dein sehnlichster Wunsch, der Menschheit zu dienen. Immer schon. Also haben wir deine Stärken und Schwächen und deine geistige Verfassung berücksichtigt und sind zu dem Entschluss gelangt, dass der beste Dienst, den du leisten kannst, darin besteht, als Medium für die Höheren Mächte zu arbeiten, so dass du daran beteiligt bist, Licht zu verbreiten. Ist der Weg erst einmal gewählt, ist es wichtig zu entscheiden, wie man ihn am besten und sichersten verfolgen und wie man außerdem gewährleisten kann, das wichtigste Ziel von allen zu erreichen, nämlich Schritt für Schritt näher an die Quelle allen Lichtes zu gelangen. Ob du ein Medium, ein Künstler, ein Klempner, ein Lehrer oder eine Prostituierte bist, spielt dabei überhaupt keine Rolle."

„Eine Prostituierte?"

„Ja, warum nicht? Auch eine Prostituierte ist ein menschliches Wesen. Sie hat ihr eigenes Karma zu tragen und steht oft unter innerem Druck, wenn sie diesen Beruf ausübt. In unserem Land nehmen die meisten Frauen diesen Beruf aus Armut oder aufgrund eines äußeren Zwanges auf sich. Entweder um die Familie zu unterstützen oder weil sie von anderen dazu gezwungen wurden und später nicht mehr aussteigen können, selbst wenn sie wollten. Auch wenn sie solch einen Beruf ausüben, bleiben sie doch immer Gottes Kinder. Solange ein Mensch sich bemüht, auf Gottes Pfaden zu wandeln, solange er auf dem Weg des Lichtes voranschreiten möchte, ist mit diesem Menschen alles in Ordnung, denn allein laut seiner Absichten befindet er sich schon auf dem Weg. Wer sind denn wir, dass wir über ihn urteilen könnten? Überlasse alles Urteilen und Bewerten einzig dem Fakir. Karma und Schicksal sind sehr strenge Zuchtmeister. Egal ob Er einen Arzt, einen Yogi oder eine Prostituierte vor Sich hat, Gott sieht zuallererst die Absichten dieses Menschen und seine Anstrengungen, den Weg des Lichtes zu gehen. Alles andere ist zweitrangig. Ist eine Frau, die der Prostitution nachgeht, um ihre Familie ernähren zu können, nur deshalb weniger moralisch als irgendein anderer Mensch? Wenn sie diesen Beruf allerdings nur ausübt, um schnell leichtes Geld zu verdienen oder Macht und Lust zu verspüren, sieht die Sache schon ganz anders aus. Aber wenn sie keine Wahl hat, als weiterhin als Prostituierte zu arbeiten, um ihre Familie zu unterstützen, und dabei ein anständiger Mensch bleibt, glaubst du tatsächlich, dass die Himmel dort oben sich von ihr abwenden und sie im Stich lassen würden? Niemals! Wahre Prostitution findet eigentlich nur in der Seele statt. Wenn ein Mensch seine Seele aufs Spiel setzt, dann ist das nichts anderes als Prostitution, und dabei ist es völlig unerheblich, ob dieser Mensch eine Prostituierte oder Hausfrau, ein Politiker oder Lehrer ist. Die körperliche wie überhaupt die materielle Ebene ist nicht von großer Bedeutung. Ihre Bedeutung ist sogar verschwindend gering. Die Seele hingegen ist von größter Bedeutung. Aus diesem Grund ist es so überaus wichtig für jeden Menschen, den richtigen Weg, den Weg des Lichtes, verfolgen zu wollen und sich anzustrengen, diesen Weg auch zu gehen. Ganz egal, was dein Beruf auch sein mag, Prostituierte oder Politiker oder was auch immer, wenn dein Herz rein und deine Gedanken edel sind, ist es nicht wichtig, was du machst, solange du dich anstrengst, ein anständiger Mensch zu sein, den Unschuldigen kein Leid zufügst und dich nach besten Kräften bemühst, den Weg des Lichtes zu gehen.

Wenn du deinem Meister wirklich ein Geschenk machen willst, dann schenke Ihm deine Seele – und weißt du, was die Essenz der Seele ausmacht? Vertrauen! Vertrauen ist der Herzschlag, der die Seele rein und unversehrt in all ihrer ursprünglichen Herrlichkeit erhält, obwohl sie durch so viele Leben voller Verdorbenheit und Dunkelheit gehen musste. Vertrauen hält Gott davon ab, den Stöpsel aus der Schöpfung zu ziehen und sie in der Versenkung verschwinden zu lassen. Was macht die Ewigkeit aus? Liebe und Vertrauen.

Es gibt Männer und Frauen, die nur darum schon als Heilige gelten, weil sie allen körperlichen Begierden und Bedürfnissen abgeschworen haben. Was aber ist, wenn sie dies nur tun, um die Welt zu beeindrucken und ihr zu zeigen, wie edel und fromm sie sind, während sie den lieben langen Tag nichts anderes tun, als Mittel und Wege zu ersinnen, um sich ihre körperlichen Bedürfnisse doch zu befriedigen? So jemand steht jedenfalls nicht besonders hoch oben auf unserer Liste von Lichtarbeitern! Mein Kind, die wahren Absichten eines Menschen sowie seine Liebe und die Anstrengungen, die er unternimmt, um diese umzusetzen, sind für Gott von ausschlaggebender Bedeutung und außerdem der beste Nährboden für das Gedeihen der eigenen Seele. Nun gibt es auch Menschen, die vor lauter niedrigen und unehrenhaften Gedanken schier verrückt werden; eigentlich wollen sie solche Gedanken gar nicht haben, sind aber zu schwach oder zu verstrickt in sie, um sich ihrer zu erwehren. Trotzdem wollen sie den Weg des Lichtes gehen und versuchen dies auch ernsthaft. Wenn sie es nicht schaffen, auf diesem edlen Weg vorwärts zu schreiten, leiden sie große Qualen. Sohn, sei versichert, diese Kinder Gottes befinden sich auch auf dem Weg des Lichtes. Die Himmel urteilen voller Sanftmut über sie, denn ihre Absichten und Anstrengungen sind ehrenhaft und sie sind dabei, an ihren Schwächen zu arbeiten. Sohn, deshalb solltest du nie andere beurteilen, kritisieren oder verurteilen, auch solltest du nie in Gesprächen über andere herziehen oder dich herablassend gebärden. Mache nichts anderes, als auf dem Weg des Lichtes weiterzugehen, still, bescheiden und mit vollkommener Hingabe. So, nun lass uns über dich und dein Leben als Medium reden."

„Wenn man sich auf die Reise als Medium begibt, gibt es einige grundlegende Tatsachen, die man nie vergessen darf. Das Wichtigste ist, sich immer vor Augen zu halten, dass man ein Instrument, ein Gefäß ist, in welches göttliches Licht und göttliche Energie hinein und wieder hinaus geleitet wird. Alle Wunder, die durch ein Medium stattfinden, finden in Wahrheit nur durch des Meisters und Gottes Willen statt. Das Medium oder der Kanal ist nichts weiter als das, was der präzisen Bedeutung dieser Wörter entspricht – ein Instrument oder Gefäß. Gleichgültig ob ein Medium nun Heilungen oder Vorhersagen macht, man sollte nie vergessen, dass nicht das Medium der wahrhaft Handelnde, sondern nur der Kanal ist, durch den Heilungen oder Vorhersagen weitergeleitet werden. Natürlich sollte sich ein Medium in absolutem Einklang mit dem Meister und dessen Energie befinden, damit Heilungen und Vorhersagen klar und rein durchkommen können. Auch eine Flöte sollte sauber und keines ihrer sieben Löcher sollte verstopft sein. Ihre Form, Schwingung, Farbe, Tongeschwindigkeit und Tiefe sollten so perfekt beschaffen sein, dass der Atem des Meisters ungehindert durch sie fließen und göttliche Musik aus ihr ertönen kann. Also ist es nicht nur wichtig, sondern sogar von entscheidender Bedeutung, dass das Medium immer völlig leer und nur vom Atem Gottes erfüllt ist. Ein Medium beherbergt nur des Meisters Energie in sich, sein Geist ist frei vom Ego, aber durchdrungen von Gottes Namen. Wenn diese Bedingungen gegeben sind, kann göttliche Musik erklingen, ohne Unterbrechung, in einer klaren und makellosen Tonfolge. Ein Medium ist wie ein Klavier. Göttliche Energie stellt die Musik dar, und der Meister ist der größte Musiker überhaupt. Nicht einen Moment lang sollte das Klavier den Verdienst oder Ruhm für die wunderbare Musik, die durch seinen Körper zum Klingen gebracht wird, für sich in Anspruch nehmen, denn es ist der Musiker, der die Musik erschafft. Es gibt tausende von Klavieren, aber nur einen Musiker. Trotzdem muss das Klavier gestimmt und in guter Verfassung sein, alle seine Saiten müssen intakt und weder zu lose noch zu fest gespannt sein. Aus einem fehlerhaften Instrument kann die göttliche Melodie nie in ihrer reinen Ursprünglichkeit erklingen. Wie du siehst, mein Sohn, ist es deshalb unbedingt erforderlich, dass das Instrument sich völlig seines kleinen Ichs entledigt und stattdessen sein ganzes Wesen mit göttlicher Energie durchtränkt."

Hilf einfach deinen Mitmenschen. Das ist der beste Weg, wie du Gott dafür danken kannst, was Er alles für dich und deine Familie getan hat. Als kleine Gegenleistung für all das, womit Gott dich und deine Familie beschenkt hat, hilf denen, die Hilfe benötigen. Zeige deine Dankbarkeit gegenüber Gott, indem du Bedürftigen hilfst. Gib einfach. Gib und gib und hilf denen in Not.

„Aber Baba, wie kann man denn ununterbrochen mit göttlicher Energie angefüllt sein? Außerdem ist man doch nicht jeden einzelnen Moment jedes Tages mit der Geisteswelt verbunden. Warum also muss man dann den ganzen Tag lang ohne Ich herumlaufen?"

„Mein Sohn, lass uns erst einmal darüber sprechen, wie man überhaupt die ganze Zeit mit göttlicher Energie erfüllt sein kann. Weißt du nicht, mein Junge, der den mit Abstand schlechtesten Tee im Universum kocht, ganz zu schweigen von seinen ausgekochten Suppenkünsten, dass du schon die meiste Zeit des Tages mit göttlicher Energie erfüllt bist?"

„Nein, bin ich nicht. Die meiste Zeit geht's mir schlecht und ich leide …"

„Wer hat dir denn gesagt, dass du keine Schmerzen im Körper, Herz oder Geist mehr spüren wirst, wenn du mit göttlicher Energie erfüllt bist? Jeder Prophet und jedes wahre Kind Gottes hat mehr geistige, körperliche und seelische Qualen als irgendein anderer Mensch aushalten müssen. Sie haben mit der Pein ihrer Seele gerungen und sind vor Schmerzen über die missliche Lage der Menschheit schier verzweifelt. Sie wurden gequält und der Lächerlichkeit preisgegeben, sie hatten ihren Teil an Zweifeln und Momenten voller Dunkelheit und Depression zu erdulden. Dennoch waren sie die ganze Zeit lang mit göttlicher Energie erfüllt.

Was bedeutet es nun wirklich, mit göttlicher Energie erfüllt zu sein? Glaubst du etwa, das Leben ist wie in einem dieser amerikanischen Filmstudios, wo sich auf einmal der Himmel öffnet und himmlische Wesen lieblich duftende Blumen auf so einen sturen Querkopf wie dich streuen oder wo Engel herunterschweben und nur für dich auf himmlischen Harfen klimpern?

Mein Junge, von göttlicher Energie erfüllt zu sein bedeutet, direkt an die gewaltigste Energiequelle überhaupt angeschlossen zu sein. Eine Energiequelle, die alle Lebenskraft bündelt und weiterleitet, die sämtliche Antworten und Fragen enthält und es dir ermöglicht, die Dunkelheit zu vertreiben und Licht zu denen zu bringen, die es dringend benötigen. Mit göttlicher Energie erfüllt zu sein bedeutet, von deinem Ego, deinem kleinen Selbst, befreit zu sein.

Wie ich dir schon einmal sagte, in deiner Seele gibt es nur Platz für ein Wesen. Ich oder Du: Nur einer kann in deiner Seele wohnen. „Ich" steht für das individuelle Ego, das immer in widersprüchliche Wünsche, selbstbezogene Bedürfnisse, engstirnige Hemmungen und absolut grandiose Selbsttäuschungen verstrickt ist. „Du" steht für Gott.

Es gibt keine Opfer. Es gibt keine Opfer oder Täter. Lass dein ganzes Wesen von Gott und selbstloser Liebe durchdrungen werden, und du wirst zum Schatten Gottes. Lass dein ganzes Wesen noch mehr von Gott erfüllt werden, und nach einer Weile wirst du mit Gott verschmelzen. Lass dein ganzes Wesen noch mehr von Gott, dem Schöpfer, durchdrungen sein, und es wird eine Zeit kommen, in der auch du Gott sein wirst, es wird keinen Unterschied zwischen dir und dem Schöpfer mehr geben. Wie die Wellen im Ozean, so wirst auch du der Ozean sein.

Also, mein Kind, das sterben möchte, aber noch keinen Weg gefunden hat, sein Leben zu leben. Wer wohnt denn nun in deiner Seele? Du oder Gott? Du leidest Schmerzen, weil du verleumdet wurdest und deine Kinder verloren hast, du bist verzweifelt, weil du gejagt und zur Strecke gebracht wurdest und dir kein Raum geblieben ist, in dem du in Frieden ausatmen könntest. Aber, mein Sohn, wenn ich mir jetzt in meinen eigenen Arm schneide, wird es wehtun und bluten. Egal wie hoch oben auf der spirituellen Leiter ich auch stehen mag, egal wie sehr ich mit göttlicher Energie erfüllt sein mag, sobald ich den Gesetzen von Mutter Erde ihren Lauf lasse, ist es unvermeidlich, dass ich Schmerzen haben und bluten werde. Natürlich geht es auch anders: Wenn ich die irdischen Gesetze manipuliere oder göttliche Kräfte einsetze, dann werde ich keine Schmerzen spüren, nicht bluten und kann darüber fünfundzwanzig erfolgreiche Bücher und Filme machen. Das ist aber nichts weiter als Manipulation von Energie und Schwingung und hat mit wirklicher Spiritualität rein gar nichts zu tun. Es ist nichts Magisches dabei, wenn Fische im Wasser schwimmen, Vögel fliegen und Menschen miteinander in Kontakt treten und unterschiedliche Sichtweisen vertreten. Dabei folgen sie einfach gewissen Gesetzen, die auf der Erde Gültigkeit haben.

Mein Junge, du leidest Schmerzen und bist trotzdem mit göttlicher Energie erfüllt, denn dein Geist ist frei von deinem ichbezogenen Selbst, selbst wenn er sich nicht im gegenwärtigen Augenblick befindet. Wenn du nicht im gegenwärtigen Moment lebst, rezitierst du den Namen von Shirdi Sai Baba oder von Meher Baba. Du sprichst ein Mantra. Du schaust in die Flamme und denkst an mich. Du betest zur Devi, zur Göttlichen Mutter. Du sagst Islamische Gebete auf. Du denkst und planst nicht, du bist nicht von Hass erfüllt und willst dich auch nicht an denen rächen, die dir Böses taten. Du willst keinem etwas Böses. Du hast dich immer darum bemüht, kein anderes Lebewesen zu verletzen oder ihm Schaden zuzufügen. Du hast keine Pläne ausgeheckt, andere Menschen zu belästigen oder Gerüchte über sie zu verbreiten. Du lebst in deiner Welt, die aus Musik, Büchern, Fernsehen, Zigaretten, Alkohol und Gott besteht. Deine Sprache und dein Benehmen deinen Mitmenschen gegenüber ist auf Respekt gegründet. Du siehst auf keinen herab. Du versuchst, denen zu helfen, die Hilfe benötigen. Den ganzen Tag über bist du mit göttlicher Energie erfüllt. Je mehr du den Namen deines Meisters sagst, je mehr Zeit du mit Meditation und Gebeten verbringst, je mehr du dich von göttlichem Geist durchdringen lässt, umso klarer, reiner und feingestimmter wirst du als Medium sein. Umso empfänglicher wirst du als Medium sein. Du wirst es deinen Meistern ermöglichen, dich in mehr als einer Weise und für längere Zeiträume als Kanal zu benutzen. Den ganzen Tag über, und sogar wenn du schläfst, wirst du als Medium benutzt werden, um Hilfe zu geben und Licht zu verbreiten. Alles, was du dabei zu tun hast, ist, im gegenwärtigen Moment und bei deinem Gott und Meister zu sein. Mache eine Sache zu einer Zeit und gib dabei dein Bestes. Urteile nicht. Strebe nicht nach den Früchten deiner Handlungen. Erwarte nichts. Sei nur in vollkommener Hingabe dem Willen Gottes unterworfen. Bete darum, dass du Weisheit und Stärke, Liebe und Mitgefühl empfangen mögest, um all das mit Würde und vollkommener Hingabe zu akzeptieren, was dein Meister und das Schicksal für dich vorgesehen haben. Denke immer daran, dein Schicksal und die Wünsche deines Meisters mit Hingabe und Würde zu akzeptieren. Die meisten Menschen schaffen es zwar, ihr Schicksal zu akzeptieren, allerdings nur mit Ärger, Resignation und Frustration. Damit ist dann leider die ganze Erfahrung für die Katz. Halte dir immer vor Augen, dass dein Meister alles für dich so arrangiert hat, dass du wachsen, geben und nehmen kannst, während du gereinigt und geläutert wirst, wenn du alles, was in deinem Leben geschieht, mit Würde und Hingabe als den Willen deines Meisters ansiehst. Sei dir immer im Klaren, dass dein Meister immer nur das tun wird, was das Beste für dich und deine Lieben ist. Nun bring mir schon etwas von deinem gräulichen Tee."

Falls ein Mensch aber zu seinen Lebzeiten voller Wut und Ärger darüber war, dass er von einer tödlichen Krankheit befallen war, wird er nach dem Tod zwar von seinen körperlichen Schmerzen erlöst, aber weiterhin von geistiger, emotionaler und spiritueller Angst, von Ärger und Negativität begleitet werden. Diese Person wird eine beträchtliche Anstrengung unternehmen müssen, um all diese Negativität loszulassen. Sollte sie dies nicht tun, wird die Seele erdgebunden bleiben. Sie vermag dann weder auf Erden noch in der Geisteswelt Frieden zu finden. Das bedeutet eine ausgesprochen unangenehme Situation für jeden, der sich in einer solchen Lage wiederfindet, und solange Ärger und Negativität nicht in Liebe und Mitgefühl umgewandelt worden sind, muss die Seele im Limbo bleiben. Mit Limbo bezeichnen Wir einen Zustand von Stagnation und Verwesung, ein Zustand, in dem Zerfall und Chaos herrschen.

Für eine lange Zeit fuhr Rudra fort, Babas Füße zu massieren. Dann atmete er tief ein und seufzte. In einem seiner vorigen Leben musste er ja wohl irgendwann mal etwas richtig gemacht haben, um dafür jetzt mit Babas Gegenwart gesegnet zu werden.

„Ja, das hast du. Du hast mir gedient. In mehreren Leben hast du mir gedient, und ich habe dich beschützt und geleitet und sichergestellt, dass du vorwärts kommst. Aber eins habe ich nicht geschafft: Leider habe ich dir nicht beibringen können, wie man anständigen Tee kocht."

Beide Männer platzten laut heraus, und Rudra drückte Baba fest an sich. Der Alte Mann küsste den schluchzenden jüngeren Mann und zerzauste sein langes, unordentliches Haar.

Sie gingen am Strand entlang. Noch war es ganz früh am Morgen. Die Sonne hatte schon eine Weile geschienen, war dann aber, als ob sie es sich anders überlegt hätte, hinter einer mutwilligen Wolkenbank in Deckung gegangen und tat nun so, als ob sie die kleine Hafenstadt heute noch gar nicht mit ihrer segensreichen Leuchtkraft beehrt hätte.

Baba und Rudra wanderten barfuß auf dem nassen Sandstrand dahin. Ihre ganze Umgebung, die Bäume, das Meer und sogar der Himmel selbst schienen mit einem matten Silberton überzogen, als ob ein Fotograf eine Linse eingelegt hätte, durch die das gesamte Bild der Welt sich in mattem Silber den Augen des Betrachters darbot.

Die Wellen stürzten förmlich auf sie zu, als ob sie sie mit einer nassen Umarmung schier überwältigen wollten, aber wenn eine der überschwänglichen Wellen sie schließlich erreichte, brachte sie es nur noch fertig, sie sanft zu liebkosen.

Rudra hatte schlecht geschlafen. Baba dagegen hatte fast gar nicht geschlafen. Der jüngere Mann hatte sich im Bett hin und her gewälzt, sich mit den Dämonen seines Unterbewusstseins herumgeschlagen und schließlich den Kampf verloren, während Baba im Gebet versunken im selben Zimmer saß. Baba betete für Frieden auf der Welt, für die Schwachen und Hilflosen, für die, die an Schmerzen und Krankheit litten, für die Hungrigen und Verlassenen. Er sprach Gebete für die erdgebundenen Seelen, die sich aus Unwissenheit, Verhaftung an die Materie oder durch die starke Sogkraft geliebter Angehöriger auch nach ihrem Ableben noch an die Erde klammerten. Er betete für Tiere und Vögel, die gequält wurden oder in Gefangenschaft lebten, für Liebende und Verlassene. Er betete dafür, dass Kinder und Eltern sich einen Raum voller Liebe und Frieden schaffen mögen, ob sie nun als Familie zusammenlebten oder sich aufgrund ihres Karmas entschieden hatten, getrennte Wege zu gehen. Baba betete für alle, die zu Gott und Seiner Armee von Lichtarbeitern beteten. Baba betete für Rudra. Er betete nicht darum, dass ihn seine Dämonen endgültig in Ruhe ließen, sondern er mit Stärke und Weisheit, Liebe, Mitgefühl und einer großen Portion Humor gesegnet werde, damit er all das, was das Leben für ihn bereit hielt, mit vollendeter Würde und positiver Hingabe als Gottes Willen akzeptieren könne.

Von allen herrschenden Mythen ist es wohl der größte Irrtum anzunehmen, dass der Tod das Ende allen Leidens bedeute. Doch entspricht es durchaus der Wahrheit, dass der Tod alle Leiden, die mit dem Körper zusammenhängen, beendet.

Eine geraume Zeit lang beobachtete Baba Rudra im Schlaf. Wenn der Alte Mann seine Aufmerksamkeit auf Rudras Aura richtete, konnte Er einen großen Unterschied in dessen Aura während des Tages und während der Nacht feststellen. Wenn er wach war, enthielten Rudras Schwingungen und seine Aura Farbschattierungen von Blau über Lila bis zu Gold. Farbtöne, die ihn als erfahrenen Lichtarbeiter und Gottsuchenden auswiesen. Obwohl alle diese Farbtöne noch vorhanden waren, wenn er schlief, hatte sich doch eine entscheidende Veränderung vollzogen: Farben, die von starkem Schmerz und Verletzung, von Schuld, Demütigung und herzzerreißendem Sehnen kündeten, vermischten sich mit der ihm eigenen Aura, und Baba konnte den Mann in seinem wahren Selbst wahrnehmen. Vor ihm befand sich ein Mann, der durch den Verlust seiner Kinder am Boden zerstört war, aber keinen Hass, keine Gedanken an Rache oder Vergeltung denen gegenüber hegte, die für diese Entzweiung und Trennung verantwortlich waren. In seiner Aura war kein Ärger oder Hass. Gar keiner. Für die bestehende Situation zog er sich selbst genauso zur Verantwortung wie die Mutter seiner Kinder. Rudras Schuldbewusstsein bezog sich nicht auf vergangene Handlungen, sondern auf das, was jetzt mit seinen Kindern geschah. Doch in seiner Aura war keine Spur von Groll enthalten.

Baba wandte Sein Gesicht Rudra zu, der an Seiner Seite ging und den dunstigen Horizont mit hoch erhobenem Kopf musterte. Er liebte diesen vom Leben gezeichneten Mann, der noch nie jemandem etwas Böses gewünscht hatte und immer noch all die liebte, deren Gedanken und Verhalten ihm gegenüber in Bitterkeit und Negativität umgeschlagen waren. Baba seufzte. Es war Ihm wohl bewusst, dass es manchmal nötig war, um den Armen und Bedürftigen helfen und ein besonderes Gemälde auf einer Leinwand mit solch einer Spannbreite malen zu können, dass sie es vermochte, die gesamte Menschheit zu umarmen und zu inspirieren, das in vielen Leben angehäufte Karma in einem derart rasanten Tempo abzuarbeiten, dass es die Seele in Atemnot versetzte und in ihren Grundfesten erschütterte. Urplötzlich konnte eine Reinigung mit so vehementer Durchschlagskraft in das Leben eines Menschen hereinbrechen, dass der betroffene Mensch nur noch herumgewirbelt wurde und sich völlig betäubt und benommen anfühlte. Wenn die Wogen sich wieder glätteten, war dieser Mensch entweder in seiner Liebe zu Gott bestärkt worden oder hatte begonnen, den Schöpfer zu hassen. Vielleicht hörte er einfach ganz auf, an Gott zu glauben. Es bestand auch die Möglichkeit, dass er ruhig und gelassen wurde, weil er realisierte, dass er gerade eine karmische Reinigung erlebte, die zwar teuflisch weh tat, aber einen großen Schritt vorwärts bedeutete – nicht nur für sein eigenes, individuelles Fortkommen, sondern auch für die evolutionäre Weiterentwicklung aller Menschen. Natürlich konnte auch der Fall eintreten, dass der betroffene Mensch negativ und zynisch wurde, sich verraten und verkauft fühlte und Gott den Rücken zukehrte, weil er davon überzeugt war, der Alte Knabe habe ihn genau dann im Stich gelassen, als er Ihn am meisten gebraucht hatte.

„Entweder resultiert solch eine Grenzerfahrung in positiver Hingabe und würdevoller Akzeptanz oder sie lässt Ärger, Hass, Selbstmitleid und Dunkelheit das Zepter ergreifen und fortan herrschen. Auf beiden Wegen müssen Schmerzen ertragen werden. Der Unterschied besteht in der Quelle, aus der die Schmerzen fließen. Das ist der alles entscheidende Unterschied, der nicht nur deine Einstellung, sondern auch deine spirituelle Entwicklung bestimmt. Wenn du den Willen Gottes in Würde akzeptieren kannst, hast du die nächste Sprosse auf der Leiter zu Gott erklommen. Auf diesem Weg kannst du erkennen, dass Gott jedem von uns ein Kreuz zu tragen gibt, von dem Er weiß, dass wir in der Lage sind, es aufzunehmen und nicht unter ihm begraben zu werden. Gott weiß genau, was jeder von uns zu tragen imstande ist. Solltest du also von deinem Kreuz zu Boden gedrückt werden, hast du nicht nur dich selbst im Stich gelassen und deine spirituelle und karmische Weiterentwicklung verzögert, sondern hast auch Gott selbst enttäuscht, weil du nicht dem Glauben gerecht wurdest, den der Schöpfer in dich setzte, als Er dir das Kreuz anvertraute und dir erlaubte, es zu tragen.

Nur weil eine Person ihren physischen Körper verlassen hat, bedeutet dies noch lange nicht, dass sie keine Emotionen mehr hat. Also wird sie auch nach ihrem Tod ein überwältigendes Gefühl von Wut und Ärger verspüren. Der Geist hört nicht auf zu existieren.

Bei jedem Schritt, den du im Leben tust, hast du eine Wahl. Jede Wahl, die du triffst, und die Art, in der du sie triffst und ausführst, bestimmt dein weiteres Emporwachsen und deine Reise ins Licht oder dein Abgleiten in Dunkelheit, die der Seele zusetzt und sie immer mehr betäubt. Es ist niemals zu spät, aber jedes Mal, wenn wir unsere Weiterentwicklung verzögern, weint die Seele, denn sie ist sich bewusst, dass es nun um einiges länger dauern wird, bis ihr Funken mit der Flamme vereint werden kann, mit der Flamme immerwährenden Friedens und Glücks, mit der Flamme, die auch ewige Seligkeit zu schenken vermag. Die Seele sehnt sich nach der Ewigen Flamme, sie sehnt sich danach, mit dem Einen Meer aus reiner Seligkeit zu verschmelzen. Jeder Schritt vorwärts bringt die Seele ihrem Ziel näher, und jeder Schritt rückwärts bringt sie näher an den Abgrund, an das Reich der Dunkelheit voll immerwährender Schuld, Hass und nie aufhörender Konflikte, voll negativer Emotionen, die, sobald sie erst einmal richtig hochgekocht sind, für alle Ewigkeit ihre Spuren in dir hinterlassen. Die Seele hat große Furcht vor diesem dunklen Abgrund, in der sie Schuld, Hass, Ärger, Lust, Gier, Zweifel und – was am unerträglichsten ist – ewige Rastlosigkeit und ständige Frustration erleiden muss. Die Seele verspürt große Angst vor dieser Dunkelheit. Deshalb versucht sie, die Ewige Flamme zu erreichen. Sie sehnt sich danach, dem Licht entgegen zu reisen. Aber der Mensch ist so davon besessen, seine Spielchen weiter zu spielen und jeden seiner Wünsche möglichst rasch erfüllt zu bekommen, dass er das falsche Geglitzer am Wegesrand mit dem Großen Licht verwechselt. Er verwechselt das Trugbild mit der Wahrheit und reist die ganze Zeit mit seelenzermürbender Geschwindigkeit rückwärts, auf die Dunkelheit zu, der ewigen Schwärze entgegen."

Baba hatte kein Wort laut geäußert, aber Rudra hatte alles deutlich gehört. Er hielt inne und sah den Alten Mann an.

„Gerade hast du mit mir geredet und mir alles erklärt, ohne deine Lippen auch nur zu bewegen. Wie machst du das, Baba?"

„Wir beide, du und ich, schwimmen im selben Strom. Wir sind an dieselbe Energiequelle angeschlossen. Wir befinden uns im selben Augenblick. So reisen wir in derselben Geschwindigkeit und bewegen uns in dieselbe Richtung. Deshalb kannst du gar nicht anders, als das zu hören, was ich denke und sage. Mit Hilfe der Schwingungen, mit denen wir uns verbunden haben, habe ich zu dir gesprochen. Das kann nur geschehen, wenn du im gegenwärtigen Augenblick lebst, wenn du dich in stiller Gelassenheit und positiver Hingabe dem Willen Gottes unterwirfst. Du hast also alles klar hören können?"

„Ja, Baba."

Selbstmord ist keine Lösung. Wenn du jetzt davon überzeugt bist, zu leiden und dich absolut elend zu fühlen, hast du keine

Ahnung davon, wie elend du dich erst fühlen wirst, nachdem deine Seele durch Selbstmord gezwungen wurde, deinen Körper zu verlassen.

„Genau das Gleiche passiert, wenn ich durch dich als Medium spreche. Du verbindest dich mit mir, kannst mich hören, und dann spreche ich durch dich. Weniger von dir bedeutet mehr von mir. Mehr von dir bedeutet weniger von mir. Wenn du möchtest, dass ich durch dich spreche, solltest du deinen Geist, Körper und dein Herz leer werden lassen und mir erlauben, in dich einzutreten. In dem Moment, in dem du das tust, spreche ich durch dich. So funktioniert ein Medium. Du konntest mich sprechen hören, obwohl ich meine Lippen nicht bewegte. In derselben Weise spreche ich zu dir und durch dich, auch wenn ich körperlich nicht anwesend bin. Warum sollte Entfernung für uns, die wir mit Licht und Energie arbeiten, eine Rolle spielen? Du schaust Fernsehen und hörst Radio. Kannst du den Fernsehkanal oder den Rundfunksender sehen? Kannst du mit eigenen Augen sehen, wie der Rundfunksprecher in sein Mikrofon spricht? Du kannst zwischen hunderten von Kanälen im Fernsehen wählen, die Nachrichten überall auf der Welt sehen – und alles findet zur gleichen Zeit statt. Wie kann es sein, dass du dies alles hören und sehen kannst? All dies wird durch Energie und Schwingungen ermöglicht, durch Schallwellen, die Botschaften, Nachrichten und Programme tausende von Kilometern von weit entfernten Kontinenten und manchmal sogar von einem anderen Planeten bis zu dir transportieren. Genau so, mein lieber Sohn, der es fertig bringt, mich mit seinem gräulichen Tee zum Schaudern und die Himmel selbst mit seinen Suppenkünsten zum Heulen und Wehklagen zu bringen, funktioniert die mediale Arbeit – durch Energieübertragung von den Meistern auf ihre Medien. So funktioniert auch Inspiration. Was ist denn Inspiration in Wirklichkeit? Du versuchst, ein Problem zu lösen. Du hast alle Forschungen abgeschlossen, alle Analysen beendet und trotzdem ist keine Lösung in Sicht. Nichts geht mehr. Dann, eines schönen Tages, nimmst du ein Bad, ganz entspannt und so weit weg von deinen Problemen wie möglich, oder du sitzt unter einem Apfelbaum und schaust den vorbeiziehenden Wolken nach – und bäng! – auf einmal dämmert es dir. Die Lösung trifft dich wie ein Blitzschlag. Sie ist so einfach und doch so tiefgründig. Du fragst dich, wie es nur geschehen konnte, dass du nicht schon früher an sie gedacht hast! Wie konnte sie so plötzlich aus irgendeinem Winkel deines Unterbewusstseins auftauchen, wenn du sie am wenigsten erwartet hast? Mein Sohn, Tatsache ist, dass du von deinem Meister, deinem geistigen Führer oder einem deiner Lieben, die sich zwar nicht mehr im Körper, sondern in der Geisteswelt befinden, aber trotzdem noch sehr um dein Wohl bemüht sind, geführt worden bist. Aber was noch viel wichtiger ist, du hast zugelassen, dass Sie dir aus der Patsche helfen, indem du offen und empfänglich warst und deinen Geist wie ein weißes Blatt Papier gehalten hast, auf das Sie die Lösung zu deinem Problem schreiben konnten. Wenn dein Geist wie ein Stück Papier ist, auf dem noch nicht einmal Platz für eine einzige Silbe ist, wie sollen Sie dir dann zu Hilfe kommen können? Du musst Ihnen Platz und Zeit geben, deine Energie klar und rein halten und auf Empfang geschaltet bleiben, damit deine Antenne auch den Sender empfangen kann, auf dem Sie das Programm senden möchten. Die Empfangsstation Fernsehen sollte erst einmal überhaupt einsatzfähig sein, sodann muss das Fernsehen richtig verkabelt und verbunden oder mit den passenden Batterien ausgestattet sein, damit es läuft. Wellen transportieren Informationen. Alles, was du benötigst, ist die richtige Ausrüstung, um sie zu empfangen. Ein gelassener Geist, der voller Würde und Hingabe all das akzeptiert, was Gott für ihn bereithält, ist die richtige Ausrüstung.

Befindest du dich im Hier und Jetzt, hast du die Antenne, um Informationen zu empfangen. Bist du in Meditation, kann die Antenne ausfahren, das ganze Weltall sondieren und die Informationen, die du wünschst, zu dir bringen. Dein Körper und Geist sollten so wie ein Fernsehen beschaffen sein, das zuerst das gewünschte Programm einschalten und es dann auch mit genauer Bildschärfe und exakter Tonqualität abspielen kann. So arbeitet ein Medium, mein Junge. Du brauchst keine Leute, die zu dir rennen, um Vorhersagen zu hören, um dich ein Medium zu nennen. In dem Moment, in dem du deinem Meister erlaubst, in dir zu wohnen, bist du zum Medium geworden. Du wirst dazu gebraucht werden, um zu dienen. Deine Gegenwart wird denen helfen, die Hilfe benötigen. Deine Berührung wird die Berührung deines Meisters übermitteln.

Du hast mich danach gefragt, warum es denn nötig sei, immer in ständiger Verbindung mit deinem Meister und Gott zu sein, indem du Seinen/Ihren Namen rezitierst oder dich einfach im gegenwärtigen Augenblick befindest. Nun, ganz einfach. Der Grund ist, dass du nie wissen kannst, wann genau du gebraucht wirst, um zu dienen, zu helfen und ein Instrument für die Energie deines Meisters zu sein. Stelle dir vor, du isst gerade und ein Freund in Not ruft an und muss unbedingt mit dir über ein Problem sprechen, das seine ganze Zukunft gefährden könnte. Dein Freund braucht Führung. Glaubst du nicht, dass es für alle Beteiligten besser ist, wenn die Führung durch deinen Meister erfolgt, als durch deine eigenen konfusen und vorgefassten Vorstellungen? Nun, dafür musst du ständig im gegenwärtigen Moment und mit deinem Meister verbunden sein, so dass du ständig einsatzbereit bist. Du musst auf solch eine Art mit Göttlicher Energie erfüllt sein, dass dein Meister immer durch dich arbeiten kann, egal was du auch tust, egal welchem Beruf oder welcher Beschäftigung du gerade nachgehst. Jetzt lass uns mal zurückgehen und ein paar dieser leckeren Plätzchen essen, die du gestern geholt hast. Wir werden sie in den Tee tunken und zu dem lieben Gott dort oben im Himmel beten, dass der Tee etwas von dem Geschmack der Plätzchen abkriegt. Dann können wir so tun, als ob wir nicht nur leckere Plätzchen essen, sondern auch noch klasse Tee trinken würden."

Alles, was nötig ist, ist ein reiner Gedanke, und die Seele deines verstorbenen Kindes wird bei dir sein. Wenn du allerdings darauf bestehst, nichts anderes zu tun, als in Trauer zu versinken, dann fesselst du dein geliebtes Kind mit deinem Schmerz. Tue das nicht! Es ist die Hölle, nein, es ist sogar noch viel schlimmer als die Hölle. Die Hölle ist nichts weiter als ein Gemütszustand. Warum solltest du wollen, dass dein geliebtes Kind diese Zustände voller Ärger, Trauer und Hilflosigkeit erleidet?

Rudra biss sich auf die Lippe, um sein Lachen im Zaum zu halten. Er nickte, als ob er sagen wollte: „Na, warte nur, Alter Mann, du wirst schon noch sehen, was du davon hast." Dann prustete er laut los. Während er den Arm des Alten Mannes hielt, gingen beide zurück zu ihrem Haus, das immer noch in Silberschimmer und Morgentau gebadet glänzte.

Es war spät nachts. Sie aßen ein einfaches Abendessen, das aus Reis und Dal bestand. Außerdem gab es noch einige Dosen Pickles und Chutneys zur Auswahl, und Baba nahm ein Löffelchen hiervon und ein Löffelchen davon, bis Sein Teller wie ein buntes Allerlei der verschiedensten Geschmacksrichtungen und Gewürze aussah. Dann vermengte Baba alles miteinander und – nach einem kurzen Gebet – aß Er all das auf, was Ihm vorgesetzt worden war. Nie fragte Er, was denn heute gekocht werde oder woher das Essen käme. Nie gab Er einen Kommentar ab, dass das Essen zu wenig Salz oder zu viel von diesem und zu wenig von jenem enthalte. Obwohl Rudra sein Bestes gab, jede Speise mit Liebe zu kochen und sie so köstlich zuzubereiten, als ob sie von einem Chef-Koch höchstpersönlich käme, fiel er mit diesen ehrenwerten Absichten dennoch oft genug gehörig auf die Nase. Wirklich ungenießbar war sein Essen nicht. Es schmeckte nur irgendwie nie ganz richtig. Doch nicht ein einziges Mal kommentierte Baba den guten oder schlechten Geschmack eines Gerichtes beim Essen. Nie verzog Er das Gesicht, während er auf etwas herumkaute, das zwar noch wie Spinat aussah, aber trotzdem eindeutig nach angebrannten Gurken schmeckte. Er aß jeden einzelnen Bissen jedes Gerichtes, das von mittelmäßig bis absolut grässlich schmecken konnte, mit derselben würdevollen Akzeptanz auf.

Zuerst pflegte Baba Seine Hände und Sein Gesicht zu waschen. Dann sprach Er ein kurzes Dankgebet. Daraufhin stellte Er gewöhnlich sicher, dass Rudras Teller mit den besten essbaren Stücken vollgeladen war, während Er selber ein bisschen hiervon nahm und ein wenig davon probierte. Er aß sehr wenig und kaute langsam. Baba verzehrte sogar Rudras Essen mit Genuss: Das war etwas, dass Rudra zutiefst verwunderte, denn er konnte beim besten Willen nicht verstehen, wie solch ein Genuss beim Verzehr seiner miserablen Kochkünste nur entstehen könne.

Der Nachthimmel war hell erleuchtet. Der Mond schien so erfüllt und durchleuchtet von seiner eigenen Herrlichkeit, dass er wie eine Frau erschien, die aus intensiver Liebe und Sehnsucht nach ihrem Liebhaber schier vergehen wollte. Wolken hielten sich in seiner Nähe auf, so wie es unvermeidlich scheint, dass Bewunderer immer in der Nähe von Schönheit zu finden sind, weil sie tatsächlich von ihr regelrecht angezogen werden, so wie Motten vom Licht. Der äußere Schein mag ja trügen, aber, verdammt noch mal, das Herz, die gute alte Pumpe, ist für äußere Reize schließlich nicht unempfänglich. Wenn es dann reagiert, das Herz, befinden sich brodelnde Vulkane und Orkane in ihm, die in ihrer Wut und Leidenschaft alles, was sich ihnen in den Weg stellt, hinwegfegen oder mit sengender Hitze einfach alles, sogar das, was sie nur liebkosen wollen, verbrennen. Ein ungeheures Meer voll intensiver und widersprüchlicher Emotionen, das die ganze Welt ertränken könnte, wallt im Herzen auf. Also sage mir bloß nicht, dass der äußere Schein trügen kann. Natürlich tut er das, und so fangen die ganzen Probleme doch erst an, Gott sei's geklagt.

„Meistens ist menschliche Liebe und all das, was mit ihr zusammenhängt, nichts weiter als eine innere Haltung, die man einfach einnimmt. Oftmals ist es ein innerer Zustand, in dem das Herz gerne sein möchte. Ich liebe diesen absolut leeren Blick auf deinem Gesicht, wenn du gar nichts von dem, was ich dir zu sagen versuche, verstehst, aber dennoch all mein Wissen hören und verstehen möchtest. Komm, lass uns am Strand spazieren gehen. Ungefähr vierzig Minuten lang wird es sowieso nicht regnen ..."

Wenn du einen Menschen, der die physische Welt verlassen hat, wirklich aufrichtig liebst, solltest du ein Leben voller Würde und Wohltätigkeit führen.

„Es regnet nie, wenn du draußen spazieren gehst. Glaube ja nicht, das sei mir nicht aufgefallen. Obwohl es so aussieht, als ob die Wolken bis zum Platzen mit Wasser angefüllt sein müssten, fällt kein Tropfen, bevor du nicht wieder sicher im Haus bist. Denke nicht, ich kann nicht beobachten, okay? Vor zwei Tagen hat es so stark geregnet, als ob die Himmel schleunigst einen Klempner anstellen müssten, und dann entscheidest du dich auf einmal, einen kleinen Spaziergang machen zu wollen. Ich habe gesehen, wie du auf der Terrasse standest, in den Himmel schautest und vierundzwanzig Sekunden später hat der Regen aufgehört. Und zwar total. Es wurde nicht weniger oder ging in ein Nieseln über. Nein, der Regen hörte ganz einfach auf zu fallen; und nach einem kurzen Dankgebet bist du völlig cool mit einem Lächeln auf den Lippen dort draußen herumspaziert. Dann kamst du zurück – und bäng! – jemand dort oben drehte den Wasserhahn wieder auf, und erneut fing es an zu gießen. Also glaube ja nicht, ich merke so was nicht. Vielleicht kann ich ja die Hälfte von dem, was du sagst, nicht verstehen, aber gucken kann ich noch."

„Eins muss man dir lassen, Sohn, du bist schon eine gelungene Mischung und hast außerdem eine gehörige Portion Fantasie. Du solltest Bücher schreiben. Gott steh uns bei, aber das solltest du wohl tun. Ha, ha! Wo war ich?"

„Du sagtest etwas in der Art, dass Liebe ein Zustand sei, in dem das Herz gerne sein möchte. Guter Gott, was um alles in der Welt soll das denn nun wieder heißen, Baba?"

Jede Mahlzeit habe Ich mit dir zusammen gegessen, da du sie Mir immer zuerst angeboten hast, bevor du auch nur einen Bissen zu dir nahmst. All die wunderschönen Sonnenauf- und -untergänge habe Ich Mir mit dir angeschaut, weil du Mich dazu aufgefordert hast, jedes Mal zugegen zu sein, wenn die Sonne ihren illusionären Tanz veranstaltete.

„Es bedeutet in den meisten Fällen, dass das Herz gerne verliebt sein möchte und deshalb den Geist davon überzeugt, dass es tatsächlich verliebt ist. Das Herz überzeugt jede einzelne Zelle, dass es verliebt ist und alles wunderbar ausgehen wird. Allein die Idee von Liebe und Verliebtsein ist so verlockend, dass auch der Geist flugs dem Diktat des Herzens folgt. Der Grund für meine Behauptung, dass die meiste menschliche Liebe nichts weiter als eine innere Haltung ist, die eingenommen und genauso schnell wieder fallengelassen werden kann, ist ganz einfach nachzuvollziehen: Zwei Menschen verlieben sich ineinander. Sie verbringen Stunden, Tage und Jahre zusammen, in Liebe. Irgendwann haben sie ein Problem, und meist kommt dann Hass mit ins Spiel. Wie kann sich Hass in einem Herzen festsetzen, das nur kurze Zeit vorher noch in heißer Liebe zu derselben Person schlug? Nun ist es ja beileibe nicht so, dass nur Hass allein Eintritt in das Herz findet, sondern Wünsche, die ehemals geliebte Person leiden, gedemütigt, elend und nie wieder froh und glücklich zu sehen, zwängen sich ebenfalls mit hinein. Diese Wünsche konkurrieren miteinander um die Vormachtstellung im Herzen.

Lass mich dir sagen, mein Sohn, in einem Herzen, das wahre Liebe empfand, kann es keinen Platz für Hass- oder Rachegefühle der geliebten Person gegenüber geben. Es ist einfach nicht möglich, das Meer zu verbrennen. Du kannst es einfrieren. Du kannst Wasser auch verdampfen lassen. Aber nie kannst du es verbrennen. Sogar wenn du es einfrierst oder verdampfst, bleibt die Tatsache bestehen, dass es immer noch als Wasser existiert, wenn auch in veränderter Form. Nie hört es wirklich auf zu existieren. Schneller, als irgendwer denken kann, ist es aufgetaut oder als Regen schon wieder auf die Erde gefallen. In einem Herzen, das wahrhaft liebte, kannst du zwar gewaltigen Ärger verspüren, aber Hass und all ihre giftigen Schwestern vermögen keinen Platz darin zu finden. Deshalb ist Liebe normalerweise nichts weiter als eine innere Haltung, die sich leicht in ihr Gegenteil verkehren kann. Aber spürst du erst einmal wahre Liebe, dann sind Herz und Geist, sogar all die Kräfte und Mächte der Natur dir untertan, dann kannst du sie formen und nähren. Sie sind dazu da, dir zu Diensten zu sein, dich zu lieben, dir mit vollen Händen zu geben und sich dir gegenüber zu öffnen. Und du bist dazu da, ihnen zu Diensten zu sein, sie zu lieben, ihre Gaben in Empfang zu nehmen und sie zu umarmen. Wahre Liebe bewirkt, dass Gottes Anwesenheit sich in einem Menschen ausbreiten kann, mein Sohn, und wo auch immer Gott anwesend ist, besteht gar keine Chance, dass negative Emotionen Fuß fassen und ihr tödliches Gift verbreiten können."

Eine Weile blieben sie noch am Strand. Rudra hatte normalerweise ein zusammengerolltes Betttuch bei sich, wenn er und Baba am Strand spazieren gingen. Aufgrund der vielen Regengüsse war der Sand oft noch nass, und Rudra wollte, dass Baba es bequem hatte, wenn Er sich niedersetzte und auf das Meer schaute. Rudra hatte ein Betttuch ausgebreitet, das Donald Duck und Mickymaus auf cremefarbenem Hintergrund zur Schau stellte. Beide Männer setzten sich auf das Tuch und beobachteten den wohl gerundeten Mond, die rasch vorbeiziehenden Wolken, die strahlenden Sterne und das lockende Meer.

Am nächsten Morgen saßen Baba und Rudra in ihrem Zimmer. Die Fensterläden waren nur einen kleinen Spalt geöffnet, um die kühle Brise hinein zu lassen, die Regengüsse aber draußen zu halten. Die ganze Nacht hindurch hatte es geregnet, und es schienen ihnen noch weitere Stunden Platzregen bevorzustehen. Gerade waren sie von der Terrasse ins Haus zurückgegangen, denn der Wind blies kalt und nass.

„Baba, möchtest du etwas Tee?"

„Mein Karma hat mich eingeholt! Dann werde ich diese Tortur wohl ertragen müssen."

Etwas später kam Rudra mit einem Tablett zurück, auf dem zwei Becher Tee und ein Teller mit Plätzchen waren. Schweigend nippten sie von dem Tee. Rudra schaute in die Flamme, die ständig in ihrem Zimmer brannte. Das Zimmer lag teilweise im Dunkeln, und so war die Intensität der Flamme umso deutlicher spürbar.

„Ein Haus, in dem nie eine Flamme brennt, ist zu bedauern. Wenn schon nicht vierundzwanzig Stunden lang, dann sollte doch wenigstens zweimal am Tag eine Kerze oder Öllampe angezündet werden, einmal morgens und einmal zum Sonnenuntergang oder zur Nacht. Das ist das wenigste, was man für seine Familie und die eigene Seele tun kann. Feuer ist die Manifestation des Göttlichen in der Materie. Es ist das, was die Zoroastrier den „Sohn Gottes“ nennen. Feuer spendet nicht nur Wärme, sondern vor allem Licht. Es vertreibt die Dunkelheit. Auf der körperlichen wie metaphorischen Ebene ist es die Essenz des Feuers, die Dunkelheit zu vertreiben, Licht zu verbreiten und Wärme zu spenden. Zünde eine Kerze oder eine Öllampe an und lass sie in Sichtweite stehen – und nie mehr wirst du dich alleine fühlen. Vertraue mir. Feuer ist der Schatten Gottes. Schau tief ins Feuer und du vermagst Gott zu sehen. Die menschliche Zivilisation konnte erst anbrechen, nachdem die Menschen gelernt hatten, Feuer zu machen. Bis zu diesem Zeitpunkt lebten die Menschen in der finstersten Steinzeit. Es war das Feuer, das den Menschen vom Tier unterschied, es war das Feuer, das den Menschen half, sich bis zu ihrer jetzigen Evolutionsstufe zu entwickeln. Es war das Feuer, das den Menschen ermöglichte, über die Erfindung des Rades überhaupt erst einmal nachzudenken. Also Sohn, ein kontrolliert brennendes Feuer hat erleuchtende Auswirkungen und ermöglicht das Überleben der menschlichen Rasse.

Mein Kind, körperlich und spirituell muss man Augen haben, um zu sehen. Die meiste Zeit bittet Gott regelrecht darum, von den Menschen gesehen zu werden, wird aber ignoriert. Das Leben auf der Erde ist wunderlich, mein Kind, lass dich nicht von seinen Illusionen gefangen nehmen. Richte deine Aufmerksamkeit mehr und mehr auf Gott und deinen Guru und du wirst Ihre Präsenz spüren, innerlich und äußerlich, denn Sie müssen bei Ihrem Schüler sein, das ist Ihre Pflicht. Das schulden Gott und Guru Ihren Kindern. Genauso wie es die Pflicht des Schülers ist, aufrichtig, freundlich und ehrenhaft zu sein und ebenso zu handeln, so sind auch Gott und Guru an die Regeln der Ashram-Lebensschulen von einst gebunden, wo Ihre körperliche Anwesenheit Pflicht war.

Wie können wir dem Feuer ermöglichen, uns zu helfen, uns zu führen und zu beschützen? Wie kann das äußere Feuer dem inneren Feuer in uns behilflich sein? Die Feuer-Meditation ist die älteste Form von Meditation, die es gibt. Feuer-Meditation ist außerdem eine der leichtesten und lohnendsten Arten, sich mit dem großen Fakir, unserem Schöpfer, zu verbinden. Immer wenn du eine Öllampe oder Kerze anzündest, unterziehst du deine Umgebung automatisch einer Weihe. Wichtig dabei ist, die Flamme mit einem Gebet auf den Lippen wie auch im Herzen anzuzünden. Bitte das Feuer, das du gerade entzündest, die Dunkelheit aus deinem Leben und dem Leben deiner Lieben zu vertreiben. Bitte das Feuer, das Licht Gottes in euer aller Leben zu verbreiten und mit der Wärme von Gottes Atem zu erfüllen. Jedes Mal, wenn du eine Kerze oder Diya entzündest, solltest du ein Gebet sprechen, das innere wie äußere Dunkelheit vertreibt. Das ist entscheidend. So ein Gebet verleiht dem Feuer eine Richtung, und die Intensität des Gebetes liefert dem Feuer die Energie, das Gebet zu erfüllen. Sobald du das tust, bekommt das Feuer eine andere Intensität und Dimension. Mit Feuer kannst du eine Zigarette oder ein Haus anzünden. In dem Moment, in dem du ein Gebet sprichst, während du das Feuer entzündest, verrichtest du eine geweihte Handlung. So erhältst du energetisiertes, heiliges Feuer, wie es auch heiliges Wasser gibt. Ebenso kannst du verfahren, wenn du ein Räucherstäbchen anzündest. Bete darum, dass der Duft des Räucherstäbchens vom Atem Gottes erfüllt sei und jedes Lebewesen, das mit diesem Duft in

Berührung kommt, auch von Gottes Atem beflügelt und mit einem Leben gesegnet werden möge, das immer von Gottes Süße und Duft begleitet ist. Bitte darum, dass der Duft und Rauch des Räucherstäbchens alles Negative und Unreine aus der Luft, der Umgebung und vor allem aus all denen entferne, die diesen Duft einatmen. Mit solchen Gebeten ermöglichst du es, dass Reinheit und Gottverbundenheit in deiner Umgebung die Oberhand gewinnen – nicht nur im Leben und Herz der Menschen, die direkt mit dem Licht der Flamme und dem Duft der Räucherstäbchen in Kontakt kommen, sondern auch in deiner gesamten Umgebung. Mit solchen Gebeten hilfst du nicht nur Menschen auf der Erde, sondern auch erdgebundenen Geistern, bewusster zu werden und ihre spirituelle Reise fortzusetzen."

„All das ist möglich, wenn man einfach nur eine Öllampe und ein Räucherstäbchen anzündet und ein kleines Gebet spricht …"

„Aber das Gebet muss intensiv gesagt sein, mit Energie und Liebe. Ja. All das ist möglich. Jetzt wirst du mich gleich als Nächstes fragen, wie man sich selbst mit einer Feuer-Meditation helfen kann."

„Du bist wirklich unmöglich. Du kennst meine Gedanken, du kennst meine Fragen und ich schätze sogar meine Antworten …"

„Ich schwimme im selben Strom wie der Schöpfer. In diesem Strom gibt es keine Geheimnisse, keine Vergangenheit und Zukunft, nur den gegenwärtigen Moment – und alles liegt klar vor einem, ohne noch irgendwelche Rätsel oder Mysterien zu enthalten. Wenn du betest, dich im gegenwärtigen Moment befindest und dich an diesen energetischen Strom anschließt, kannst auch du alles in Erfahrung bringen, was immer du wissen möchtest. Schließe deine Antenne nur richtig an. Die Sendung läuft, die ganze Zeit. Okay, jetzt zu deiner Frage …"

„Die du stelltest …"

„An die du jedoch dachtest, und deshalb hat sie deine Energie. Die Frage lautet: Inwieweit kann die Feuer-Meditation einem Menschen zugute kommen? Muss man sich in diesem Schuppen erst auf dem Kopf stellen, um ein Glas Wasser zu kriegen?"

„Echt witzig. Hab schon verstanden. Hätten Ihre Lordschaft sonst noch gerne etwas?"

„Sohn, du hast mir deine Seele übergeben, auf dass ich mit ihr mache, was ich für richtig halte. Für jetzt reicht mir Wasser."

Rudra seufzte. Dann nickte er und ging los. Es wurde ihm warm ums Herz, als er dem Alten Mann, dessen Augen verschmitzt funkelten, wenn Er eine Grimasse zog, ein Glas Wasser holte.

„Zünde eine Kerze oder eine Öllampe an. Am besten in dem Zimmer, in dem du sonst auch betest. Dort könntest du einen kleinen Tempel oder Altar auf einem Bücherregal oder etwas Ähnlichem haben, jedenfalls sollte es eine dir heilige Stätte sein. Es muss nichts Großartiges darstellen, aber dein Altar und seine nähere Umgebung sollten sauber und zweckdienlich sein. Sohn, wie du weißt, leben viele Familien in nur einem Zimmer. Dieses Zimmer dient als Schlaf-, Wohn-, Ess- und Arbeitszimmer, alles in einem. Trotzdem kann man eine Ecke oder einen Teil der Wand als kleinen Tempel oder Platz der Anbetung nutzen. Natürlich ist mir bewusst, dass es unzählige Familien gibt, die in Wohnungen mit vier oder fünf Schlafzimmern leben und es trotzdem nicht schaffen, den richtigen Platz für ihren Tempel und die heilige Flamme zu finden. Traurig, aber wahr. Die Wahrheit, mein Sohn, ist oft absurd und muss weder bestimmte Ursachen enthalten noch irgendwelche tiefschürfenden Bedeutungsebenen aufweisen. Sei dem, wie es sei, mein Sohn mit den langen, lockigen Strubbelhaaren, zünde du deine Kerze oder Öllampe an und setze dich davor. Ich empfehle dir, es dann zu tun, wenn du allein bist und besonders, wenn es draußen etwas dunkel ist, da dann die Flamme viel intensiver wirkt. Stelle auch sicher, dass die Flamme nicht flackert oder sich ständig hin und her bewegt. Eine beständig brennende Flamme ist das, was wir brauchen, und das erreichst du am ehesten, wenn du Tür und Fenster schließt und keinen Ventilator anmachst. Wenn du im Halbdunkel sitzt, wird der Raum zur Höhle, und du schaust auf die Flamme, die dein Feuer darstellt. Du sitzt also vor der Flamme, und für eine Weile solltest du sie nur anschauen. Schau sie nur an. Beobachte ihre Farben. Ihre Form. Lasse die Flamme gut und gerade brennen. Aus dem Docht sollte nicht nur ein kleiner Funken Licht kommen. Das Licht sollte hell und klar brennen. Stelle dir nach einer Minute oder so vor, dass du dich in der Flamme befindest. Feuer bedeutet im Grunde Schöpfung, und deshalb ist Feuer die Form des Schöpfers. Weise Seher aus alter Zeit bezeichneten das Feuer als Devi, als Göttin, als Universelle oder Göttliche Mutter. Stelle dir vor, du befindest dich im Bauch der Göttlichen Mutter. Bleibe dort eine Weile. Spüre, wie sicher, geborgen und beschützt du dich im Bauch der Göttlichen Mutter, der Lebenskraft der gesamten Schöpfung, fühlst. Dann bete zur Devi, zur Göttlichen Mutter oder der Lebenskraft, die der gesamten Schöpfung zugrunde liegt, dass Sie deinen Körper, deinen Geist, deine Seele sowie deine Aura, alle Schwingungen und Kanäle, jeden Tropfen Blut, jede Zelle, deine ganze DNS von aller Negativität, Krankheit und Dunkelheit reinigen möge. Bitte Sie, sämtliche Dunkelheit aus deinem Leben und deiner Umgebung zu entfernen. Bitte Sie, dich mit Ihrer Wärme, Ihrem Strahlen, Ihrem Glanz, Ihrer Präsenz und Ihrem Schutz zu erfüllen. Bitte Sie darum, deinen Weg mit Ihrer Leuchtkraft zu erhellen, so dass du dich nie verirren und an die Dunkelheit verlieren mögest. Wenn du dich depressiv fühlst, dann bitte Sie, all die Düsterkeit, Depression und Traurigkeit zu verbrennen und dich mit positiver Energie und Wohlgefühl zu erfüllen. Wenn du dich schwach fühlst, bitte Sie um Stärke. Woran du auch leidest, bete zum Heiligen Feuer, es zu verbrennen und dein Leben mit dem zu erleuchten, von dem du glaubst, dass es dir am meisten fehle. Fahre fort, in dem Licht zu verweilen, fahre fort, dich von Seinem reinen Glanz überfluten und durchströmen zu lassen. Spüre, wie Ihre beschützende Energie dich und deine Aura umhüllt. Ihr Schutz und Ihre Energie werden dich und deine Aura umgeben und dich so vor Schwingungen und negativen Energien beschützen, die sich um dich wie in dir befinden und die auf dich projiziert werden. Sich im Inneren des Lichtes aufzuhalten, ist eine wunderbare, friedvolle und verjüngende Erfahrung. Es wird Zeiten geben, an denen du gar nicht wieder aus der Mütterlichen Umarmung herauskommen möchtest. Wenn du fühlst, dass es an der Zeit ist, aus Ihrem lichterfüllten Heiligtum wieder hinaus zu treten, stelle dir vor, in deinen Körper zurückzukehren. Verneige dich vor der Flamme. Mache ein *Namaste*, indem du deine Handflächen mit der Spitze nach oben gegeneinander legst und deinen Kopf neigst. Danke Ihr dafür, dass Sie dir gestattet hat, dich mit Ihr zu verbinden und dich mit Ihrer Energie und Ihrem Schutz gesegnet hat.

Doch glaube noch nicht einmal einen Moment lang, dass Ich nicht alles bekomme, was du für Mich aufhebst. Ich empfange und segne alles, was du Mir zu Füßen legst. Dass du alles, was du hast, mit Mir teilst, ist Mir wichtig. Teile mit Mir all deine

Freude und deinen Schmerz, dein Essen und deine Zweifel, deine Zigarren und deine Illusionen, deine Liebe und deine Unruhe. Ich will alles. Schließe Mich von nichts aus. Von gar nichts. Ich bin du und du, mein Kind, bist Ich. Jedes Kind ist in Mir und Ich bin in jedem Kind. Ich bin der Sonnenaufgang und der Sonnenuntergang. Ich bin der Mond, der zunehmende wie der abnehmende Mond. Ich bin Licht und Feuer und die Hitze, die es verbreitet. Glaube nie, dass Ich von Materie und Geist abgetrennt bin. Ich bin alles. Und alle sind in Mir.

Sohn, diese Meditation kannst du nicht nur für dich, sondern auch für all deine Lieben machen. Verbinde dich als erstes mit der Flamme. Sei in Ihrem Inneren, im Bauch der Göttlichen Mutter. Sprich das Gebet, das ich dir beigebracht habe..."

„Bitte reinige meinen Körper, Geist und meine Seele..."

„... meine Aura, Schwingungen etc. Sprich das Gebet zuerst für dich selbst. Alles und jeder braucht zuerst selbst Reinigung und Schutz. Nachdem du dem Göttlichen Licht gestattet hast, jede Zelle deines Wesens zu erfüllen, stelle dir vor, dass deine Lieben sich mit dir in der Flamme befinden. Solltest du fühlen, dass es z.B. einer bestimmten Person nicht gut geht, stelle dir vor, dass sich diese Person zusammen mit dir in der Flamme befindet und wiederhole das ganze Gebet für Sie. Bitte Agni, den Gott des Feuers, Devi, die Göttin, das Feuer oder das Göttliche Licht diese Person zu reinigen und sie mit Ihrer Energie und Ihrem Licht zu erfüllen ..."

„Den ganzen Körper, Geist und die Seele etc ..."

„Obwohl du so komisch aussiehst, hast du, so scheint es zumindest, doch einiges auf dem Kasten. Ha, ha! Ja, sag das ganze Gebet auf. Auf diese Weise kannst du immer wieder Leute aufrichten. Aber vergiss nie, dass das Wichtigste, wofür du für jeden Menschen beten kannst, Stärke und Weisheit, Liebe und Mitgefühl sind, so dass jeder Mensch all das, was Gott, Meister oder Schicksal für ihn bereithält, mit Würde, Zufriedenheit und Hingabe akzeptiert. Das ist unbedingt erforderlich. Daran führt kein Weg vorbei. Ohne diese Kernaussage ist die dem Gebet innewohnende Lebenskraft praktisch nicht vorhanden. Egal ob du für dich selbst oder für andere betest, du musst sicherstellen, dass alles, was im weiteren Leben eines Menschen geschehen mag, mit Würde, Zufriedenheit und Hingabe angenommen wird. Alle diese Qualitäten kann ein Mensch nur dann leben, wenn er zuvor mit Weisheit, Stärke, Liebe und Mitgefühl erfüllt worden ist. Wenn du mich fragst, sollte man auch um eine gehörige Portion Humor bitten. Man braucht jede Menge Humor, um durchs Leben zu gehen. Sohn, was ich dir gerade erzählt habe, ist der einfachste Weg zu Gott. Es ist auch die sicherste Art, um dein Ziel zu erreichen. Die Feuer-Meditation wird dich reinigen, nähren, führen, beschützen und vor allem wird sie deine Aura mit dem Licht aus der Einen Lebensquelle selbst verbinden. Wenn diese Verbindung einmal hergestellt ist, wird alle Dunkelheit, die durch Unwissenheit, Hass, Ärger und alle damit verbundenen Emotionen verursacht wird, in dem großen Göttlichen Feuer des Mitgefühls verbrannt."

„Baba, was ist, wenn nun jemand, dem es schlecht geht, die Feuer-Meditation nicht machen kann? Wenn er aus irgendeinem Grund keine Kerze oder Öllampe anzünden kann, was dann?"

„Kein Problem. Dann soll er in die Sonne schauen. In die aufgehende Sonne am frühen Morgen. Das ist die beste Feuer-Meditation. Es gibt nichts Besseres, als auf die aufgehende Sonne zu meditieren. Sie ist die Quelle allen physischen Lichtes, auch die des Feuers, und deshalb die direkteste physische Manifestation des Göttlichen Feuers. Stelle dir vor, du befindest dich in der Sonne, und dann sprich dieselben Gebete und folge demselben Ritual. Das ist das Beste. Aus einleuchtenden gesundheitlichen und optischen Gründen ist es am Besten, diese Meditation mit der Morgensonne zu machen. Du kannst sie zwar auch mit der Abendsonne machen, aber es liegt auf der Hand, dass es die aufgehende Sonne ist, die große heilende Kräfte besitzt. Mit der Sonne zu verschmelzen, tut wahre Wunder für deinen Körper, Geist und deine Aura; es bringt auch die Elemente in deinem Körper in die richtige Balance und stärkt dein magnetisches Kraftfeld. Deine Aura wird gestärkt, du kommst ins Gleichgewicht und bist beschützt. Natürlich wird all dies auch durch die Feuer-Meditation erreicht. Aber wenn man zur aufgehenden Sonne betet, auf sie meditiert und mit ihr verschmilzt, wird man bessere und schnellere Ergebnisse erreichen, die auch offensichtlicher und von größerer Dauer sind. Ich empfehle beide Methoden. Einige Menschen finden die Feuer-Meditation persönlicher und beruhigender. Wenn sie in einem dunklen Zimmer sitzen, nur mit der Flamme, fühlen sie sich beschützter und bestärkter. Es hängt ganz von der jeweiligen Person ab.

Die Sonne ist die Quelle allen Lichtes und Lebens. Sie wird direkt von der Großen Flamme, die wir Gott nennen, genährt. Die Sonne hat nährende und heilende Qualitäten, die auf der Erde nicht optimal genutzt werden. Die Alten Weisen wussten um die Kraft der Sonne. Die Anhänger des Zarathustra werden dazu angehalten, zur Sonne zu beten. Es ist ihre Pflicht. Auch Hindus haben die Sonne seit Urzeiten verehrt. Sonnentempel waren auf der ganzen Welt bekannt. Auch die Pyramiden machten die Energie der Sonne durch ein bestimmtes Filtersystem nutzbar, dass es vermochte, Sonnenenergie rein zu halten. So wurde alles, was in den Pyramiden aufbewahrt wurde, vor Verfall bewahrt. Sohn, Licht hat immer spirituelle Kräfte und heilende Eigenschaften; die Quelle des Lichtes mag dabei die Sonne oder eine Flamme sein. Noch etwas Interessantes passiert bei der Feuer- oder Sonnen-Meditation: In dem Moment, in dem du beginnst, deine Gebete zu sprechen, verleihst du der Sonne und der Flamme mehr Energie. Jedes Mal, wenn du zur Sonne oder zum Feuer betest, lässt du ihnen durch deine Gebete ein Mehr an Energie zuteil werden. Als Gegenleistung wird der Schüler nicht nur mit physischen und materiellen Gaben gesegnet, sondern der Göttliche Funke in seinem Inneren, der in allen Wesen glimmt, wird gestärkt, und das wiederum verstärkt die Verbindung zwischen dem individuellen Göttlichen Funken und der Ewigen Kosmischen Flamme. Wenn also ein Mensch zur Sonne oder zum Feuer betet, wird eine Verbindung geschaffen, in der der Schüler nicht nur der Empfangende, sondern auch der Gebende ist, indem er durch sein Gebet der Sonne und der Flamme positive Energie und Nahrung zuführt. Dafür wird der Schüler gesegnet, und das segensreichste Geschenk ist die Verstärkung der Verbindung zwischen seinem individuellen Göttlichen Funken und Gott, der Ewigen Flamme. Da diese Meditation so überaus segensreich ist, glauben wir, dass Feuer-Meditation und Gebete für jeden spirituellen, körperlichen, emotionalen, energetischen, materiellen und mentalen Nutzen unerlässlich sind. Kriegst du das alles in deinen Dickschädel rein?"

„Ich hab keinen Dickschädel!"

„Natürlich ist dein Schädel nicht wirklich dick. Nur vernagelt. Das ist alles. Kann man in dieser Höhle hier was zum Rauchen kriegen?"

„Ich dachte, durchs Rauchen würdest du dem Feuer nicht den gebührenden Respekt erweisen …"

„Mein Kind mit dem vernagelten Lockenkopf, gerade durchs Rauchen bin ich immer mit dem Feuer. Ha, ha, ha!"

Nur Narren versuchen, Unterscheidungen zwischen Uns anzustellen. Narren haben bei Narren Erfolg. Du aber sei weise. Kannst du die Welle vom Meer unterscheiden? Kann das Licht von der Flamme getrennt wahrgenommen werden? Kannst du die Sonnenstrahlen von der Sonne oder das Feuer von seiner Wärme abtrennen und unterscheiden? Die Frucht entsteht aus dem Samen und produziert wiederum Samen, um weitere Früchte entstehen zu lassen. Die Natur ist allumfassend und stellt nie Unterschiede an. Nur die unwissenden Menschen stellen Unterscheidungen an und bemühen sich, damit irgendwelche unsinnigen Überlegenheitsansprüche zu beweisen.

Rudras Nächte waren angefüllt mit Träumen und Gesprächen, in denen seine Kinder oft vorkamen. Sein Sohn wollte immer mit ihm zusammen sein, wohingegen seine Tochter so tat, als ob er gar nicht vorhanden sei. Alles, was Rudra in seinen Träumen sah, laugte ihn aus, so dass er am Morgen meistens erschöpfter aufwachte, als er tags zuvor eingeschlafen war. Die Träume waren ausgesprochen detailliert und enthielten viele Gespräche. Rudra verabscheute Gespräche, die nur in seinem Kopf stattfanden. Während er wach war, hatte er die Kontrolle über seinen unsteten Geist und jede Konversation, die dieser führen wollte. Obwohl ihm sein Herz andauernd wehtat, war er doch mit der

Zeit praktisch immun gegen die Schmerzen geworden, die sich mit jedem Herzschlag erneut in ihm aufbäumten.

„Der einzige Ausweg besteht darin, dass du in kürzeren Abständen schläfst. Bevor du ins Bett gehst, sage deine Gebete und versuche zu meditieren. Bereite auch dein Unterbewusstsein darauf vor, zu entspannen und zufrieden im Schweigen zu verharren. Ganz im Gegensatz zu den meisten Menschen gibst du nicht der Neigung nach, Gedanken und Vergangenem nachzuhängen, während du wach bist. Allein das macht dir schon Ehre, mein Kind. Nur bedeutet dies ja keineswegs, dass du gar keine Schmerzen hast. Ständig wühlen Schmerzen dein Inneres auf, und der angesammelte Druck kann in deinen Träumen ein Schlupfloch finden, um zu entweichen. Auch wenn ein Tumult nur in deinem Inneren stattfindet, hat dies Auswirkungen, und wenn du nicht betest oder meditierst, haben Körper und Geist keine andere Möglichkeit, als den Prozess, der durch deine Schmerzen in Gang gesetzt wurde, mit Hilfe deiner Träume zu lösen. Vielleicht ist es dir gar nicht aufgefallen, aber sogar in deinen Träumen hast du dich anderen gegenüber nie negativ verhalten oder sie verletzt. Das bedeutet ganz eindeutig, dass du wirklich keine Spur von Hass oder Bosheit in dir trägst. Du tust nicht nur so, sondern du liebst wirklich alle diejenigen, die dich verletzt und sich gegen dich gestellt haben, die dich falschen Anschuldigungen ausgesetzt und versucht haben, dich emotional, physisch oder geistig zu schädigen."

„Baba, was soll ich tun, bevor ich mit den geistigen Botschaften anfange?"

„Ganz einfach. Nimm ein Bad oder wasche zumindest die Hände bis zu den Ellbogen, die Füße inklusive Knöchel, Gesicht und Nacken. Spüle auch den Mund aus und reinige Ohren und

Nase. Diesen Reinigungsprozess nennen wir *Wazoo*. Versuche, deine Sitzungen immer zu einer bestimmten Zeit stattfinden zu lassen, zumindest am Anfang. Letztlich ist es das Ziel, andauernd in einem Zustand der Meditation zu sein, damit du jederzeit, an jedem Ort, ohne vorherige Benachrichtigung als Medium einsatzbereit bist, wenn Hilfe benötigt wird. Also ist es das endgültige Ziel, immer im gegenwärtigen Augenblick zu sein, ohne mentales Gepäck, jedoch in ständiger Verbindung mit deinem Meister. Wenn du dich ganz und gar im Hier und Jetzt befindest oder aber ständig den Namen deines Meisters rezitierst, bist du allzeit bereit für die geistige Arbeit. Aber am Anfang ist es wichtig, sich eine bestimmte Tageszeit und einen besonderen Platz dafür zu reservieren. Schon bevor du dich niedersetzt, solltest du dich geistig und körperlich von allem und jedem loslösen und ins Gebet versenken. Gut wäre es, dir zehn bis fünfzehn Minuten vorzubehalten, in denen du schweigen, meditieren und Gebete sprechen kannst. Das Zimmer sollte verschlossen sein. Zünde eine Öllampe oder eine Kerze sowie Räucherstäbchen an. Schaffe eine heilige Stätte um dich herum und eine Atmosphäre von Verehrung und Hingabe. Erzeuge dieselben Schwingungen, die man an einer Gott geweihten Stätte wahrnehmen kann. Sei dir bewusst, dass du schließlich deinen Meister einlädst, zu dir zu kommen, dich zu segnen und mit dir zu sprechen. Stelle sicher, dass das Zimmer sauber und vom Duft des Himmels durchdrungen ist und die Flamme der Reinheit hell und klar brennen kann. Wenn du magst, kannst du auch eine Kassette oder CD mit Bhajans, mit spirituellen Liedern, auflegen, die auch dazu beitragen können, eine andächtige Atmosphäre zu verbreiten und dich zu zentrieren, bevor du dich zur Meditation und zum Gebet begibst. Nimm dir Zeit für Meditation, Mantras oder Gebete und setze dich erst danach zur geistigen Arbeit hin. Kurz bevor du beginnst, visualisiere dich in der Flamme des Heiligen Feuers und bitte um Schutz, um Führung und um Ehrfurcht."

Denke immer daran: Die wichtigste Regel beim Heilen lautet, dass nur Gott und Guru heilen können. Andere Heiler gibt es nicht. Jeder andere ist nur ein Heilkanal. Du, mein Sohn, bist nichts weiter als ein Medium, ein Klavier, durch das göttliche Musik erklingen kann. Du bist weder der Musiker noch die Musik, nur das Instrument. Doch auch das Instrument muss perfekt gestimmt und in Harmonie sein.

„Dann sprich das Gebet, das dir beigebracht wurde ..."

„Was für ein kluges Köpfchen der kleine Dickschädel hier neben mir doch hat ..."

„Echt lustig."

„Aber durchaus zutreffend, jedenfalls von meiner Warte her. Bete also um Schutz und setze dich erst danach zu deiner geistigen Arbeit nieder. Setze dich neben das Feuer und das brennende Räucherstäbchen und rufe deinen Meister. Bitte deinen Meister, deinen Körper, deinen Geist, deine Seele, deine Aura, ihre Schwingungen und Kanäle, jeden Tropfen Blut, jede Zelle und deine ganze DNS mit Seiner Führung, Seiner Präsenz und Seinem Schutz zu erfüllen. Bitte deinen Meister, dir zu vergeben, dich zu führen, dich zu beschützen und durch dich zu sprechen. Bitte deinen Meister inständig, dass nur Er durch dich sprechen und keinem anderen Geistwesen erlauben möge, auch nur in deine Nähe zu gelangen. Diese Gebete sind wichtig. Die Meditation und das Rezitieren von Mantras oder Gebeten sind wichtig.

Auch die Flamme und das Räucherstäbchen sind wichtig. Das sind alles notwendige Vorbereitungen, die dir den Weg ebnen und einen unsichtbaren Schutzkreis um dich ziehen, der es verhindert, dass irgendein anderer Geist in deine Nähe gelangen kann. Dieser Schutzkreis behütet dich auch vor der Negativität und den Schwingungen derer, die zu dir kommen. Vergiss nicht, dass nur die zu dir kommen, die Sorgen und Schmerzen haben und normalerweise von einer schweren und belasteten Aura umgeben sind. Die Kanäle des Mediums dagegen müssen für die geistige Arbeit weit geöffnet sein. Deshalb geschieht es oft, dass ein Medium all die Negativität, Schwere und Sorgen des Klienten, der um Führung nachsucht, absorbiert, weshalb sich dieser dann nach der Sitzung befreit und viel leichter als vorher fühlt, aus dem einfachen Grund, weil er unbewusst alle seine Probleme, Schmerzen und innere Unruhe zu den Füßen des Meisters niedergelegt hat. Trotzdem müssen alle diese Probleme erst einmal durch das Medium gehen, bevor sie zum Meister gelangen. Wenn das Medium nicht ausreichend geschützt und nicht völlig in Harmonie mit dem Meister ist, werden sich alle Negativität und Schwere der Aura an das Medium heften und können starke geistige oder körperliche Unruhe und Krankheit, emotionale Störungen, Depression, körperliche Schwäche oder Teilnahmslosigkeit auslösen, die sogar zu einem völligen körperlichen, geistigen und emotionalen Zusammenbruch führen können. Halte dir immer vor Augen, Sohn, dass du es hier mit Energie zu tun hast, und Energie unterliegt ihren eigenen Gesetzen. Wenn du einen Strom führenden Draht ohne geeignete Vorsichtsmaßnahmen berührst, wirst du einen Schlag bekommen. Sollte die Energie, die durch diesen Draht geht, schwach sein, wirst du nur einen kleinen Schlag erhalten. Ist sie jedoch stark, kann sie dich zu Boden werfen und dir körperlichen Schaden zufügen. Wenn du nun immer wieder zu Boden geworfen und verletzt wirst, wirst du nach einer Weile permanente Schäden davontragen. Manchmal leitet der Draht solch eine starke Energie weiter, dass sie dich lähmen oder sogar töten kann. Energie schert sich nicht um deine Absichten. Sie hat ihre eigenen Regeln, und diese Regeln gelten für alle, ausnahmslos. Also sind Vorsichtsmaßnahmen und Schutz das Gebot der Stunde. Außerdem musst du stark sein, wenn du es mit Energie, Schwingungen, einer schwer belasteten Aura und Energieschwankungen aufnehmen willst. An Körper, Geist und Seele musst du stark sein und dich ebenso in absoluter Harmonie auf allen Ebenen befinden. Ein weiterer Punkt, der in Betracht gezogen werden muss, ist, dass der Meister durch dich arbeitet. Er benutzt den Körper eines Mediums, um die zu erreichen, die Hilfe benötigen. Wenn die Glühbirne nicht stark genug ist, um die elektrische Energie durchzulassen, kann die starke Spannung die Glühbirne beschädigen, sie kann ihr einen Knacks versetzen oder sie sogar zum Platzen bringen. Also sollte das Medium lieber stark genug sein, um all den äußeren Einflüssen sowie der Energie des Meisters, die durch seinen Körper strömt, gewachsen zu sein. Die meisten Medien werden krank und leiden an unzähligen Problemen. Viele Medien werden gesellschaftliche Außenseiter. Alle Medien haben unter gesundheitlichen Problemen zu leiden. Je stärker das Medium auf den Meister eingestimmt ist, desto größer werden seine gesundheitlichen Probleme sein. Heilige und Propheten leiden am meisten von allen. Schutz ist also absolut erforderlich. Sogar mit Schutz wirst du krank werden, geistige Qualen erdulden und emotionale Wunden davontragen, du wirst dich ausgebrannt und ausgelaugt fühlen. Da deine ständigen Begleiter aus den

Sitzungen Kummer und Leid sein werden, ist es mit ruhigem Schlaf vorbei, stattdessen wirst du mehr und mehr Anfällen von Depressionen ausgesetzt sein. Aus diesem Grund musst du dich entsprechend mehr ins Gebet versenken und im gegenwärtigen Augenblick leben. Du solltest lernen, dich zu entspannen und all das zu tun, was dich beruhigt, glücklich macht und zum Lachen bringt. Sei glücklich und, wie du so gerne zu sagen pflegst, *chill out*.

Als Erstes nach jeder Sitzung solltest du dich wieder in die Heilige Flamme begeben und zu Ihr beten, dass Sie deinen Körper, Geist, Seele, Aura, Schwingungen, Kanäle, jeden Tropfen Blut, jede Zelle und deine ganze DNS von aller Negativität und Krankheit reinigen möge. Danke der Flamme, dass Sie dich beschützt, geführt und über dir gewacht hat. Danke deinem Meister und zünde dann, wenn möglich, wieder ein Räucherstäbchen oder, noch besser, etwas Kampfer an und gehe damit durch das Zimmer. Du kannst auch eine Wasserschale mit Steinsalz in deine Nähe stellen und sie nach der Sitzung ausschütten, die Schale säubern und sie bei der nächsten Sitzung wieder verwenden. Gib Acht, dass du nichts von dem Inhalt auf dich spritzt oder in dem Zimmer verschüttest. Falls doch etwas verschüttet werden sollte, wische es sofort auf. Egal, wie es dir geht oder was du noch zu tun hast, musst du dich sofort wieder einer Reinigung, einem *Wazoo*, unterziehen."

„Die Hände und Füße waschen..."

„Ich habe doch tatsächlich ein Genie neben mir sitzen. Ein Genie mit langen Haaren und dem phänomenalsten Dickkopf auf dieser Seite des Universums."

„Ha, ha, und noch mal ha. Baba, was ist denn, wenn jemand ein Medium werden möchte? Ich habe ja dich, aber nicht jeder hat einen Heiligen oder Weisen, der sich über Tee und Essen beschwert, wie ein Schlot raucht und auch noch schlechte Witze reißen kann. Was soll der denn anfangen?"

„Ich werde einfach so tun, als ob ich das da gerade gar nicht gehört hätte. Das Wichtigste für jeden ist und bleibt, immer und überall im gegenwärtigen Moment zu leben, Sohn. Das ist keineswegs so leicht, wie es sich anhört. Außerdem ist es von Bedeutung, fortlaufend den Namen des Meisters oder Gebete zu rezitieren. Man muss sich auch von seinen eigenen Sorgen und Nöten lösen und befreien können, egal wie schlimm sie auch aussehen oder in Wirklichkeit sein mögen. Der Geist sollte ganz still werden. Er sollte völlig leer werden, so dass der Meister Einlass finden kann. Eines Tages wird sich dann der Meister melden. Jetzt hole mir schon deinen gräulichen Tee, der den Geist so mucksmäuschenstill werden lässt, dass es den Anschein hat, er habe sich doch tatsächlich ganz und gar aus dem Staub gemacht. Ha, ha, und noch mal ha."

Ich erinnere mich daran, wie du deine Kinder eng an dich drücktest, wenn sie krank waren. Auch wenn du dir dessen nicht bewusst warst, gabst du ihnen deine eigene Energie, so dass sie stärker werden und die Krankheit, die ihre kleinen Körper befallen hatte, bekämpfen konnten. Ich weiß, wie schlecht es dir selbst ging, wenn deine Kinder krank waren. Sie mögen dies vergessen. Ich niemals. Die Meister und die Natur heben alle Rechnungen auf. Weder Liebe noch andere positive Emotionen gehen jemals verloren.

Ungefähr drei Monate hatten sie schon in dem kleinen Haus am Meer gelebt. Der Sommer stand kurz bevor, denn die prall mit Regen gefüllten Wolken hatten schon fast ihr Soll erfüllt und waren zur Weiterreise in andere Teile der Welt bereit. Rudra lag auf dem Sofa und war vor Erschöpfung wie tot. Er kam sich so vor, als ob jegliche Zufuhr von Energie und Sauerstoff an seine Adresse abgeschaltet worden sei. Er fühlte sich schwach und ausgelaugt, und sein Körper tat genauso weh wie damals als Kind, als er ausgedehnte Wanderungen in den Bergen unternommen hatte.

Baba war wieder verschwunden. Er hatte subtil angedeutet, dass er diesmal für längere Zeit nicht da sein würde. Es gab viel Arbeit, und jeder ungenutzte Moment bedeutete, dass die Chance, eine Seele vor der Selbstzerstörung zu retten, immer geringer wurde. Baba pflegte oftmals die Bedeutung seiner Aussage zu unterstreichen, dass Menschen, die unter Schmerzen und Sorgen litten, diese meist selbst erzeugt hätten. Sicher ist es oft der Fall, dass das karmische Gesetz von Ursache und Wirkung einen Menschen einholt, und dann können Kummer, Unglück und Tragödien in dessen Leben herrschen. Aber obgleich ein Mensch den Graben direkt vor seiner Nase sehr deutlich sehen kann, besteht er dennoch meistens darauf, geradewegs auf ihn zu zu marschieren, hinein zu fallen, sich weh zu tun, verletzt oder bettlägerig zu werden und dann auf die Vorsehung oder das Schicksal zu schimpfen. Damit nicht genug, wird er außerdem an der Existenz, dem Wesen und der Gerechtigkeit des Schöpfers zweifeln, der ihn doch schließlich in den Graben hat fallen lassen und das Unglück damit erst möglich machte! Was für ein Unglück? Meist toben wir herum wie Verrückte, obwohl wir uns einfach nur dämlich angestellt haben. Wir verschließen unsere

Augen vor dem Offensichtlichen. Wie es schon in der Bibel steht, ist niemand so blind wie der, der sich weigert zu sehen. Die Welt ist voll solcher Blinder. Manchmal gibt es Zeiten, in denen wir alle blind durch unser Leben gehen, aber viele Menschen beharren darauf, die Welt ausnahmslos durch fest zugekniffene Augen wahrzunehmen, und nur für den Fall, dass sich ihre Augen aus Versehen doch einmal öffnen könnten, kleben sie sie noch extra fest mit Superhaftkleber – mit dem einen oder anderen Vorurteil – zu.

Das Schicksal ist wie eine Landkarte, welche die allgemeine Richtung und Hauptreiseziele vorgibt sowie einen Überblick über die zu unternehmende Reise bietet. Schlaglöcher, schlechte Straßen und Rüttelschwellen zu vermeiden sowie den gesunden Menschenverstand einzusetzen, ist einzig und allein Sache des Fahrers. Allerdings bringen es die meisten Fahrer mit geradezu spielender Leichtigkeit fertig, das Steuer ihres Wagens mit ihrem eigenen Hintern zu verwechseln.

Rudra holte tief Atem und stand langsam auf. Eine weitere Sitzung stand noch an. Es gab Tage, an denen er für ein paar Stunden arbeitete. An anderen Tagen konnte es sein, dass niemand vorbei kam. Bevor Baba ging, hatte er Rudra in ihr gemeinsames Zimmer gerufen und ihn gebeten, sich zu setzen.

„Du bist ein Medium. Vergiss das nie. Du bist nicht der Handelnde, sondern der Kanal, durch den die Energie und der Atem Gottes fließen. Unterliege noch nicht einmal für den Bruchteil einer Sekunde der Illusion, dass du selber Macht hast oder spirituell höher stehst als andere, weil du dazu ausersehen wurdest, als Medium zu arbeiten. Du hast eine Gabe, genau wie ein Musiker die Gabe hat, Musik zu komponieren und zu spielen. Das stellt weder dich noch den Musiker auf eine spirituell höhere oder niedere Stufe als euren Bruder, der den Müll von der Straße entfernt. Die Energie und der Atem unseres Herrn und Schöpfers fließen durch alle Lebewesen, von Ameisen bis hin zu Engeln. Deswegen ist nur wichtig, wie du den Atem und die Energie unseres Schöpfers benutzt oder ob du Seine Gaben missbrauchst. Du kannst unseren Schöpfer natürlich auch mit einem anderen Namen bezeichnen, wie Sarkar, Fakir, Alter Mann, Göttin, Universelle Mutter, Gott, Allah, Zarathustra, Rama, Ahura Mazda, Sai, Meher …

Verlange kein Geld für deine Dienste. Damit will ich nicht sagen, dass es grundsätzlich richtig oder falsch ist, etwas als Gegenleistung für die geistige Arbeit zu verlangen. Alles, was ich sage, ist, dass du nichts verlangen sollst. Wenn jemand dir etwas geben möchte, sage ihm, er solle es auf den Altar legen. Sollte es Geld sein, dann gib etwas davon an Bedürftige weiter und benutze den Rest, um Leib und Seele zu erhalten. Aber niemals verlange oder bitte um etwas, erwarte noch nicht einmal etwas. Wohltätigkeit und Edelmut verlieren ihre spirituelle Essenz, wenn Erwartungen von persönlichem Gewinn an sie geknüpft werden. Es mag Leute geben, die noch nicht einmal eine Blume für den Altar übrig haben, und es mögen solche kommen, die Gold spenden. In deinen Augen sind alle gleich. Allen lässt du die gleiche Bedeutung zukommen. Alle kommen zu Gott, nicht zu dir, vergiss das nie, nicht einmal einen einzigen Moment lang. Erwarte nicht, dass dir eine besondere Bedeutung zukommt oder eine Sonderbehandlung zusteht, nur weil du dein Leben im Dienst an der Menschheit verbringst. Außer dir selbst tust du damit niemandem einen Gefallen, weil du auf diese Weise an deinem Karma und gleichzeitig an deiner evolutionären Weiterentwicklung arbeitest. Je mehr du selbstlos dienst, ohne dich um deine eigene karmische Entwicklung oder irgendeinen persönlichen Gewinn zu kümmern, je mehr du einfach das tust, was ansteht, weil es das ist, was du tun musst und möchtest, ohne Bedingungen oder Erwartungen daran zu knüpfen, noch nicht einmal in Bezug auf persönliche Sicherheit für Körper, Geist und Seele, je mehr du alles deinem Meister überantwortest, desto eher können wir tatsächlich anfangen, davon zu reden, dass du einen anderen Weg beschritten hast und zu einer ganz anderen Musik tanzt. Dann befinden wir uns in einem völlig anderen Szenario, und du hast eine lichtvollere Dimension erreicht, in der vieles ungesagt und ungesehen bleibt, dafür aber direkt erfahren wird. Arbeite und lebe, um dein kleines Ego auszulöschen, und sonne dich in der Glorie und Präsenz von Meister, Gott und Göttin.

Es kommt recht häufig vor, dass man nach einem Massenunfall oder einer Tragödie, die viele Menschenleben kostete, aus der aber eine bestimmte Person, dessen Familie oder Freunde unverletzt gerettet wurden, diese Person so etwas sagen hören kann wie: „Gott ist groß, ich wurde gerettet und nicht ein einziges Mitglied meiner Familie ist zu Schaden gekommen." Wäre Gott denn nicht groß, wenn diese Person oder ein Familienmitglied zu Schaden gekommen wäre? Verschiedentlich habe ich Leute sagen hören, dass ihres Meisters Hand sie beschützte und ihnen deshalb nichts geschehen konnte. Bedeutet das etwa, dass alle die, die verletzt wurden, nicht unter ihres Meisters Schutz und Segen standen? Oder bedeutet es vielleicht, dass ihre Meister mächtiger als deren Meister sind? Oder dass die Gebete dieser Menschen erhört wurden und die der Verletzten und Toten nicht?

Findet eine Tragödie, wie etwa eine Bombenexplosion, statt, in der ein paar hundert Menschen getötet oder verletzt werden, während einige unverletzt bleiben oder gar nicht erst zum Zeitpunkt der Explosion an Ort und Stelle waren, haben wir es mit dem Entfalten von Karma und Vorsehung in großem Stil zu tun. Der Meister vermag dein Karma und dein Schicksal zu verändern, wenn es zu deinem Besten ist. So kann es geschehen, dass du entgegen aller Wahrscheinlichkeit gerettet wirst und sich ein Wunder ereignet. Ja, das hat dein Meister bewirkt. Aber bedenke, manchmal bewirkt dein Meister eine andere Art von Wunder, so etwas wie ein gegenläufiges Wunder. Der Meister, der wohl weiß, dass du noch ein langes Leben vor dir hast, welches allerdings voller Schmerzen und Demütigungen sein wird, kann deine Lebensspanne auch verkürzen. Also kann dein Meister in der Tragödie, die du zwar überleben, nach der du aber zeit deines weiteren Lebens ans Bett gefesselt und wahnsinnig vor Schmerzen sein würdest, ein Wunder wirken, indem Er dein zukünftiges Unglück mit all seinen Schmerzen kappt und dich an einen sicheren Ort geleitet, an dem Schmerz und Demütigung keinen Platz oder keine Macht über dich haben. Also stirbst du bei der Bombenexplosion, dem Unfall oder bei einer anderen Begebenheit. Du stirbst mit deines Meisters Segen. Ist das etwa kein Wunder?

Frage irgendeinen Schüler irgendeines Meisters und du wirst herausfinden, dass der Meister sich fast die ganze Zeit über unwohl oder krank fühlt. Warum? Weil es die bewusste Entscheidung des Meisters ist, das Karma und die Krankheiten Seiner Schüler und Anhänger auf Sich zu nehmen – deshalb werden spirituelle Meister von Krankheiten heimgesucht.

Die Meister arbeiten rund um die Uhr für diejenigen, die für Sie auf der physischen und spirituellen Ebene arbeiten, indem sie entweder als Medien tätig sind, der Menschheit dienen oder einfach aufrechte, mitfühlende und liebevolle Mitmenschen sind. Denen, die ihren Meistern dienen, dienen die Meister noch tausendmal mehr. Zuallererst dienst du, indem du dich bemühst, ein anständiger Mensch zu sein. Du dienst, indem du anderen keinen Schaden zufügst, keinen Klatsch verbreitest und keine Intrigen spinnst, keine Traurigkeit verursachst und auch keine Atmosphäre voller Hass und Pein ins Leben rufst. Du dienst, indem du keine falschen Anschuldigungen aufstellst und Familien zerstörst. Ja, du dienst auch, indem du ein Medium bist, soziale Arbeit verrichtest, großzügig bist, anderen zu Hilfe kommst und den Unglücklichen oder Unterprivilegierten eine helfende Hand entgegenstreckst. Du dienst ebenso, indem du für andere um Frieden und Gesundheit betest, für Frieden auf der ganzen Welt meditierst, die Hungrigen speist, die Armen kleidest und den Obdachlosen Asyl gewährst. Es gibt Abertausende von Möglichkeiten, Gott, Meister und Göttin zu dienen – dein Meister sieht und schätzt alle deine Dienste. Aber vergiss nie: Dir dient Er ungleich mehr, als du es jemals vermöchtest.

Noch eins: Du musst so viel Vertrauen in deinen Meister setzen, dass die Stärke deines Vertrauens deinen Meister schier überwältigt. Aber um so eine Ebene zu erreichen, wirst du Prüfungen unterzogen, gereinigt, gekreuzigt, gedemütigt, verletzt, ausgesetzt, ausgelöscht … Es ist keineswegs leicht, deinen Meister mit all deinem Vertrauen zu überwältigen. Dein Vertrauen sollte so beschaffen sein, dass sogar dein Meister aufgerüttelt wird. Aber, mein Kind, um einen Meister aufzurütteln, solltest du es aushalten können, dass die festen Grundlagen unter deinen Füßen und die Himmel über deinem Kopf zum Beben gebracht und dein Körper, Geist und deine Seele wie die ganze Welt um dich herum total auf den Kopf gestellt werden. Wenn du deinem Meister wirklich ein Geschenk machen willst, dann schenke Ihm deine Seele – und weißt du, was die Essenz der Seele ausmacht? Vertrauen. Vertrauen ist der Herzschlag, der die Seele rein und unversehrt in all ihrer ursprünglichen Herrlichkeit erhält, obwohl sie durch so viele Leben voller Verdorbenheit und Dunkelheit gehen musste. Vertrauen hält Gott davon ab, den Stöpsel aus der Schöpfung zu ziehen und sie in der Versenkung verschwinden zu lassen. Was macht die Ewigkeit aus? Liebe und Vertrauen."

Rudra seufzte und setzte sich auf das Sofa. Er zündete eine Zigarre an und nahm einen tiefen Zug. Ein deutsches Ehepaar hatte sie ihm geschenkt, kurz bevor sie nach London zurückgeflogen waren, wo sie seit fast sechzig Jahren lebten. Vor zwei Wochen waren sie zu Rudra gekommen, weil ihre Pässe gestohlen worden waren. Rudra hatte seine Augen geschlossen und auf eine Antwort gewartet. Dann öffnete er seine Augen wieder und schmunzelte.

„Die Pässe sind in Ihrem Koffer. In einer Plastiktüte im Inneren eines Mantels, eines dunkelroten Mantels. Wenn Sie Ihre Pässe dort wiederfinden, möchte ich, dass Sie ein wenig Geld für wohltätige Zwecke spenden. Stellen Sie sicher, dass Ihr Geld Kindern oder Krebskranken zugute kommt."

Es hatte den Anschein, als ob der alte Mann jeden Augenblick umkippen würde. Aber die alte Dame, die eine raue Stimme und leicht gerötete Augen hatte, lächelte. Ja, sie erinnerte sich, sie habe etwas in den dunkelroten Mantel gesteckt, es dann aber völlig vergessen, und er solle sich nicht um ihren Mann sorgen, der immer noch kurz vor einem Ohnmachtsanfall schien, er würde an nichts 'Übersinnliches' glauben, und deshalb habe ihm die Realität einen kleinen Boxschlag in die Magengegend verpasst. Sie wissen doch, wie komisch sich Männer in Bezug auf Liebe und Gott anstellen können. Am nächsten Tag tauchten sie wieder auf, mit Wein und Zigarren. Sie hatten Zigarettenschachteln in Rudras Haus herumliegen und ihn Wein in diesem eigenartigen Restaurant, in dem es unausstehliche Kellner, aber gutes Essen gab, trinken sehen.

„Wieso hat Baba uns gebeten, Geld für Kinder oder Krebskranke zu spenden?"

„Vielleicht weil eines Ihrer Enkelkinder nicht ganz gesund ist oder weil jemand aus Ihrer Familie Krebs bekommen könnte."

Der alte Mann musste husten, und für eine Weile war in dem Zimmer nur die unregelmäßige Atmung des alten Mannes zu hören.

„Mein Enkelsohn ist besonders unfallgefährdet. Allein im letzten Jahr hatte er vier Unfälle …"

„Vielleicht möchte Baba, dass Sie Gott dafür danken, Ihren Enkelsohn vor permanenten Schäden behütet zu haben. Oder Baba versucht, bestimmte karmische Verpflichtungen, die Sie haben, dadurch abzubauen, dass Sie Kindern helfen …"

„Wie soll das gehen?"

„Indem Sie Menschen, in diesem Fall Kindern, helfen, begleichen Sie sozusagen Ihre karmischen Schulden. Natur und Vorsehung bewahren alle Rechnungen und Schulden auf. Indem Sie Kindern helfen, können die bewussten oder unbewussten

Segenswünsche der Seelen dieser Kinder oder die Segenswünsche der Geister, die sich um sie kümmern, sowie die Segenswünsche Ihrer eigenen Meister und Führer Ihnen dabei helfen, gewisse karmische Schulden, die Sie noch ausstehen haben, zu tilgen. Ihre Spende mag auch dazu beitragen, eine kommende Tragödie oder ein Unglück abzuwenden oder bei der Genesung eines Kranken zu helfen. Spenden sind auch eine Möglichkeit, der Vorsehung zu danken."

„Wissen Sie, bevor wir nach Indien kamen, bestand die Gefahr, dass unser Schwiegersohn Philipp an Magenkrebs erkrankte. Das Schlimmste konnte gerade noch verhindert werden. Aber die Ärzte haben ihm Medikamente, die er sein ganzes Leben lang nehmen muss, und eine völlige Umstellung seines ganzen Lebens verordnet ..."

„Wohltätige Spenden an eine Organisation, die sich um Krebskranke kümmert, können auch ein Weg sein, Gott zu danken."

Der alte Mann erhob sich. Es war offensichtlich, dass auch er etwas sagen wollte, und ein paar Sekunden lang suchte er vergebens nach den richtigen Worten. Rudra stand auch auf und stützte ihn am Arm. Die Gesichtszüge des alten Mannes, der seinen Gefühlen nicht allzu oft nachgab, wurden weich, und er blickte zuerst auf seine Frau und dann auf Rudra.

„Mein ganzes Leben habe ich jede Gelegenheit genutzt, all die Leute, die an die Macht von Gebeten, Wundern, Heilungen und irgendetwas Übernatürlichem glaubten, der Lächerlichkeit preiszugeben. Was für ein Idiot ich doch war. Was für ein blinder Narr. Gott möge Erbarmen mit meiner Seele haben."

Die alte Dame stand auf und lächelte. Es war ein besonderes Lächeln. Kein siegesgewisses Lächeln oder ein Lächeln, in dem das Ego durchschien. Es war ein Lächeln, das Erleichterung und

Freude ausdrückte, wie man es oft im Gesicht einer Mutter sehen kann, die ihr widerspenstiges Kind auf dem rechten Weg nach Hause kommen sieht.

„Liebling, es ist nie zu spät, aufzuwachen und die Herrlichkeit des Herrn zu erblicken."

Es ist durchaus nicht so, dass große Meister Sich nicht heilen könnten, - im Gegenteil, es wäre ein Leichtes für Sie. Aber Sie unterwerfen sich freiwillig bestimmten energetischen und karmischen Gesetzen. Glaubst du ernsthaft, dass irgendein Mensch auf der Erde oder irgendeine Kraft im Universum es hätte fertig bringen können, Jesus auch nur ein einziges Haar zu krümmen, wenn Jesus sich nicht damit einverstanden erklärt hätte? Glaubst du wirklich, irgendjemand hätte Ihm aus eigener Kraft eine Dornenkrone aufsetzen oder Ihn ans Kreuz schlagen können? Nein. All dies geschah einzig mit Seiner Einwilligung. Er wollte das gesamte Karma der Menschheit auf Sich nehmen. Er nahm diese Last auf Sich und ließ es zu, dass Er all den Schmerz, die Qualen und Schmähungen erduldete, wie es nur ein wahrer Meister für Seine Kinder tun kann. Ein Meister kann Schmerzen stoppen oder Sich vor ihnen schützen, aber das tut Er nicht, denn solch ein Eingreifen wäre nicht im Einklang mit Seinem Plan und dem karmischen Gesetz.

Danach setzten sie sich auf die Terrasse, tranken Rotwein, rauchten Zigarren und nahmen ein grandioses Abendessen aus Eiern, Käse, Vollkornbrot und jeder Menge Thunfisch aus der Dose zu sich. Die ganze Zeit konnte Rudra die Transformation eines ehemaligen Zynikers zu einem Mann, dessen Herz mehr und mehr von Liebe zu Gott erfüllt wurde, miterleben. In dieser Nacht wurden Pläne für wohltätige Spenden geschmiedet, und Rudra konnte aus erster Hand mitverfolgen, welch weitreichende Bedeutung es hatte, dass Baba ihn beim Verbreiten von Freude und Licht eingesetzt hatte - nicht nur im Leben dieses älteren Ehepaares, sondern auch im Leben vieler Kinder und all der Menschen, die an einer Krankheit litten, die schon überall auf der Welt Millionen von Menschenleben gekostet hatte. Nun verstand er die Bedeutung von Babas Worten, dass jeder einzelne Mensch zähle und etwas Entscheidendes in der Welt bewirken könne, das immer weitere Kreise ziehe, bis es die Leben unzähliger Menschen beeinflusst habe. Am Beispiel dieses Ehepaares, das sich nun glücklich im Lichte Gottes sonnte, sah Rudra, dass unzähligen Kindern und Kranken geholfen werden würde - eine Lichterkette war ins Leben gerufen worden, und das Licht würde immer weiter gereicht werden, auch noch lange nachdem Rudra und das ältere Ehepaar ihre physischen Hüllen abgestreift und als Licht im Licht reisen würden.

Rudra ging auf das Meer zu, eine Zigarre hing ihm schief im Mundwinkel, und sein langes Haar flatterte im Wind. Viele der Hunde, die sich mittlerweile mit dem Einzelgänger angefreundet hatten, kamen herbei gerannt, wedelten mit ihren Schwänzen und trotteten neben ihm her, während er einige liebevoll streichelte und allen zurief: „He da, seid gegrüßt, ihr kleinen Scheißer."

Rudra saß in Babas Zimmer vor der brennenden Flamme. Zwei Räucherstäbchen aus Sandelholz brannten, und ihr erdiger Duft verbreitete sich noch außerhalb des Zimmers. Rudra schaute konzentriert in die Flamme. Das Zimmer war dunkel, und so erschien der goldene Glanz der Flamme noch lichtvoller und zauberhafter. Rudra bat um Schutz und Führung. Jeden Augenblick konnte Chavan hereinkommen, um nach Antworten und Lösungen zu suchen. Rudra konnte sich beim besten Willen nicht vorstellen, wie und woher all die Menschen davon hörten, dass er als Medium wirkte. Es war fast so, als ob eine Kraft im Universum sicherstellte, dass ein kontinuierlicher Strom von Menschen zu dem kleinen Haus am Meer kam, das von Kokospalmen umringt war und in dem ein Weiser lebte, der zu niemandem ein Wort sprach, sowie ein langhaariger Mann, der ziemlich fertig, aber trotzdem völlig zufrieden mit sich und seinem Leben schien.

Rudra hörte schlurfende Schritte, und Chavan betrat das Zimmer. Rudra hatte ein Tuch um den Kopf geschlungen und nickte dem Mann in mittlerem Alter zu. Nach einem weiteren kurzen Gebet wartete Rudra darauf, dass er ganz von Babas Energie durchdrungen würde. Es war ein warmes, unbeschreibliches Gefühl, und er verharrte so lange im Schweigen, bis er die Energie in sich genau spüren konnte.

Denke daran, das Gesetz der Natur funktioniert nach einer einfachen Methode: Freigesetzte Energie muss von irgendjemandem absorbiert werden. Irgendjemand muss die Rechnung zahlen. Ob nun ein bestimmter Mensch oder aber der Meister die Rechnung begleicht, ist für das Gesetz von Karma und Natur nicht von besonderem Belang.

„Ihre Gefühle von Traurigkeit und Frustration haben Sie selbst geschaffen. Wenn Sie tief in sich hineinschauen, werden Sie erkennen können, dass Sie der Schöpfer Ihrer eigenen Sorgen sind. Sie besitzen alles, haben aber an nichts Freude. Sie sind die ganze

Zeit von Menschen umgeben, fühlen sich aber schrecklich einsam. Sie werden krank und haben Schmerzen am ganzen Körper, obwohl medizinisch gesehen alles mit Ihnen in Ordnung ist. Sie wollen Ihr Geschäft vergrößern und sind kurz davor, Ihr Produktionsprogramm zu erweitern. Das ist keine gute Idee. Sie könnten damit zwar viel Geld verdienen, aber Geld haben Sie ja ohnehin schon in Hülle und Fülle. Noch mehr Geld anzuhäufen, ist bloß eine Ziffer in einer Statistik. Noch eine Million mehr, noch zehn mehr. Es ist überhaupt nichts falsch daran, mehr Geld verdienen zu wollen, aber wenn dieses Mehr an Geld Ihnen kein Glück bringt, sondern im Gegenteil nur mehr Verwirrung und Krankheit stiftet, dann ist es von Übel. Also halte ich nichts davon, dass Sie expandieren. Jetzt können Sie alles fragen, was Sie auf dem Herzen haben."

„Mein Hauptproblem ist meine Familie. Sie haben einfach keine Beziehung zu mir. Mein Sohn interessiert sich nicht für meine Arbeit. Meine Frau scheint weit weg von mir, und ich habe keinen, mit dem ich reden kann."

„Kommunikation ist keine Einbahnstraße, Sohn. Wann haben Sie sich das letzte Mal mit Ihrer Familie wirklich zusammengesetzt und miteinander Spaß gehabt? Ihr Telefon hört doch nie auf zu klingeln. Ihre Stimmung ist abhängig von Ihrer Bilanz und Ihrem Arbeitsplan. Sie wollen nur dann Zeit mit Ihrer Familie verbringen, wenn Ihre Stimmung und Arbeit dies auch zulassen. Sie erwarten von allen, zu Hause zu sein, wenn Sie selbst da sind, aber Ihr Zeitplan ist so unberechenbar, dass Sie ja selbst noch nicht einmal genau wissen, ob und wann Sie zu Hause sein werden. Ihr Sohn braucht einen Vater und einen Freund. Er hat aber jemanden, der ihn nur beurteilt, ihm Ziele vorgibt und ihn mit anderen Kindern seines Alters vergleicht."

„Ich will nur das Beste für ihn …"

„Falsch. Sie wollen, was Sie für das Beste für ihn halten. Haben Sie eine Ahnung, was er gerne tun möchte, was seine Träume sind oder wo seine Talente liegen?"

„Ich … na ja … Ich möchte, dass er bei mir einsteigt."

„Wissen Sie, was er gerne tun möchte, was seine Träume sind und worin seine Bestimmung liegt?"

Chavan nickte. Er hatte mittlerweile angefangen, ernsthaft in Frage zu stellen, ob es wirklich so eine gute Idee gewesen war, überhaupt her zu kommen.

„Ihr Sohn möchte Ingenieur werden. Genau wie Sie früher, nur konnten Sie diesen Beruf nicht wählen, weil Ihre Familie Druck auf Sie ausübte. Ihr Sohn möchte ins Ausland gehen, studieren und sein Schicksal selbst in die Hand nehmen. Sie konnten das damals nicht, also nehme ich an, dass Sie jetzt Ihre Kinder ebenso davon abhalten wollen, ihr Schicksal selbst zu gestalten …"

„Sie hören nicht auf mich …"

„Weil Sie ihnen fremd geworden sind und weil Sie ihnen nicht zuhören. Ihre Tochter ist dreizehn und entfernt sich langsam von Ihnen, und das ist allein Ihre Schuld. Nachdem Ihre Frau die ganze Zeit mit ansehen musste, wie Sie mit Ihren Kindern umgehen, hat sie langsam begonnen, sich vor Ihnen zu verschließen. Sohn, Sie sind hierher gekommen, weil Sie die Wahrheit wissen wollten. Sie sind nicht hier, um das zu hören, was Sie hören wollen. Sie werden der Wahrheit zuhören oder gehen …"

„Nein, nein. Sie haben ja Recht. Ich weiß nicht, was ich tun soll."

Plötzlich überkam Rudra eine Woge der Zärtlichkeit. Er konnte spüren, wie sein Blick und Tonfall weicher wurden. Sanfter.

Der karmische Buchhändler kann dazu veranlasst werden, die Rechnungsadresse zu verändern, aber verschickt und bezahlt muss die Rechnung werden. Irgendjemand muss die Rechnung begleichen. Das Karma muss abgetragen werden.

„Ich möchte, dass Sie mir sagen, was für Sie das Wichtigste im Leben ist. Schließen Sie Ihre Augen, denken Sie nach und sagen Sie mir dann, wo Ihre wirkliche Priorität liegt. Vergessen Sie alles andere, stellen Sie nur fest, was für Sie das absolut Wichtigste ist, und teilen sie mir dann mit, was Sie dafür tun, um dies in Ihrem Leben auch Wirklichkeit werden zu lassen. Aber seien Sie ehrlich zu sich selbst. Wenn Geld Priorität für Sie hat, dann müssen Sie sich keinesfalls dafür schämen. Dann sollten Sie sich nur vergewissern, ob Sie auch Ihr Bestes geben, um dieses Ziel zu erreichen. Gehen Sie ganz ehrlich mit sich selbst um. Schließen Sie jetzt Ihre Augen und finden Sie heraus, was es ist."

Rudra kannte die Antwort. Auch er schloss seine Augen und versuchte herauszufinden, wo seine Priorität lag und ob er nicht nur genug, sondern – verflixt noch mal! – selbst sein Bestes gab, um sein Lebensziel zu erreichen. Nach einer Weile konnte er hören, wie Chavan sich auf seinem Stuhl bewegte. Rudra öffnete die Augen und musste mit einiger Bestürzung feststellen, dass Chavans Augen voller Tränen standen. Der reiche Industriemagnat, nach dessen Pfeife mindestens hundert Leute tanzten, saß jetzt vor Shirdi Sai Babas Bild, einer brennenden Öllampe und einem unrasierten Mann in Jeans mit einem Tuch um den Kopf, und war sich seiner selbst nicht mehr sicher. Vor den Enthüllungen seiner eigenen Seele war er klein und demütig geworden.

„Was ist das Wichtigste in Ihrem Leben?"

„Meine Familie."

„Sind Sie sich da ganz sicher?“

„Ja.“

„Ich will damit sagen, sind Sie auch völlig davon überzeugt, dass Ihre Familie absolute Priorität für Sie hat?“

„Ja! Ich habe gerade gemerkt, dass ohne sie nichts für mich wirklich eine Bedeutung hat. Meine Familie bedeutet die Welt für mich, und ein Leben ohne sie wäre rein gar nichts wert.“

„Ich glaube Ihnen. Ihre Familie hat Priorität für Sie. Jetzt sagen Sie mir: Was tun Sie denn für diese Priorität in Ihrem Leben? Geben Sie Ihr Bestes für Ihre Familie? Tun Sie alles Menschenmögliche, um ihre Lebensqualität zu verbessern? Wenn Sie morgen sterben müssten, würden Sie in Frieden gehen können, weil Sie wüssten, dass Sie tatsächlich Ihr Bestes gegeben haben? Wenn Ihre Antwort „Ja“ sein sollte, werden Sie Ihren Körper in Frieden hinter sich lassen können. Wenn Ihre Antwort jedoch „Nein“ sein sollte, dann werden Sie – sogar in der Geisteswelt – ein Kreuz tragen und voller Schuld und Ärger sich selbst gegenüber erfüllt sein, was weder für eine spirituelle Reise noch sonst irgendein Wachstum von Vorteil ist. Diese Gefühle werden Sie nach Ihrem Tod sowie in allen weiteren Erdenleben mit sich herumschleppen müssen. Ein Gefühl von Traurigkeit, das Sie nicht genau an etwas Bestimmtem festmachen können, wird Ihre Seele mit einer Leere erfüllen, die Sie schier zu überwältigen drohen wird. Sohn, wenn Ihre Familie das Wichtigste in Ihrem Leben ist, dann arbeiten Sie daran, Ihr auch Ihr Bestes zu geben. Das Wohl Ihrer Familie wird Ihre Priorität. Das körperliche, geistige und emotionale Wohlergehen all Ihrer Familienmitglieder wird Ihre Priorität. Sicherzustellen, dass sie wachsen und gedeihen können und ihr Potenzial als menschliche Wesen in ihrem Leben und Beruf voll ausschöpfen, wird Ihre Priorität. Was für einen Sinn macht es, Ihr Geschäft auf Kosten Ihrer Familie, Ihrer wirklichen Priorität, zu erweitern? Es ist wichtig, bei einem Wettlauf mitzurennen, aber es ist dumm, weiter zu rennen, nachdem man die Ziellinie schon längst überquert hat. Geben Sie sich vor, wo Ihre Ziellinie liegt, und versuchen Sie, sie zu überqueren, aber behalten Sie Ihre wahre Priorität im Auge und arbeiten Sie ohne Unterlass an ihr.

Der Guru kommt an erster Stelle, noch vor Gott. Gott hat die Gesetze erschaffen und ist deshalb Selbst an diese Gesetze gebunden. Und bedenke: Gott ist gerecht. Gott kann Sich nicht milde und nachsichtig gegen einige und schonungslos gegen andere erweisen – solange der Guru Ihn nicht darum bittet. Wenn es der Wunsch des Gurus ist, Karma zu ändern oder zu übertragen, stimmt Gott zu. Der Guru ist wie eine Mutter, voller Barmherzigkeit, und Sein Herz schlägt und blutet für Seine Schüler. So kann der Meister die Gesetze für den Frieden und die Glückseligkeit Seiner Schüler beeinflussen, aber dafür muss Er einen Preis bezahlen, der so qualvoll ist, dass niemand ihn gänzlich verstehen oder nachvollziehen kann.

Ihre wahre Priorität ist das, was für Sie, Ihre Seele und Ihren Seelenfrieden das Wichtigste im Leben darstellt. Für Sie bedeutet das Ihre Familie. Für jemand anderen mag es Kunst oder Geld darstellen. Die Frage, die sich jeder stellen muss, ist, ob man auch auf seine wahre Priorität hinarbeitet? Gibt man tausend Prozent dafür? Steht die wahre Priorität an erster Stelle? Wenn man ehrlich auf diese Fragen mit „Ja“ antworten kann, dann ist alles in bester Ordnung! Man sollte nie das Ergebnis seiner Bemühungen darüber entscheiden lassen, ob man seiner

Priorität auch nur ein Stück näher gekommen ist. Es könnte zum Beispiel die Priorität eines Familienmitglieds sein, seine Familie glücklich zu machen, aber nur Traurigkeit und Hass scheint ihm aus den Augen der anderen entgegen. Das mag bedauerlich sein, aber solange dieses Familienmitglied sein Bestes dazu tut, die anderen glücklich und zufrieden zu stellen und auf diese Priorität hinarbeitet, ist dies das Einzige, worauf es ankommt. Für jemand anderen mag Kunst das Wichtigste im Leben bedeuten, ohne allerdings irgendeinen Erfolg auf diesem Gebiet verzeichnen zu können. Sollte diese Person trotzdem tausend Prozent ihrer Bemühungen in die Kunst investieren, ist allein diese Anstrengung von Bedeutung. Man muss nur ganz ehrlich sich selbst gegenüber sein, was denn die wahre Priorität darstellt – und dann auf sie hinarbeiten. Jemand mag Familie und Arbeit als Priorität haben. Dann sollte er auf beide Lebensziele hinarbeiten und nicht eins für das andere opfern. Er sollte eine Situation schaffen, in der es möglich ist, beiden Hauptzielen gerecht zu werden. Ausgesprochen schwierig, aber machbar. Jeder sollte auf seine Hauptziele hinarbeiten und sein Leben in den Dienst seiner ureigenen Priorität stellen."

„Wie konnte ich nur so dumm sein, dies nicht zu merken? Ich meine, wieso bin ich nicht selbst darauf gekommen? Ich hätte meiner Familie und mir so viel Leid ersparen können. Sie hatten Recht. Ich habe es geschafft, ein Fremder in meiner eigenen Familie zu werden, erwarte aber von ihnen, sich mir gegenüber so zu verhalten, wie es in einer Familie üblich ist. Erst muss ich selbst wieder wirklich zu ihnen gehören, bevor das geschehen kann. Gott möge Sie segnen. Wirklich, das meine ich ernst. Gott möge Sie segnen. Wie kann ich Ihnen danken? Sagen Sie es mir! Was kann ich für Sie tun?"

„Ich bin es nicht, den Sie meinen. Es ist Shirdi Sai Baba. Ich bin nichts. Ich bin nur seine Asche. Baba sagt, Sie sollen einen fixen Prozentsatz Ihres Einkommens den Armen spenden. Zwei oder fünf Prozent Ihres Nettoeinkommens als Spende an Bedürftige. Sie könnten eine kleine Stiftung gründen, um Kindern zu ermöglichen, eine bessere Erziehung und medizinische Versorgung zu erhalten. Helfen Sie einfach Ihren Mitmenschen. Das ist der beste Weg, wie Sie Gott dafür danken können, was Er alles für Sie und Ihre Familie getan hat. Als kleine Gegenleistung für all das, womit Gott Sie und Ihre Familie beschenkt hat, helfen Sie denen, die Hilfe benötigen. Zeigen Sie Ihre Dankbarkeit gegenüber Gott, indem Sie Bedürftigen helfen. Geben Sie einfach, geben Sie und geben Sie und helfen Sie denen in Not."

„Kommen Sie herein."

Eine dreiköpfige Familie trat ein. Das Ehepaar war Mitte vierzig, jugendlich aussehend, reich und gepflegt. Sie hatten offenbar die ganze Welt bereist und überall eingekauft. Ihre Tochter sah sehr gut aus und warf Rudra einen amüsierten Blick zu. Die meisten Leute waren erstaunt oder sogar bestürzt, wenn sie Rudra das erste Mal zu Gesicht bekamen und feststellen mussten, dass er das Medium war. Er sah nicht wie ein typisches Medium aus. Die meisten Leute erwarteten, einen alten Mann mit einem langen Bart und weißem Haar zu sehen. Stattdessen erblickten sie einen jüngeren Mann in Jeans und mit langem Haar. Sie erwarteten einen Weisen vorzufinden und mussten stattdessen mit einem Hippie vorlieb nehmen.

Lasse meinen ganzen Körper, Geist, Seele, Aura, Schwingungen und Kanäle, jeden Tropfen Blut, meine DNS, alle meine Zellen und mein ganzes Wesen von Deinem Schutz und Deiner Führung, Deiner Stärke und Würde, Deinen spirituellen und heilenden Energien erfüllt werden. Vergib mir, führe, leite und beschütze mich und habe Erbarmen mit mir.

Rudra schaltete von der Außenwelt ab und betete um Führung und Schutz. Er war hundemüde. Er hatte schon sieben Sitzungen hinter sich und konnte nun deutlich spüren, wie sein Körper protestierte.

„Auf einmal läuft Ihr Leben nicht mehr glatt."

„Das stimmt. Bis zum letzten Jahr klappte alles wirklich prächtig, aber seit acht Monaten haben wir ein Problem nach dem anderen."

„Sie hatten der Göttin, die Sie verehren, versprochen, – wenn Sie einige Sachen für Sie in Ordnung bringen würde, eine Pilgerfahrt zu Ihr zu unternehmen, auf die Sie Ihre ganze Familie mitnehmen wollten."

„Nein. Solche Gelübde lege ich nicht ab, an so etwas glaube ich nicht."

Rudra schloss die Augen und betete zu Baba. Er erhielt dieselbe Antwort und konnte einen flüchtigen Blick auf juristische Dokumente und eine tickende Uhr erhaschen.

„Ich sehe juristische Dokumente und eine tickende Uhr. Sagt Ihnen das etwas?"

Die Frau schnappte vernehmlich nach Luft, und der Mann setzte sich kerzengerade hin. Zum ersten Mal blickte die Tochter interessiert drein.

„Wenn Sie alle von gewissen gerichtlichen Ermittlungen verschont blieben, die Ihren guten Ruf als Geschäftsmann zerstört hätten, würden Sie eine Pilgerfahrt nach Vaishno Devi machen sowie sich den Kopf rasieren. Das hatten Sie der Göttin versprochen."

„Mein Gott! Mein Gott! Mein Gott! Ja, ja, ja. Wie konnte ich das nur vergessen?"

„Ich glaube, dass die Göttin sogar versuchte, Sie an Ihr Versprechen zu erinnern, denn Sie fingen an, Haare zu verlieren. Tatsächlich haben Sie seit anderthalb Jahren einen beträchtlichen Haarausfall hinnehmen müssen."

„Oh, ist das der Grund für meinen Haarausfall? Verdammt!"

„Rajesh, sei nicht so ordinär."

„Tut mir leid, tut mir leid. Sie haben ja so verdammt... ich meine, so verflixt recht. Ich hatte Ihr versprochen, dass wir alle zu Ihr reisen und uns vor Ihr verneigen würden, falls unser Name in einer bestimmten gerichtlichen Untersuchung nicht fallen würde. Ich wollte meinen Kopf rasieren und erst danach wieder nach Hause zurückkehren. Dieses Versprechen muss ich vor ein paar Jahren gegeben haben. Wollen Sie mir ernsthaft weismachen, dass alle Probleme, die ich seither in meinem Beruf habe, nur daher gekommen sind, dass ich mein Gelübde vergessen habe?"

„Ja."

„Das ist nicht fair ..."

„Reden Sie nicht von Fairness. Gerade Sie sind doch gnadenlos zu säumigen Schuldnern! Wieder und wieder haben Sie kein Erbarmen mit denen gehabt, die Ihnen Geld schuldeten! Seien Sie dankbar, dass die Göttin nicht mit derselben Härte gegen Sie vorgegangen ist, wie Sie sie normalerweise denen gegenüber zeigen, die Ihren Verpflichtungen nicht nachkommen konnten oder Ihr Wort nicht gehalten haben."

Eine peinliche Pause trat ein. Rudra war von seinem Ton und den Worten, die förmlich aus ihm herausgebrochen waren, verblüfft. Er hatte nicht grob sein wollen, aber er hatte sich in etwa so diplomatisch wie ein Wirbelsturm der Kategorie Fünf auf der Richterskala verhalten. Vor Wut und Verlegenheit war das Gesicht des Mannes rot angelaufen, aber aus irgendeinem Grund schien seine Frau sich prächtig zu amüsieren. Sie grinste über ihr ganzes Gesicht.

Bitte benutze mich als Medium, um Dein Kind hier zu heilen. Lass nur Deine Energie und Gnade durch mich fließen, um Dein Kind hier zu heilen. Bitte heile den Körper, Geist und die Seele dieses Kindes, heile seine Aura, Schwingungen und Kanäle, heile jeden Tropfen Blut, alle Zellen und die ganze DNS dieses Kindes hier. Sollte aber irgendein Grund bestehen, dass dieses Kind durch die Krankheit und die Erfahrung der Krankheit gehen muss, dann verleihe diesem Kind bitte Weisheit, Stärke, Liebe und Mitgefühl, um durch die Krankheit mit Würde, positiver Hingabe und einer zufriedenen und lebensbejahenden Grundeinstellung zu gehen.

„Sie müssen meinem Mann verzeihen. Er ist es nicht gewöhnt, dass jemand ihm gegenüber frank und frei seine Meinung äußert, denn er legt größten Wert darauf, sich mit so vielen Ja-Sagern und Schleimern wie irgend möglich zu umgeben. Wir werden diese Pilgerfahrt so bald wie nur möglich machen, bitte versichern Sie Baba dies. Ich möchte Sie fragen ..."

„Sie meinen, Sie möchten Baba fragen ..."

„Ja. Tut mir leid. Ich möchte Baba fragen, ob wir unsere Tochter in die USA schicken können …“

„Erst nachdem sie neunzehn geworden ist. Sie ist sehr unfallgefährdet, und es könnte ihr ein schwerer Unfall zustoßen. Dieses Land ist gut für sie.“

„Ja, sie ist unfallgefährdet. Tatsächlich hat sie erst letzte Woche ihre nagelneue Honda zu Schrott gefahren …“

„Es war nicht meine Schuld …“

„Baba weiß, dass es nicht deine Schuld war. Er hat dich letztes Jahr auch aus einem anderen Unfall gerettet …“

„Oh, ja. Da hätte ich sterben können.“

„Du wirst bald achtzehn …“

„Nächsten Monat …“

„Das bedeutet, du musst noch ein Jahr warten. Es ist besser, du tust das.“

Das junge Mädchen blickte auf Rudra. Dann drehte sie sich zu ihren Eltern um.

„Okay, dann warte ich halt, bis ich neunzehn bin.“

Ihrer Mutter blieb fast der Mund offen stehen, und ihr Vater starrte sie aus weit aufgerissenen Augen ungläubig an. Offensichtlich hatte das Mädchen einen stark ausgeprägten eigenen Willen und zögerte nicht, dem auch klar und deutlich Ausdruck zu verleihen. Sie musste eine wahre Plage sein, wenn sie sich etwas in den Kopf gesetzt hatte.

„Sie sollte sich auf Design konzentrieren. Darin ist sie gut. Entweder Design oder Jura.“

„Sie wollen, dass ich Betriebswirtin werde. Das ist ihre Bedingung, dass ich ins Ausland gehen darf. Ich möchte aber Goldschmiedin werden und Schmuck entwerfen.“

„Lassen Sie sie Schmuck entwerfen. Das ist etwas, mit dem sie sich einen Namen machen und auch glücklich werden wird. Außerdem schlage ich vor, dass Sie sofort nach Vaishno Devi aufbrechen ..."

„Sie hat uns von diesem Goldschmiedekurs erzählt. Aber wir sind uns nicht sicher."

„Sie sollten sie Schmuck entwerfen lassen. Das wird ihr gut tun. Sogar nach ihrer Heirat wird sie diesem Talent weiter nachgehen. Sie wird heiraten, wenn sie siebenundzwanzig ist ..."

„Siebenundzwanzig! Das ist viel zu spät ..."

„Es wird das Beste sein, wenn Sie bis zu diesem Zeitpunkt warten. Sonst wird sie nur einige turbulente Jahre verheiratet sein. Jedenfalls sollten Sie Ihre Reise nach Vaishno Devi planen ..."

„Wir können aber erst nächsten Monat fahren, weil wir diesen Freitag nach Frankreich fliegen. Können wir die Pilgerreise bis nach unserer Rückkehr verschieben?"

„In Ordnung, aber gehen Sie wenigstens zu dem Tempel der Göttin, den Ihre Familie schon seit Jahren besucht, und versichern Sie der Göttin, dass Sie nach Ihrer Rückkehr nach Vaishno Devi fahren werden. Außerdem sollten Sie, bevor Sie nach Frankreich aufbrechen, arme Leute speisen ..."

„Können wir einem Altersheim Geld spenden? Sie akzeptieren Getreide und kochen für die alten Leute, die dort wohnen. Wir könnten ihnen auch genug Getreide geben, dass sie damit einen Monat oder so auskommen."

„Das ist in Ordnung. Sonst noch etwas?"

„Bitte sagen Sie Baba, dass Er auf unsere Tochter aufpassen soll. Sie ist wirklich unfallgefährdet."

Rudra fühlte sich von Baba dazu veranlasst, das Gefäß, in dem sich die Asche unzähliger abgebrannter Räucherstäbchen angesammelt hatte, vom Boden aufzuheben. Er nahm etwas Asche heraus und, nachdem er ein kurzes Gebet gesprochen hatte, reichte er sie dem jungen Mädchen.

„Tue diese Asche in ein kleines rotes Tuch und bewahre es in deiner Handtasche auf. Gib darauf Acht, dass du es immer bei dir trägst, wenn du das Haus verlässt. Wirst du das tun?"

„Klar."

„Behalte es bis zu deinem neunzehnten Geburtstag. Danach kannst du es ins Meer werfen oder, wenn du willst, auch weiterhin bei dir tragen."

Das Mädchen lächelte und machte *Namaste*. Ihre Mutter berührte Rudras Füße. Der Mann nickte und verließ das Zimmer.

Nachdem Rudra allein war, schaute er noch länger in die Flamme. Er sagte sein Gebet zur Reinigung und zum Schutz, dankte Baba und entfernte das Tuch von seinem Kopf. Er war erschöpft und musste unbedingt eine rauchen!

Mehr als eine Stunde lag er auf dem Sofa auf der Terrasse und starrte auf das Meer hinaus. Einer der Hunde, den Rudra Blondie getauft hatte, kam zu ihm, blickte eine Weile voller Liebe zu ihm auf, seufzte und legte sich dann neben das Sofa. Mann und Hund schauten beide auf das Meer hinaus. Einer dachte über die Menschen nach. Der andere genoss die Schönheit der Natur.

Rudra graute vor dem, was ihm bevorstand. Nur zu gern hätte er die Wahrheit verdrängen wollen, wusste aber schon Bescheid, was geschehen war. Seth saß in der Nähe der jungen Frau, die in den vergangenen neun Wochen erheblich gealtert schien. Sie starrte geradewegs nach vorne, direkt in Shirdi Sai Babas Augen.

Rudra atmete tief ein und wartete darauf, dass die Energie ihn durchströmen und seinen Körper, Geist sowie seine Seele dazu benutzen würde, um Babas Worte und Energie zu übermitteln.

Seth war am Vorabend zu ihm gekommen und hatte ihn davon unterrichtet, dass Jeevan, Seths Cousin, vor einer Woche verstorben sei. Jeevans Auto war ins Schleudern geraten und mit einem Bus zusammengestoßen. Jeevan war auf der Stelle tot gewesen. Andere Verletzte hatte es nicht gegeben. Alle Zeugen hatten sich einhellig entsetzt und betroffen darüber gezeigt, wie unvorhersehbar und eigentümlich der Unfall abgelaufen war, der insgesamt nur vierzehn Sekunden gedauert hatte. Kurz vor Ablauf dieser wenigen Sekunden hatte Jeevan seinen Körper schon verlassen. Rudra bedauerte die Sinnlosigkeit, die sich für ihn in diesem Vorgang offenbarte, die Absurdität der Existenz und die grausame, distanziert losgelöste Art, in der das Schicksal seine Aufgaben erledigte. So viel Liebe, Energie, Herzweh, Planung, Opfer, schlaflose Nächte, zärtliche Pflege und fortdauernde Sorge um das Wohlergehen eines Kindes waren für viele, viele Jahre nötig gewesen, um zu gewährleisten, dass dieses Kind zu einem glücklichen, gesunden und anständigen Menschen heranwuchs. Und dann wurde all dies in nur vierzehn Sekunden ausgelöscht. Es war nicht die Schuld der Eltern, der Familie, des geliebten Partners – aus irgendeinem Grund, den keiner nachvollziehen konnte, kam das Auto ins Schleudern und krachte in einen entgegenkommenden Bus. Wieso durften vierzehn Sekunden eine größere Tragweite als über zwanzig Jahre an selbstloser Liebe haben? All die Jahre voller Aufopferung und Zuwendung, Liebe und Tränen, Herzweh und reiner, unverfälschter Freude vermochten es nicht, diese elenden vierzehn Sekunden auszulöschen und den Zusammenstoß zu vermeiden! Wie so oft machte die Schöpfung keinen großen Sinn. Schön und gut, Rudra war es schon klar, dass es irgendwo in den Büchern des Schicksals einen absolut plausiblen Grund gab, der diese vierzehn Sekunden vollends rechtfertigte. Aber war das etwa ein besonderer Trost? Nicht wirklich, denn schließlich waren diese Bücher in so einer Sprache verfasst worden, dass nur ihr Autor sie wirklich lesen und verstehen konnte. Tatsache war doch wohl, dass das *Schicksal* echt stank und ein einziger Schlamassel zu sein schien. Genau wie *Leben* und *Liebe* – man sollte einfach einen streitbaren Debattier-Club eröffnen, in dem auch ruhig ausgiebig geflucht werden dürfte. Man braucht schon ein großes Maß an Liebe, Mitgefühl und einen nahezu überirdischen Sinn von Humor, Weisheit und Mut, um durch das Leben mit Würde und ohne Bitterkeit zu gehen, den Willen und die Wünsche des Meisters bereitwillig anzunehmen und Gott zu danken – und dies auch wirklich von Herzen so zu meinen.

Wenn du Hilfe willst, dann gib der Vorsehung einen Grund, dir zu helfen. Der beste Grund ist, das Universum davon zu überzeugen, dass du dich um die Bedürftigen, Kranken, Hungrigen und Vernachlässigten kümmern wirst.

Rudra blickte auf Sonal. Sie sah immer noch eher kindlich aus. Älter als zwanzig konnte sie kaum sein. Das Leben hatte sie mit Säure übergossen, und das Schicksal hatte versucht, die Wunde mit einem in Salzwasser getauchten Tuch zu verbinden.

„Es war ihm eigentlich bestimmt gewesen, den Unfall zu überleben." Rudra konnte spüren, wie Babas Präsenz in ihm pulsierte. Durch die Schwingung Seiner Energie in ihm konnte Rudra sich mit der ganzen Schöpfung verbinden. Es war ein besonderes Gefühl. Es war im wahrsten Sinne des Wortes wie ein Rausch und gleichzeitig noch wesentlich überwältigender.

„Jeevan sollte noch weitere fünfzig Jahre leben. Laut seinem Horoskop sollte er erst im Alter von achtundsiebzig Jahren sterben. Was in seinem Horoskop allerdings nicht erwähnt wird, ist, dass er diese fünfzig Jahre gelähmt ans Bett gefesselt sein und an noch weiteren Krankheiten leiden sollte, die sich aus dem Unfall ergeben und durch die Lähmung noch weiter verschlimmert werden sollten. Jeevan war sich dessen bewusst. Vier Tage vor dem Unfall wusste er davon. Davon hat er Ihnen erzählt."

Die junge Frau, deren Augen in einem Meer von Tränen und Schmerzen zu versinken schienen, nickte zustimmend. Sie wollte etwas sagen, konnte aber kein Wort über die Lippen bringen. Ihre Kehle war wie zugeschnürt. Unentwegt flossen ihr Tränen die Wangen herunter. Ihre Atmung kam stoßweise. Ohne sich dessen bewusst zu sein, fuhr sie ständig fort, den Kopf zu schütteln und in tiefen Zügen würgend einzuatmen und noch krampfartiger wieder auszuatmen. Die arme junge Frau war sichtlich verstört und am Ende.

„Jeevans Guru, Swami Akalkoth Maharaj, erschien ihm im Traum, und zwar am vierzigsten Tag, nachdem er zwei Stunden täglich gebetet hatte, Öllampen den ganzen Tag über brennen ließ und wesentlich mehr an wohltätigen Spenden gegeben hatte, als von ihm verlangt worden war. Wir hatten ihm gesagt, er solle fünf Prozent seines Einkommens für wohltätige Zwecke spenden. Er gab zehn Prozent. Er hat fünfundzwanzig Waisen in Kaschmir adoptiert, und seine Stiftung wird sich in Zusammenarbeit mit einer Stiftung in Kaschmir um alles kümmern, was die Kinder bis zum Abschluss einer höheren Schulausbildung benötigen – um Unterkunft, Verpflegung, Kleidung, Medizin und sämtliche Gebühren und anfallende Kosten während der Schulzeit. Die Segenswünsche, die Jeevan von den Kindern und ihren Familienmitgliedern, den lebenden wie denen in der Geisteswelt, erhalten hat, waren eine überaus große Hilfe bei der Umwandlung seines Schicksals. Um den Rest hat sich Jeevans Guru, Swami Akalkoth Maharaj, selbst gekümmert. Er hat Jeevan an einen Ort gebracht, der voller Zärtlichkeit, Mitgefühl und Liebe ist und die Möglichkeit in sich birgt, spirituell zu wachsen und all denen zu helfen, die sich auf der Erde wie auf anderen Ebenen befinden. Jeevan hat Ihnen alles hinterlassen, was er je verdient oder erspart hat. Dieses Geld hat er in gewissen festverzinslichen Wertpapieren angelegt, die es Ihnen und Ihrer Familie ermöglichen werden, bis ans Ende Ihres Lebens Ihr Auskommen zu haben. Wir werden Ihnen gestatten, eine Weile zu trauern, aber Sie müssen verstehen, dass Sie aus einem bestimmten Grund hierher gekommen sind. Der Zweck Ihres weiteren Lebens wird es sein, sich um kranke und leidende Kinder zu kümmern, die an den Folgen von Unfällen und Lähmungen leiden. Während Sie sich um diese Kinder kümmern, kümmern Sie sich auch gleichzeitig um das Wachsen und Gedeihen Ihrer Liebe. Durch *Seva*, Dienst an anderen, werden Sie sich Jeevan näher und näher fühlen. Wenn man denen dient, die in Not sind, dient man Gott. Für Sie sind Gott und Ihre Liebe ein und dasselbe. Wenn sie den Leidenden und Behinderten helfen, dienen Sie Ihrer Liebe und ehren diese Liebe. Wir haben für Ihre lebenslange finanzielle Sicherheit gesorgt. Jeevan hat dies für Sie in die Wege geleitet. Jetzt sollten Sie sich auch um Jeevan kümmern. Sehen Sie ihn in all denen, die verletzt sind und leiden, und zeigen Sie Ihre Liebe Jeevan gegenüber, indem Sie all denen Ihre Liebe entgegenbringen, die Hilfe, Pflege und Unterstützung benötigen."

Erwarte nicht, dass dir eine besondere Bedeutung zukommt oder eine Sonderbehandlung zusteht, nur weil du dein Leben im Dienst an der Menschheit verbringst. Außer dir selbst tust du damit niemandem einen Gefallen, weil du auf diese Weise an deinem Karma und gleichzeitig an deiner evolutionären Weiterentwicklung arbeitest.

„Jeevan ist bei Ihnen. Wenn Sie es nicht schaffen, Ihre Emotionen in den Griff zu bekommen, wird er gezwungen sein, diese Emotionen nicht nur mitzuerleben, sondern hundertmal mehr als Sie zu trauern, weil Ihr Kummer ihn herunterziehen und Ihre Schwingungen ihn überfluten werden. Wenn Sie allerdings Ihren Schmerz und Ihre Trauer einsetzen, um denen zu dienen, die in Not sind, wird Jeevan immer bei Ihnen sein. Dann wird auch er fähig sein, spirituell zu wachsen, und auf diese Weise kann auch er den Leidenden zu Hilfe kommen – und zwar durch Sie. Aber damit das geschehen kann, müssen Sie offen sein, und Sie können nur dann offen sein, wenn Sie nicht von Ärger, Bitterkeit, Hass und einer verzweifelten, düsteren Stimmung beherrscht werden. Trauer und Schmerz sind natürliche Bestandteile eines Heilungsprozesses. Aber man sollte diese Emotionen ohne Bitterkeit und Ärger durchleben. Keiner erwartet, Sie schon bald wieder glücklich und vergnügt durchs Leben springen zu sehen. Trauer ist völlig in Ordnung. Sie sind auf dem richtigen Weg, solange Sie nur nicht mit Ärger und Hass und dem Gefühl, ein Opfer zu sein, trauern. Es gibt keine Opfer. Es gibt keine Opfer oder Täter. Lassen sie Ihr ganzes Wesen von Gott und selbstloser Liebe durchdrungen werden, und Sie werden zum Abbild Gottes. Lassen sie Ihr ganzes Wesen noch mehr von Gott erfüllt werden, und nach einer Weile werden Sie mit Gott verschmelzen. Lassen Sie Ihr ganzes Wesen noch mehr von Gott, dem Schöpfer, durchdringen, und es wird eine Zeit kommen, in der auch Sie Gott sein werden. Es wird keinen Unterschied zwischen Ihnen und dem Schöpfer mehr geben. Wie die Wellen im Ozean, so werden auch Sie der Ozean sein. Dienen Sie nur auf die Art und Weise, in der Sie am besten dienen können. Wir haben Jeevan hierher gebeten, damit er den Prozess von *Seva* initiieren konnte. Nun können Sie den Prozess, den er in Gang gesetzt hat, fortführen. Stehen Sie in Wahrheit zu sich selbst und zu Ihrer Liebe. Ihr geliebter Mann hätte es nicht anders gewollt. Wenn Sie im Frieden mit sich sind, ist er es auch. Sie können Trauer empfinden und trotzdem von innerem Frieden getragen werden. Sie können glücklich sein und trotzdem Konflikte haben. Kämpfen Sie nicht gegen die Trauer an, aber schieben Sie genauso wenig das Gefühl von Frieden beiseite, dass sich dann entfaltet, wenn Sie mit Ihrem Schöpfer sind und denen helfen, die in Not sind."

Sie schaute auf Babas Bild und dann auf Rudra.

„Ich kann nicht atmen. Ich kann ohne ihn nicht leben. Ich möchte sterben und zu ihm gehen. Ich möchte sterben. Ich glaube, ich werde mich umbringen ..."

Fast immer müssen diejenigen, die der Meister wirklich liebt, durch größere Leiden und Ängste als andere gehen. Die, die der Meister als Sein Eigen ansieht und von ihrem karmischen Gepäck erlösen oder deren karmische Bilanz Er ausgleichen und bei Sich auf der Geistebene halten will, sind gleichzeitig jene, welche die größten Prüfungen und Hindernisse zu bewältigen haben.

„Mein liebes Kind, wenn Sie sich umbringen, stellt das keineswegs eine Garantie dafür dar, Jeevan wiederzubegegnen. Im Gegenteil, wenn es überhaupt etwas gewährleistet, dann dass Sie ihm gerade nicht wieder begegnen, in Ewigkeit nicht. Bedenken Sie, wenn jemand sich umbringt, durchlebt dessen Seele ihr eigenes Trauma. Der Grund, aus dem ein Mensch Selbstmord begeht, folgt ihm auch in die Geisteswelt. Nehmen wir einmal an, jemand bringt sich in einem Anfall von Ärger um. Nur weil diese Person ihren physischen Körper verlassen hat, bedeutet dies noch lange nicht, dass sie keine Emotionen mehr hat. Also wird sie auch nach ihrem Tod ein überwältigendes Gefühl von Wut und Ärger verspüren. Der Geist hört nicht auf zu existieren. Denkprozesse hören nach dem Tod nicht auf; Emotionen schlagen weiter um sich und kreieren ihre eigenen Aktionen und Reaktionen. Von allen herrschenden Mythen ist es wohl der größte Irrtum, anzunehmen, dass der Tod das Ende allen Leidens bedeute. Es entspricht durchaus der Wahrheit, dass der Tod alle Leiden, die mit dem Körper zusammenhängen, beendet. Natürlich werden nach dem Tod einer krebskranken Person all die Schmerzen und Qualen, unter denen sie jahrelang zu leiden hatte, beendet sein. Falls diese Person aber zu ihren Lebzeiten voller Wut und Ärger darüber war, dass sie von solch einer tödlichen Krankheit befallen war, wird sie nach dem Tod zwar von ihren körperlichen Schmerzen erlöst, aber weiterhin von geistiger, emotionaler und spiritueller Angst, von Ärger und Negativität begleitet werden. Diese Person wird eine beträchtliche Anstrengung unternehmen müssen, um all diese Negativität loszulassen. Sollte sie dies nicht tun, wird die Seele erdgebunden bleiben. Sie vermag dann weder auf Erden noch in der Geisteswelt Frieden zu finden. Das bedeutet eine ausgesprochen unangenehme

Situation für jeden, der sich in einer solchen Lage wiederfindet; und solange Ärger und Negativität nicht in Liebe und Mitgefühl umgewandelt worden sind, muss die Seele im Limbo bleiben. Mit *Limbo* bezeichnen Wir einen Zustand von Stagnation und Verwesung, ein Zustand, in dem Zerfall und Chaos herrschen. Es ist eher ein Geisteszustand als eine spirituelle Ebene. Mit diesen Ausführungen versuche ich Ihnen deutlich zu machen, dass Selbstmord keine Lösung ist. Wenn Sie jetzt davon überzeugt sind, zu leiden und sich absolut elend zu fühlen, haben Sie keine Ahnung davon, wie elend Sie sich erst fühlen werden, nachdem Ihre Seele durch Selbstmord gezwungen wurde, Ihren Körper zu verlassen. Mein Kind, fahren Sie einfach damit fort, den Namen Ihres Gurus zu rezitieren. Ja, ich weiß, dass ich Ihr Guru bin. Ihre Familie ist schon oft nach Shirdi gekommen und hat sich vor meinen Füßen verneigt. Bewahren Sie mich in Ihrem Geist, Ihren Gedanken, Ihrem Herzen und Ihrer Seele – allezeit. Je mehr Sie an mich denken, desto mehr werde ich in Ihnen wohnen. Je mehr Sie sich bemühen, zu mir zu gelangen, desto näher werde ich Ihnen kommen. Wenn Sie einen Schritt auf mich zugehen, werde ich eine Meile auf Sie zugehen. Ich bin immer mit denen, die an mich denken und meinen Namen ständig rezitieren, egal ob sie nun glücklich oder traurig sind. Ich bin immer bei Ihnen, mein Kind, Shirdi Sai Baba ist immer mit Ihnen, also machen Sie sich nie irgendwelche Sorgen. Kämpfen Sie nicht gegen die Trauer an. Mit ihr werden Sie Ihr ganzes Leben teilen müssen. Der Schmerz wird manchmal stärker und manchmal schwächer sein, aber ein anhaltender Schmerz wird fortan Ihr ständiger Wegbegleiter sein. Doch all das macht gar nichts. Gehen Sie nur immer weiter voran, gehen Sie den Weg, auf dem Sie sich selbst verwirklichen, Ihren Guru lieben und allen Lebewesen dienen können."

Danach erklärte Baba – durch Rudra – die Feuer-Meditation und gab der jungen Frau auch ein Gebet, das ihren Körper, ihren Geist und ihre Seele schützen sollte. Bevor sie ging, umarmte sie Rudra, wie ein Kind seinen Vater umarmen mochte. Rudra kam sich tausend Jahre alt vor.

Alle Antworten befinden sich in jedem einzelnen Menschen. Alles, was der Mensch tun muss, ist, still zu werden und nach innen zu gehen. Konzentriere dich auf deinen Atem und beginne langsam damit, die Reise zurück in deine wahre Heimat anzutreten. Dafür braucht man kein Medium, keinen Ashram, keine Bücher, keinen Pseudomeister, nur den Glauben daran, dass sich dein wahrer Meister in deinem Inneren befindet und sehnsüchtig darauf wartet, dich zurück nach Hause zu führen.

Eine Stunde später wurde Rudra krank. Fieber, Depression, Unruhe und ein schwerer körperlicher Kollaps setzten ihn die folgenden drei Tage völlig außer Gefecht. In diesen Tagen war Rudra allein. Er lag drinnen auf seiner Matratze oder schlief zusammengesunken auf dem Sofa auf der Terrasse, schaute aufs Meer und den Himmel und stand nur auf, um seine drei Hunde zu füttern. Sie schienen übereingekommen zu sein, dass entweder alle drei oder zumindest einer von ihnen immer in Rudras Nähe bleiben sollte, solange er krank war. Als Rudra am vierten Tag aufwachte, fühlte er sich viel besser und sah, wie die drei Hunde ausgelassen am Strand umhertollten. Blondie bemerkte ihn und gab von weitem ein frohes Kläffen von sich.

Rudra seufzte und traute es sich zum ersten Mal seit Tagen wieder zu, vorsichtig ein paar Gehversuche auf dem Strand zu unternehmen. Es war noch früh am Morgen und relativ frisch, während er langsam auf das Rudel seiner Freunde zuging. Mit unverhohlener Freude rannten sie ihm entgegen, als ob sie endlich – nach Jahren und Jahren unermesslich langer Trennung – ihren Freund wieder einmal begrüßen dürften.

Rudra machte sich Gedanken über das Leben nach dem Tod. Er sollte einen Mann treffen, der vor kurzem seinen Sohn bei einem Eisenbahnunfall verloren hatte. Der Mann lebte in der Stadt, hatte aber einen Freund, Deshmukh, der ein Lebensmittelgeschäft in Rudras Nähe hatte. Rudra hatte dem Lebensmittelhändler versprochen, den Vater, der um seinen Sohn trauerte, diese Woche zu sehen. Deshmukh hatte sich sehr bei Rudra dafür eingesetzt, dass er seinen Freund Wadhwani so bald wie möglich treffe, da er zusehends schwächer werde und den Boden unter den Füßen verliere. Er habe alle geschäftlichen Aktivitäten aufgegeben. Seine Frau mache sich große Sorgen um seine Gesundheit, die von Tag zu Tag schlechter werde.

„Er will mit seinem Sohn sprechen, Rudra Saab, also bitte helfen Sie ihm."

„Ich weiß nicht, ob das gehen wird. Ich habe so etwas noch nie gemacht, Kontakt mit verstorbenen Seelen aufgenommen …"

„Ich habe schon viel über Sie gehört, Saab. Ich weiß, dass Sie ihm helfen können. Er ist schon zu mehreren Medien gegangen, schien aber nie so richtig davon überzeugt zu sein, auch wirklich mit seinem Sohn gesprochen zu haben. Irgendetwas sagt mir, dass Sie meinem Freund helfen können. Er ist wirklich am Boden zerstört. Sein Sohn bedeutete ihm alles."

Egal, was Rudra auch vorbrachte, Deshmukh blieb bei seiner Überzeugung. So stimmte Rudra am Ende zu, den Vater zu sehen, allerdings erst nachdem die sanfte Stimme in seinem Inneren ihre Einwilligung gegeben hatte.

„Baba, wo bist du? Alter Mann, ich vermisse dich."

Den ganzen Tag lang brachte Rudra es fertig, sparsam mit seinen Kräften umzugehen. Noch nie in seinem Leben hatte er sich so schwach gefühlt. Die Sitzungen forderten einen beträchtlichen Tribut von seiner Gesundheit. Sein Körper tat überall weh, und er musste einen ständigen Kampf ausfechten, um seinen Energiehaushalt nicht ins Bodenlose absinken zu lassen. Baba hatte ihm oft gesagt, dass „Lichtarbeit" zwar überall Licht verbreite, das Medium selbst aber oft mit einer dunklen Wolke überziehe, die sich aus Krankheit und mentaler Erschöpfung speise. Rudra fragte sich, wie der Alte Mann dies alles bloß schaffte. Er war sich bewusst, dass der Alte Mann krank, schwach und von Schmerzen befallen wurde, deren Ursachen nicht genau festzumachen, dafür aber von anhaltender Dauer und großer Stärke waren.

Von Baba hatte er nichts mehr gehört oder gesehen. Drei Wochen waren schon vergangen, seit der Alte Mann wieder einmal verschwunden war, um irgendeinen armen Tropf zu retten – ‘so einen wie mich’, dachte Rudra bei sich. Er hatte wieder angefangen, geistig zu arbeiten. Obwohl er viel schwächer als früher war, hatte er gelernt, wie er mit seinen schwindenden Kräften haushalten konnte. Er hielt Pausen zwischen den einzelnen Sitzungen ein und erholte sich in den Zwischenzeiten, indem er las oder Comedians im Fernsehen anschaute, die ihn zum Lachen brachten. Er vermied es, an seine Kinder oder die Einzelschicksale, die über ihn zu Baba gelangten, zu denken.

Er war regelrecht geschockt gewesen, als er das erste Mal die Briefumschläge öffnete, die die Besucher am Altar für sein Wirken hinterließen. Darin war genug Geld enthalten, um die Miete für drei Monate zu bezahlen. Wenn das so weiter ging, konnten Rudra und Baba bis zum März nächsten Jahres in ihrem schönen Heim wohnen bleiben. Noch war es September. In den September fiel der Geburtstag seiner Tochter. Aus diesem Grund bestellte Rudra keine Zeitungen und hatte die Monate September und November aus dem Kalender gerissen. Im November war der Geburtstag seines Sohnes. Zwei Monate, die ihm ursprünglich alles auf der Welt bedeutet hatten, vor denen ihm aber nun graute. Viele Jahre lang hatte er die Tage vor den Geburtstagen seiner Kinder voller Vorfreude durchlebt. Jetzt verfiel er regelmäßig in eine Friedhofsdepression. Deshalb hatte er einen Plan ausgeheckt: Er würde überhaupt kein Datum während dieser zwei Monate zur Kenntnis nehmen. Dann wüsste er auch nicht, auf welchen Tag die Geburtstage seiner Kinder fielen, und so würde sich sein Schmerz wenigstens in Grenzen halten. Jedoch nur in erträglicheren Grenzen, denn aufgehoben werden konnte er nie. Es war schon eigenartig, wie Schmerz nie verschwand, solange er in wahrer und selbstloser Liebe wurzelte. Stattdessen vertiefte er sich und wurde zum ständigen Begleiter. Fraß sich in das ganze Wesen ein. Aber Rudra war sich absolut sicher, dass sie, nachdem sie die Erde verlassen hätten, alle wieder in der Geisteswelt vereint und in alle Ewigkeit zusammen sein würden. Die Wahrheit würde ans Licht kommen – und er wäre frei. Diese Überzeugung und der Gedanke, dass sie für immer beieinander sein und spirituell miteinander wachsen könnten, spendeten ihm einigen Trost.

Trotzdem fragte Rudra sich, ob seine Kinder ihn an ihren Geburtstagen vermissten. Dachten sie überhaupt an ihn oder hatten sie die Erinnerungen an ihren Vater zu guter Letzt unter den Bergen von Schmutz und Dreck, die auf ihn geworfen worden waren, begraben? Hatten sie irgendwann angefangen, all den sogenannten Fakten Glauben zu schenken, die zweifelsfrei beweisen sollten, dass er nicht ihr liebender Vater, sondern ein wahrer Wolf im Schafspelz gewesen sei? Elf Jahre lang war er ihnen Vater und Mutter gewesen. Er hatte ihnen seine Seele geschenkt. Würde die Liebe, die er ihnen gegeben hatte, ausreichen, um all den Hass und das Gift, die über ihm ausgeschüttet worden waren, beiseite zu räumen? Er hatte von ähnlich gelagerten Fällen gehört, in denen die Kinder all die ehemals so reichlich gegebene Liebe vergaßen und Opfer der Gehirnwäsche wurden, der sie unterzogen worden waren.

Rudra kaute an seiner Zigarre und nahm einen tiefen Zug. Es war spät nachts. Er war in seinem Zimmer. Nur die goldfarbenen Flammen und die glimmende Spitze seiner Zigarre spielten mit der Dunkelheit. Draußen schien kein Mond, und es war ganz dunkel. Nur das Raunen der Wellen war zu hören. Er erinnerte sich daran, wie seine Kinder jedes Mal erröteten, wenn er ihnen verdeutlichen wollte, was Dunkelheit sei. Er pflegte zu sagen: „Dunkelheit? Sie ist genau so dunkel wie der Arsch einer sonnenverbrannten Krähe." Daraufhin erröteten und kicherten sie immer. Er vermisste sie.

Er konnte seine vierbeinigen Freunde auf der Terrasse hören. Wenn sie nicht wären, würde er sich wirklich einsam fühlen. Er drückte die Zigarre aus und schonte seinen wunden Rücken.

Heute war er meilenweit gewandert. Es war ein bewölkter Tag gewesen, und deshalb konnte er bis spät in die Nacht am Strand entlang laufen. Er vermisste Baba unsäglich. Es war ja schön und gut zu wissen, dass Baba immer bei ihm war, aber er sehnte sich danach, mit Ihm von Angesicht zu Angesicht zu reden, Ihn zu bedienen, Seine Füße zu massieren, Seinen weisen Reden zu lauschen und wieder Babas Witze über seine kulinarischen Fähigkeiten bzw. seinen grässlichen Mangel daran zu hören. Er vermisste die Aura und Energie des Alten Mannes. Rudra schloss seine Augen und sprach ein Gebet. Er bat den Alten Mann, ihm Seine Energie zu schicken und den Herzschmerz und die Depression, die anfingen, sich in jeder seiner Zellen auszubreiten, wegzunehmen. Nach ein paar Augenblicken seufzte Rudra auf. Er konnte Babas Energie und Präsenz deutlich wahrnehmen. Er wusste, dass der Alte Mann da war. Rudra lächelte, und war sich sicher, dass Baba sein Lächeln erwiderte.

Alle Antworten auf alle deine Fragen befinden sich in deinem Inneren. Nicht im Äußeren. Vergiss Auras, Chakras, paranormale Begebenheiten, New Age, Pyramiden, Tarot, Channeling und all die anderen schicken Begriffe, die zurzeit „in" sind, und verbinde dich mit dem Grundlegendsten überhaupt – mit dem Nichts, denn genau darin wirst du den Schöpfer entdecken. Er hat alles aus dem Nichts erschaffen, und deshalb musst auch du zum Nichts zurückgehen, um wieder zu Ihm zu finden. Das hat Er schlau eingefädelt, unser Guter Alter Schöpfer.

Am nächsten Morgen setzte sich Rudra auf seinen Platz vor dem Altar. Er hatte ein Tuch um den Kopf geschlungen und versenkte sich tief in Gebete und Meditation. Es war ihm klar, welch entscheidende Bedeutung die innere Einstimmung in der anstehenden Sitzung für den trauernden Vater haben würde. Er war sich nicht sicher, ob er mit seinem toten Sohn Kontakt aufnehmen könne, aber er wollte sein Bestes versuchen. Das, und nicht weniger, würde der Alte Mann von ihm erwartet haben.

„Sohn, die Himmel richten ihr Augenmerk hauptsächlich auf Absichten und Anstrengungen. Erfolg ist meist sehr eng mit Karma verflochten. Die größten Anstrengungen können nicht von Erfolg begleitet sein, wenn Erfolg in dem karmischen Bauplan für ein Leben nicht bereits vorgezeichnet worden ist. Also gib dein Bestes im Leben, und sei dann im Frieden mit der Anstrengung, die du erbracht hast. Kümmere dich nicht um die Ergebnisse deiner Anstrengung."

Also richtete Rudra all seine Aufmerksamkeit und Energie darauf, seinen Teil dazu beizutragen, um die Trauer, welche die Seele des Vaters überwältigt hatte, zu lindern. Er konnte hören, wie Blondie draußen auf der Terrasse scharrte. Rudra schloss die Augen und bat Baba, ihn mit Seiner Energie und Präsenz zu erfüllen, so dass nur Seine Führung und Worte durch ihn fließen und die Person, die um Schutz und Hilfe ersuchte, leiten und heilen möge. Rudra hatte darauf bestanden, dass Deshmukh ebenfalls anwesend sein sollte, auch wenn er nur draußen sitzen, den majestätischen Ausblick auf das Meer genießen und seinen vierbeinigen Freunden Gesellschaft leisten sollte. Rudra erwartete, einen alten Mann zu sehen, aber Wadhwani mit seinem dunklen Haar und seiner weizenfarbenen, wohlgepflegten Haut konnte nicht viel älter als siebenundvierzig Jahre sein. Als Rudra in seine Augen blickte, konnte er im gleichen Moment Wadhwanis verschiedene Gemütszustände wahrnehmen und an sich selbst erfahren. Neben Depression, Qual, Hilflosigkeit und Frustration spürte Rudra auch die tiefer gelegenen Selbstvorwürfe, die in ihrer Stärke und Intensität alle anderen Emotionen weit in den Schatten stellten. Rudra hatte keine Kontrolle über die Übertragung dieser Emotionen von dem älteren Mann auf ihn. Auf ähnliche Weise werden Emotionen wie Traurigkeit, Ärger, Hilflosigkeit und besonders stark ausgeprägte Negativität unbewusst von denen, die zur Beratung kommen, auf das Medium übertragen. Meist passiert dann Folgendes: Während die meisten Menschen, die kommen, leichteren Herzens und mit einem Gefühl von Befreiung und Optimismus wieder gehen, lassen sie hingegen das Medium oft geschwächt und verstört zurück. Aber damit muss man rechnen, worauf auch Baba Rudra mehr als einmal hingewiesen hatte: „Wenn du schwimmen willst, musst du auch in Kauf nehmen, nass zu werden."

Erinnere dich auch daran, was Avatar Meher Baba oft zu sagen pflegte: „Gott ist die reine Gnade, aber der Weg zu Gott ist gnadenlos" Mein Sohn, kehre zurück zu Einfachheit und Reinheit, und verschmelze auf diesem Weg mit Gott. Vergiss auch nie, dass jeder Mensch durch Meditation und Gebet nicht nur sein noch ausstehendes Karma abträgt, sondern auch einen Schutzschild aufbaut – entweder werden Gebete kommendes Unheil abwenden oder sie werden dem Menschen Stärke und Weisheit, Liebe und Mitgefühl verleihen, mit deren Hilfe er allen weiteren Ereignissen in seinem Leben mit Würde, Humor und positiver Hingabe begegnen kann.

Rudra atmete tief ein, nickte zur Begrüßung und bedeutete dem Mann, sich zu setzen. Dann schloss er seine Augen und wartete darauf, dass Shirdi Sai Babas Energie in ihn eintreten und durch ihn fließen möge. Im Laufe der Sitzungen hatte er gelernt, dass seine Aussagen als Medium wesentlich klarer und genauer wurden, je mehr Raum Babas Energie in ihm einnehmen konnte. Besonders wenn er müde wurde, hatte Rudra manches Mal feststellen können, dass, obwohl die Botschaft durchkam, er entweder ihre zugrunde liegende Bedeutung oder den genauen Wortlaut nicht erfassen konnte. Wenn die Energie ihn jedoch stark erfüllte, konnte er tatsächlich die Vergangenheit, Gegenwart und Zukunft der jeweiligen Person fast greifbar nahe vor sich sehen, ebenso wie die Antwort zu jeder angesprochenen spirituellen, emotionalen oder mentalen Frage lesen – wie in einem offenen Buch.

„Baba sagt, dass Ihr Sohn bei Ihm ist. Baba sagt, dass Ihr Sohn durch eine große Anzahl widersprüchlicher Emotionen zu gehen hat, vor allem durch Ungläubigkeit und Hilflosigkeit. Ihre Trauer und Ihre starke Depression machen es Ihrem Sohn unglaublich schwer, sich spirituell weiterzuentwickeln."

„Was soll das bedeuten? Ich verstehe nicht, was Sie sagen."

„Sohn, wenn die Seele den physischen Körper verlässt, muss sie bestimmte Entscheidungen treffen. Eine der wichtigsten Entscheidungen, welche die Seele treffen muss, ist die, ob sie weiter mit ihrer spirituellen Reise fortfahren oder erdgebunden bleiben will. Viele Male weigert sich der Tote einzusehen, dass er tatsächlich tot ist. Der Verstorbene nimmt auch weiterhin an, dass alles, was er erlebt, ein Traum oder Albtraum ist, aus dem er bald wieder aufwachen wird, wonach das Leben wie gehabt weitergeht. Der Tote leugnet entweder die Wahrheit oder kann gar nicht, da er niemals an die Möglichkeit irgendeiner Form von Leben nach dem Tod geglaubt hat, wahrnehmen oder anerkennen, dass er wirklich tot und es an der Zeit ist, weiterzugehen. Deshalb hält sich die Seele in der Nähe ihres toten Körpers, ihrer Lieben oder worauf sie sonst im Leben versessen gewesen sein mochte, auf. Oft geschieht es sogar, dass Leute, die sehr hedonistisch veranlagt und regelrecht von sinnlichen Freuden besessen waren, auch nach ihrem Tod alles daransetzen, ihre Gelüste mittels anderer Menschen auszuleben – und so kann es zu Fällen von Besetzung kommen, in denen Exorzismus nötig wird. Viele Menschen, die zeit ihres Lebens von der materiellen Welt in ihren Bann geschlagen wurden, sich regelrecht von ihr beherrschen ließen und keine Zeit für Gebete, Meditation und spirituelles Wachstum übrig hatten, können zu erdgebundenen Geistern werden. Allerdings geschieht es manchmal, dass auch eine reife Seele sich weiterhin bei ihren Lieben aufhält, besonders wenn sie feststellen muss, dass ihre Lieben in Gefahr sind, von Trauer und Schmerz zugrunde gerichtet zu werden. Lassen Sie mich Ihnen eine einfache Frage stellen: Wenn Sie wüssten, dass die Person, die Sie am meisten auf der Welt lieben, unglücklich ist und von Depression und Schmerz schier erdrückt wird, würden Sie nicht alles stehen und liegen lassen und von einem Teil der Erde zum anderen reisen, nur um mit dem geliebten Menschen zusammen sein zu können?"

„Ja."

„Genau wie ein geliebter Verstorbener, der merkt, dass die, die er zurückgelassen hat, von Trauer übermannt und zerstört werden. Auch seine Seele weigert sich, weiter zu reisen und bleibt stattdessen bei den geliebten Menschen. Stellen Sie sich nun die Frustration und Hilflosigkeit dieser Seele vor, die alles sehen, hören und fühlen, aber selbst nicht gesehen, gehört oder gefühlt werden kann. Diese Seele möchte nichts lieber tun, als ihren Lieben zu versichern, dass sie noch um sie ist, aber das vermag sie nicht. Stattdessen muss sie die ganze Zeit miterleben, wie verzweifelt und verstört ihre Lieben sind. Können Sie sich die Pein dieser Seele vorstellen? Glauben Sie wirklich, dass die Seele in so einem Fall mit ihrer spirituellen Reise fortfahren will? Es gibt etwas, das freier Willen genannt wird, besonders wenn die Seele einen gewissen spirituellen Reifegrad erlangt hat. Wenn die Seele ihren freien Willen dazu einsetzt, sich weiter in der Nähe ihrer Lieben aufzuhalten, dann kann dies viele Jahre lang andauern. Wissen Sie, was für eine Art von Existenz das ist? Schlimmer als die Hölle. Durch den Verlust Ihres Sohnes fühlen Sie sich so, als ob Ihre eigene Existenz ausgelöscht sei. Das verstehen Wir durchaus. Aber haben Sie eine Idee davon, was diese Art von Trauer Ihrem Sohn antut? Jeden einzelnen Augenblick zerstört Ihre Trauer ihn mehr und mehr, und das Schlimmste ist, dass er all den Schmerz mit ansehen und miterleben, aber absolut nichts dagegen tun kann. Können Sie ermessen, wie hilflos er sich vorkommen muss? Dieses Gefühl der Hilflosigkeit wird schließlich zu Frustration und Ärger führen, und nach einer Weile werden diese Emotionen seine Seele wie mit einem Krebsgeschwür belasten."

Möchte man sein Karma und seine Karma-Schulden abtragen sowie sich selbst und seine Familie schützen, besteht der leichteste Weg darin, zu beten, zu meditieren und all das, was der Meister für einen vorgesehen hat, in einer positiven Weise zu akzeptieren.

„Ich kann nichts dagegen tun. Ich kann einfach nicht."

„Niemand verlangt von Ihnen, nicht mehr zu trauern. Trauern kann auch einen Heilungsprozess bedeuten. Aber Sie trauern nicht nur, Sie sind selbst zum Anlass für Trauer geworden: Für Ihren Sohn und für Ihre Familienmitglieder, die noch am Leben sind. Ihr Sohn existiert auf der körperlichen Ebene nicht mehr, aber er lebt weiter und wird immer auf der Geistesebene existieren. Sie werden ihn wiedertreffen. Sie treffen ihn schon, wenn Sie schlafen. Im Schlaf treten Ihr höheres spirituelles Wesen und er in Verbindung. Wenn Sie wach sind, können Sie sich nicht daran erinnern und können noch nicht einmal seine Anwesenheit wahrnehmen, weil Ihre Aura von Depression, Trauer, Ärger und Schuld verdunkelt wird. Wenn Sie die Gegenwart Ihres Sohnes wirklich spüren wollen, dann lassen Sie alle diese dunklen Emotionen los und überlassen Sie alles Gott. Beten Sie für Ihren Sohn, reden Sie mit ihm, seien Sie im Frieden – und Sie werden anfangen, seine Gegenwart zu spüren. Dann kann er sich spirituell weiterentwickeln, aber trotzdem immer zu Ihnen kommen, wenn Sie an ihn denken oder ihn rufen. Es ist so, als ob Sie den Telefonhörer aufnehmen und wählen würden. Er wird immer auf Ihren Ruf reagieren, aber nun weigern Sie sich ja sogar, ihn auch nur aus dem Zimmer gehen zu lassen. Haben sie eine Vorstellung, was das für seine Entwicklung bedeutet?"

„Ich möchte mit meinem Sohn sprechen."

Rudra schloss seine Augen und bat Baba, einen trauernden Vater auf irgendeine Weise mit seinem toten Sohn Kontakt aufnehmen zu lassen.

„In Ordnung, aber nur kurz. Fragen Sie."

„Beta, bist du okay? Mein Kind, ist alles mit dir in Ordnung?"

Rudra konnte einen Wechsel der Energie wahrnehmen. Er konnte es nicht genau beschreiben, aber er fühlte, wie sich eine andere Energie in ihm ausbreitete.

„Ich kann nicht okay sein, Papi, wenn ich dich den ganzen Tag lang weinen sehe. Wie kann es mir gut gehen, wenn ich miterleben muss, wie Mami sich ängstigt und langsam aus Sorge um dich stirbt? Das kann ich nicht."

„Beta, was ist mit dir passiert? Wie bist du aus dem Zug gefallen?"

„Ich hab dir doch gesagt, Papi, dass ich sehr müde war. Ich hab dir gesagt, lass uns nicht mit dem Zug fahren." Dann kamen keine weiteren Worte mehr durch, aber in Rudras Augen bildeten sich Tränen. Es kam ihm so vor, als ob er erstickte, und er fing beinahe an zu würgen. Rudra wartete und wartete. Dann fühlte er wieder Babas Energie in sich. „Er kann nicht mehr durchkommen. Dieses Treffen war zu viel für ihn. Er braucht jetzt Ruhe."

Rudra öffnete die Augen und sah, wie der Vater still vor sich hin weinte. Tränen flossen ihm die Wangen herunter und Rudra, der sich eh schon ausgelaugt und deprimiert gefühlt hatte, spürte, wie eine unsäglich tiefe Trauer sich wie eine dunkle Wolke um sein Herz legte. Lange Zeit sprach der Vater kein Wort. Er saß nur da, mit offenen Augen, aus denen Ströme von Tränen rannen, und starrte auf ein Originalfoto von Shirdi Sai Baba, das Anfang des zwanzigsten Jahrhunderts aufgenommen worden war.

„Das war mein Sohn. Er hat durch Sie gesprochen. Ja, das war er. Ich bin schon bei einigen Medien gewesen, aber erst heute bin ich wirklich davon überzeugt, dass ich tatsächlich mit meinem Sohn gesprochen habe."

„Warum?"

„Weil seine letzten Worte, ungefähr fünfzehn Minuten bevor er aus dem Zug fiel, waren: „Ich bin so müde, Papi, lass uns doch ein Taxi nehmen." Das waren die letzten Worte meines Sohnes, die er an mich richtete, bevor er starb, und er wiederholte sie jetzt noch einmal. Bitte, ich möchte noch einmal mit ihm sprechen. Bitte!"

Rudra nickte und schloss seine Augen. Aber es war umsonst. Er konnte fühlen, dass der Junge nicht mehr anwesend war. Er betete, dass Baba durchkommen möge.

„Was auch immer Sie über Ihren Sohn wissen möchten, können Sie mich fragen, und ich werde Ihnen antworten. Wenn Sie wirklich Ihrem Sohn helfen und seine Seele Frieden finden lassen wollen, dann fangen Sie selbst damit an, in Frieden zu leben. Wenn Sie beginnen, Ihr Leben wieder aufzunehmen und es in Frieden zu leben, dann – vertrauen Sie mir – tun Sie damit Ihrem Sohn den größtmöglichen Gefallen, den Sie ihm überhaupt erweisen können. Wenn Sie ihn wirklich lieben, unternehmen Sie die Anstrengung, wieder mit dem Leben anzufangen. Ich sage Ihnen nicht, dass Sie Ihren Sohn vergessen sollen. Ich sage Ihnen nicht, dass Sie hingehen und am laufenden Band Partys feiern sollen. Ich sage Ihnen auch nicht, dass Sie so tun sollen, als ob Sie glücklich und zufrieden seien. Alles, was ich Ihnen sage, ist, dass sie den Versuch machen sollten, ihr Leben mit so viel Ehrerbietung und Würde wie menschenmöglich weiterzuführen. Bestimmt werden Sie niemals imstande sein, Ihren Sohn zu vergessen. Natürlich werden Sie sich immer nach ihm sehnen. Auch wird es Zeiten geben, da werden Ströme von Tränen einfach aus Ihren Augen herausbrechen und Ihr Herz wird sich anfühlen, als ob es jeden Moment zerspringen müsste. Das ist nur menschlich, und etwas anderes kann man nicht erwarten. Aber wenn Sie sich daran erinnern, dass Ihr geliebter Sohn immer noch anwesend ist, Sie hören kann und Sie sich mit ihm treffen können, und zwar nicht erst, wenn Sie selbst Ihren physischen Körper hinter sich lassen werden, sondern schon vorher, wenn Sie ruhig schlafen, dann wird Ihr Schmerz erträglicher werden. Reservieren Sie sich jeden Tag eine bestimmte Zeit, vielleicht zehn Minuten, in der Sie Ihren Sohn rufen und mit ihm reden. Er wird Ihnen nicht antworten, aber er wird Sie hören. Beten Sie für Ihren geliebten Sohn, denn Gebete tragen eine besondere Kraft in sich, die es vermag, Seelen dabei zu helfen, spirituell zu wachsen. Gebete beseitigen all den Ärger, die Frustration und Hilflosigkeit, die die Seele verspürt und unter denen sie leidet. Gebete verhelfen der Seele dazu, zu wachsen, sich evolutionär weiterzuentwickeln und ihre spirituelle Reise fortzusetzen – aber das bedeutet noch lange nicht, dass die Seele ihre Lieben auf der Erde nicht mehr treffen kann. Alles, was dazu nötig ist, ist ein reiner Gedanke, und die Seele wird bei Ihnen sein. Wenn Sie allerdings darauf bestehen, nichts anderes zu tun, als in Trauer zu versinken, dann fesseln Sie Ihr geliebtes Kind mit Ihrem Schmerz. Tun Sie das nicht! Es ist die Hölle, nein, es ist sogar noch viel schlimmer als die Hölle. Die Hölle ist nichts weiter als ein Gemütszustand. Warum sollten Sie wollen, dass Ihr geliebtes Kind diese Zustände voller Ärger, Trauer und Hilflosigkeit erleidet?“

„Ich möchte wissen, wie viel Zeit verging, nachdem der Zug sich in Bewegung setzte, bis mein Sohn aus dem Zug fiel.“

„Mein Sohn, möchten Sie mein Kind hier, das als mein Medium dient, und auch mich testen?“

„Nein …“

„Doch, das wollen Sie. Ihr Sohn fiel aus dem Zug, noch bevor der Zug den Bahnhof verlassen hatte, exakt neun und eine halbe Sekunde nach Abfahrt des Zuges. Ihr Sohn starb, bevor er auf die Gleise aufschlug. Er starb an einem Herzanfall. Ihr

Sohn fiel herunter, nachdem ein Stein sein linkes Auge getroffen hatte. Der Schock und der heftige Aufprall des Steins verursachten einen Herzanfall, an dem er starb, noch bevor sein Kopf auf die Gleise schlug. Lesen Sie den Autopsiebericht, was Sie bisher nicht gemacht haben. Sein linkes Auge ist von innen her geplatzt. Er hatte Ihnen gesagt, dass er müde sei, aber Sie dachten, es sei das Beste für ihn, mit dem Zug zu fahren, da Sie fürchteten, sie würden im Straßenverkehr aufgehalten werden. Es war eine durchaus berechtigte Befürchtung, und Sie haben sich absolut nichts vorzuwerfen. Die Zeit seines Todes war gekommen. Für den Tod Ihres Sohnes sind Sie nicht verantwortlich. Sogar, wenn Sie ihn in ein Taxi oder ein Flugzeug gesetzt oder ihn nirgendwo hingeschickt hätten, wäre Ihr Sohn dennoch gestorben. Der Tod braucht immer irgendeinen Vorwand, und diesen Vorwand schafft er sich zur gegebenen Zeit selbst.

Völlige Hingabe an den Meister ist der einzige Weg zur Einheit mit Gott, dem Allmächtigen. Gib, so viel du nur kannst, gib alles, was dir nur möglich ist. Ein armer Mensch mag nicht viel Geld geben können, aber er kann sich bemühen, ein anständiger Mensch zu sein und seiner Familie, seinen Freunden und all denen, denen er begegnet, zu helfen. Ein anständiger Mensch zu sein, ist die beste Art von Wohltätigkeit, die es geben kann.

Die Gebete Ihrer Frau und die Wohltätigkeit, die Ihre Familie geleistet hat, hatten zur Folge, dass Ihr Sohn nun auf der Geistesebene Unterstützung findet und hier bei mir ist. Fahren Sie fort, zu beten und wohltätige Arbeit zu leisten. Helfen Sie so vielen älteren Leuten wie möglich, die ihre Kinder verloren haben. Helfen Sie den Waisen und den Alten, die niemanden haben, den sie ihr eigen nennen können oder der sich um ihr Wohlergehen kümmert. Durch Gebete und Wohltätigkeit werden Sie in Wirklichkeit Ihrem Sohn, seiner spirituellen Entwicklung sowie auch Ihrem eigenen spirituellen Wachstum helfen. Vergessen Sie nie, dass Selbstmord nur gewährleistet, dass Sie Ihrem Sohn für eine unermesslich lange Zeit nicht ein einziges Mal wiederbegegnen werden, also verschwenden Sie noch nicht einmal einen einzigen Gedanken an so eine Tat. Wenn Sie sich selbst umbringen, werden Sie zum schlimmsten Feind Ihres Sohnes: Ihr Selbstmord wird ihn dazu bringen, nur noch mehr zu trauern und noch tiefer in die Abgründe von Ärger, Zweifel und Schuld abzugleiten, so dass er in den Tiefen der Geisteswelt versinken wird – und das ist ein Ort, an den Sie noch nicht einmal Ihre schlimmsten Feinde wünschen würden. Also, wenn Sie einen Menschen, der die physische Welt verlassen hat, wirklich aufrichtig lieben, sollten Sie ein Leben voller Würde und Wohltätigkeit führen. Gehen Sie jetzt. Möge Gott mit Ihnen sein."

Eine Stunde schlief Rudra auf dem Bett in seinem abgedunkelten Zimmer, dann starrte er auf die Flamme und Shirdi Sai Babas Foto. Er wusste, wie sich der Mann fühlen musste und konnte seinen Schmerz nachvollziehen, denn auch er hatte die Schmerzen, Sorgen und Schuldgefühle eines Vaters durchlebt.

Drei Stunden später kam Deshmukh mit einem Handy vorbei, denn Wadhwani wollte mit Rudra sprechen. Er hatte den Autopsiebericht gelesen. Alles stimmte: Aufgrund des Aufpralls eines Steins war das linke Auge seines Jungen geplatzt, und er war an einem Herzanfall gestorben. Es traf auch zu, dass er gestorben war, bevor sein Kopf auf den Schienen aufschlug. Nun würde er damit beginnen, wieder sein Leben zu leben und alles daranzusetzen, damit sein Sohn stolz auf ihn sein könne.

Rudra schloss die Augen und dankte Gott, dass Er ihm die Gelegenheit gab, einem trauernden Vater und einem Sohn, der in der Geisteswelt um die Eltern, die er zurückließ, trauerte, Hilfe und Erleichterung gewähren zu können.

Während Rudra schlief, sah er seinen Sohn und seine Tochter. Er konnte beide hören, die tiefe, kehlige Stimme seines Sohnes und das Lachen seiner Tochter. Er konnte ihren Babyduft riechen, ihre Körperwärme und die nasse Spur ihrer schallenden Küsse auf seinen Wangen fühlen. Er konnte hören, wie ihre Herzen rasten, und obwohl er schlief, rannen ihm Tränen aus den Augen bis hinunter auf den Nacken. Er bemerkte die Tränen überhaupt nicht, denn auch im Traum weinte er voll ungläubiger Freude, dass er nun endlich, nach so vielen langen Jahren der Trennung, seine Kinder wieder im Arm halten konnte. Es kam ihm so vor, als ob sein Herz brechen und sich weit öffnen würde, aus lauter Glück und Zufriedenheit, seine Kinder umarmen und an sich drücken zu dürfen. Nur wieder mit ihnen zusammen sein zu dürfen, nach so langer Zeit. Dieselben Kinder, die jeden wachen Moment ihres Lebens mit ihm an ihrer Seite verbracht hatten, und er, der sein Leben nach ihnen ausgerichtet hatte. Sie waren die Achse gewesen, um die sich sein Leben gedreht hatte; und waren es immer noch, um der Wahrheit die Ehre zu geben.

Auf Erden herrscht ein unfehlbares Gesetz: Gratismahlzeiten gibt es nicht. Auf die eine oder andere Weise musst du für alles bezahlen. Rudra lächelte. Gratismahlzeiten spendiert nur der Meister. Nur von einem Guru kannst du erwarten, etwas ohne

Bedingungen und Haken zu bekommen. Der Meister will nichts weiter von dir, als dass du den rechten Weg verfolgst und mit Gott verschmilzt.

In seinem Traum waren seine Kinder erwachsen, aber ihr Wesen war noch dasselbe wie früher. Sein Sohn redete mit ihm und wiederholte mehrmals, dass er Rudra jeden Tag vermisse. Rudra wollte seinem Sohn mitteilen, dass ein Tag zu lang, ja, dass jeder Moment zu lang, zu leer, zu schmerzhaft gewesen war, den er ohne ihn und seine Schwester hatte zubringen müssen. Plötzlich fing sein Sohn an zu weinen und bat ihn, nicht wegzugehen …

Das letzte, an das Rudra sich erinnern konnte, bevor er sich mit einem Ruck aufsetzte, war das Weinen seines Sohnes. Eine Zeit lang saß er nur still da, mit geschlossenen Augen. Die Aura seiner Kinder verschmolz mit seiner, ihr Duft, ihre Wärme, ihre Küsse und Gegenwart füllten seine Wahrnehmung der Realität vollkommen aus, bis auf einmal das Weinen seines Sohnes einen Schauer durch Rudras Körper jagte, der aus den Tiefen seines Unterbewusstseins aufgestiegen sein musste. Der sanfte Schein der Flamme ermöglichte es seinem angespannten Körper, seine Muskeln zu entspannen, und er atmete tief ein und aus, denn er hatte regelrecht mit Atmen aufgehört. Sein Hemdkragen war durchnässt. Ein paar Sekunden später wurde ihm bewusst, dass er im Schlaf Ströme von Tränen vergossen haben musste. Sein Herz schmerzte. Es tat wirklich weh. Wenn jetzt oder einen Moment später sein Herz zerspringen sollte, würde ihn dies nicht im Mindesten in Erstaunen versetzen. Das wäre dann das Ende von Jahren voller Qual, Isolation, Leere und dem immer präsent bleibenden Bedürfnis, seine Kinder zu halten und ihre Nähe zu suchen. Sein Leben fand in einem tiefen, eisigen Abgrund statt, in dem sich auch seine Seele verloren hatte. Rudra spürte, wie seine Augen in Tränen schwammen. Er nahm einen tiefen Atemzug und setzte sich aufrecht hin. Zwar würde er am liebsten weiterschlafen, aber das stand jetzt außer Frage. Er seufzte laut auf. Er gab keinem die Schuld. Auch hegte er keinen Groll gegenüber irgendjemandem. Wenn sein Verbrechen darin bestand, untreu gewesen zu sein, so stand er damit jedenfalls nicht alleine dar. Allerdings hatte er sich nie dazu herabgelassen, seine eigenen Kinder zu manipulieren und Lügen und Verleumdungen zu verbreiten. Sein schlimmster Fehler war falsch verstandenes Mitgefühl und gegenüber der wahren Natur seiner sogenannten Lieben und ihren wirklichen Absichten blind gewesen zu sein. Das Gemüt heranwachsender Kinder mit Hass zu vergiften und ihre kindliche Unschuld so auszunutzen, dass sie zu eigenen Gunsten und zum Gewinn kurzlebiger Aufmerksamkeit eingesetzt werden konnte, lag nicht in seiner Natur. Er konnte mit seinem Kreuz leben. Doch manchmal fragte er sich, ob die, die seine Kinder auf so erschreckende Weise beeinflusst und Schindluder mit ihren zarten Gemütern getrieben hatten, wirklich mit dem Gewicht ihres Kreuzes zu leben vermochten. Es fühlte sich seltsam unnatürlich an, von seinem eigenen Fleisch und Blut verabscheut zu werden. Wie konnten Kinder nur so leicht einer Gehirnwäsche unterzogen und dazu gebracht werden, den eigenen Vater zu hassen? Den Menschen zu hassen, der sie mehr als sein Leben geliebt und ihnen auch seine geistige Gesundheit geopfert hatte.

Wie sehr er sich auch anstrengen mochte, er konnte es nicht verhindern, dass sein Sohn Eintritt in seine Gedanken fand und ein wahres Chaos unter seinen Emotionen anrichtete. Er vermisste sein Kind. Oft stellt er sich die Frage, wie es ein kleines

Kind mit einem Lockenschopf nur fertig brachte, ihn jedweder Gemütsruhe und Gelassenheit zu berauben, seine gesammelte Lebensweisheit und Philosophie ins Wanken und ihn, einen ausgewachsenen Mann, zum Weinen zu bringen. Schließlich war er doch ein Mann, der alle die reichlichen Schläge, die ihm das Leben verabreicht hatte, mit einem Lächeln entgegengenommen hatte – aber dieser kleine Bursche mit Lockenschopf und Grübchen, mit dem feuchtesten Kuss, der kehligsten Stimme und der herzlichsten Umarmung auf Gottes Erdboden zerstörte immer wieder aufs Neue mit spielender Leichtigkeit seine gesamten Verteidigungsmechanismen und ließ ihn an seinem Verstand zweifeln.

Liebe Guru und Gott wie ein Hund seinen Herrn und seine Familie liebt – bedingungslos. Was will ein Hund von seinem Herrn? Nichts außer Liebe und Zusammensein!
Er gehorcht jedem Befehl.

Vermissten seine Kinder ihren Vater? Dachten sie an ihn oder träumten sie manchmal von ihm? Hielten sie noch an der Erinnerung an die vielen guten Zeiten fest, die sie doch unzweifelhaft miteinander erlebt hatten? Erinnerte sich sein Sohn daran, wie sein Vater ihn aufgeweckt, zum Sofa getragen und ihm sein Glas Milch zu trinken gegeben hatte, während er Cartoon Network gucken durfte? Erinnerte er sich an die morgendlichen Bade- und Anziehrituale, an die eilige Fahrradfahrt zum Privatunterricht, das Mittagessen zu Hause, die Autofahrten mit Rudra zur Schule und wieder zurück und an jede Nacht, in der er sich an Rudra festhielt, bis er einschlief? Mein Sohn, erinnerst du dich an einige dieser Erlebnisse oder haben dich der Hass, die unsinnigen Anschuldigungen und Intrigen in ihren dunklen Bann gezogen?

Der Hund wird schlafen, warten, essen, atmen und sein ganzes Leben dergestalt ausrichten, dass er seinem Herrn gefällig und mit ihm zusammen sein kann. Der Hund verlangt nichts weiter als Liebe und Zärtlichkeit. Er stellt keine Bedingungen. In den Augen des Hundes kann sein Herrchen nie etwas Falsches tun. Der Herr mag seinen Hund verprügeln, aber zehn Minuten später wird der Hund wieder mit dem Schwanz wedeln, wenn er sein Herrchen sieht. Das ist wahre Liebe. Wenn es die Menschen vermögen, wie ein Hund zu lieben, dann – so glaube mir – wird das spirituelle Königreich für sie zum Greifen nahe sein. Liebe bedingungslos. Liebe total. Werde zur Liebe.

Rudra war sich darüber im Klaren, dass seine Tochter ihn nicht vermisste. Aus einem für ihn unerfindlichen Grund hatte sie sich gegen ihn gewandt. Den wahren Grund dafür könnte nur Gott erklären. Er wusste nicht mehr genau, wie er es in Erfahrung gebracht hatte, aber von irgendjemandem musste er gehört haben, dass sie ihn zutiefst verabscheute. Rudra atmete tief ein. Wie konnte es sein, dass ein Kind, dem ein Vater sein Bestes gegeben hatte, auf einmal anfing, diesen Vater so zu hassen? Und wenn man schon bei diesem Thema war – Rudra konnte beim besten Willen nicht nachvollziehen, wie überhaupt irgendjemand sein eigen Fleisch und Blut hassen konnte. Wie kann man jemanden hassen, der einem nicht nur reine und selbstlose Liebe geschenkt, sondern auch im Gegenzug dafür rein gar nichts verlangt hat? Rudra seufzte und stand auf. Er zündete sich eine Zigarette an, trat aus dem Haus und wanderte den Strand entlang. Seine drei

Tiere trotteten neben ihm her, Seite an Seite. Es war drei Uhr in der Früh. Sie wunderten sich, dass ihr zweibeiniger Freund so spät in der Nacht noch unterwegs sein wollte und ihm so viel Wasser aus den Augen und über das unrasierte Gesicht lief.

Wenig später setzte Rudra sich in den schwarzen Lieferwagen und, nachdem er sich vergewissert hatte, dass es seine Freunde auf dem Rücksitz auch bequem hatten, fuhr er langsam durch die Landschaft, während der Mond auf ihn hinab schaute und ein trauriger Leonard Cohen Song der Nacht ein Ständchen brachte.

Rudra schlief noch lange weiter, nachdem die Sonne ihre Reise durch die Himmelsbahn schon aufgenommen hatte. Als er aufwachte, war es Mittag. Er stand auf, starrte auf die Flamme, registrierte, dass die Meister Ihren Blick auf ihn gerichtet hatten, und starrte eine Weile auch auf Sie. Dann schüttelte er resigniert den Kopf und ging auf die Terrasse hinaus. Bei allem, was geschah, waren Sie als Beobachter zugegen. Wenn Sie also wollten, dass er lichterloh brennen und in dem Kreuzfeuer von eigener Trauer und den Folgen von falschen Anschuldigungen und schonungsloser Rachsucht verbrennen sollte, so möge Ihr Wille geschehen. Wenn seine Meister, aus was für Gründen auch immer, wollten, dass seine Kinder ihm fern blieben und ihn hassten, so möge Ihr Wille geschehen. Er war zu müde, zu ausgelaugt und nicht länger dazu imstande, wirklich Anteil an der Welt und ihren diversen Verwicklungen zu nehmen, als dass er noch irgendwelche Veränderungen in seinem Leben wünschte. Ihr Wille möge geschehen!

Als ob er Rudras Gemütszustand nachempfinden könnte, war der Himmel von Dunkelheit bedeckt, und es dauerte nur kurze Zeit, bis die Wolken aufbrachen und Ströme von Tränen vergossen. Die Monsunzeit war fast vorbei, und Rudra würde die Regenfälle vermissen. Wieder einmal wollte er seinem momentanen Aufenthaltsort entfliehen. Er wollte wieder auf Tour gehen. Vielleicht weil er niemals lange an einem Ort blieb, war ihm schon oft gesagt worden, dass seine Seele sich in seinen Füßen befände. Die Hunde waren draußen, genüsslich hatten sie sich in dem kleinen Garten ausgestreckt. Als sie ihn sahen, wedelten sie mit den Schwänzen. Rudra blickte zu ihnen herüber, und es gelang ihm, ein Lächeln auf sein Gesicht zu zaubern. Mit Freudensprüngen kamen sie auf ihn zu gerannt. Er streichelte und tätschelte sie alle und ließ sie gewähren, als sie ihm in der ihnen eigenen demonstrativen und überschwänglichen Weise zeigten, wie sehr sie ihn liebten. Er holte Milch und goss sie in drei verschiedene Plastikschüsseln. Dann zerkrümelte er ein paar Plätzchen, gab sie in die Milch und legte auch noch kleine Stücke Brot in die Schüsseln. Da er wusste, dass Blondie, die braune Hündin, ihr Brot lieber trocken als in Milch eingeweicht aß, legte er drei Scheiben Brot auf das Gras neben ihre Schüssel. Alle Schwänze wedelten in verschiedenen Intensitätsgraden, aber alle Hunde warteten geduldig, bis Rudra ihr Frühstück fertig zubereitet hatte. In Amerika hatte Rudra beobachtet, wie Viya die Mahlzeiten für seinen wunderschönen Golden Retriever Spens zubereitete. Viya hatte Spens beigebracht, so lange zu warten, bis die Mahlzeit völlig fertig in ihrer schmucken Hundeschüssel zubereitet war. Erst nachdem er den Befehl: „Komm Spens, iss jetzt", gegeben hatte, näherte sie sich der Schüssel, steckte den Kopf hinein und mampfte schließlich laut und ausgiebig. Das

Ritual blieb sich immer gleich, egal wie hungrig sie auch sein mochte.

Seine drei Hunde, eigentlich alles Mischlinge, deren Rasse und Abstammung letztlich unidentifizierbar blieb, lernten schnell, was ihnen beigebracht wurde. Normalerweise pflegte er so etwas wie „Okay, ihr kleinen Scheißer… jetzt könnt ihr reinhauen" zu sagen. Aber heute blickte er nur kurz auf sie, nickte, entfernte sich ein paar Schritte und setzte sich auf die Stufen der Terrasse. In der Regel stürzten sie auf ihre Schüsseln zu, aber heute spürten sie wohl die Traurigkeit und Schmerzen in den Augen des Mannes und gingen eher gemessenen Schrittes auf ihr Essen zu. Blondie sah zu Rudra hin, steckte aber erst ihren Kopf in die Schüssel und begann zu fressen, als er sich zwang, zu lächeln und ihr zu sagen, dass sie essen solle. Blondie fraß nie, ohne dass Rudra ihr die Erlaubnis dazu in Worten erteilte. Die anderen zwei Hunde, die zur männlichen Spezies gehörten, nahmen es nicht so genau.

Den ganzen Tag über brachte Rudra es nicht fertig, sich von dem Traum oder der Empfindung, die er in seiner Seele ausgelöst hatte, zu befreien. Es kam ihm so vor, als ob er tatsächlich Zeit mit seinen Kindern verbracht und ihre Gegenwart gespürt hätte, nicht nur im Traum, sondern in Wirklichkeit. Den ganzen Tag verbrachte er wie in Trance. Glücklicherweise hatte sich niemand zu einer Sitzung angemeldet, und so konnte Rudra den Tag damit verbringen, auf der Terrasse zu sitzen oder auf seiner dünnen Matratze zu liegen, während Vergangenheit und Gegenwart ineinander flossen. Obwohl er nicht in Gedanken bei seinen Kindern verweilte, war er doch nie ohne sie, nicht einmal einen Moment lang.

Wo war der Alte Mann? Dieses Mal war Er schon fast einen Monat weggeblieben. Er vermisste den Weisen mit Seiner edlen Präsenz und friedvollen Aura, er vermisste Seine liebevollen Augen, die niemals urteilten, Seine Worte, die nichts anderes bewirkten, als Heilung und Labsal zu spenden, und Seine Witze, die das Kind in Rudra zum Lachen brachten.

In der folgenden Nacht stieg Rudra wieder einmal in den schwarzen Lieferwagen, um darin zu schlafen, ließ aber die Türen offen – für seine drei Freunde, die nicht weit entfernt ausgestreckt auf dem Gras lagen. Auf einem Platz, von dem aus sie ihn alle in Sichtweite hatten. Als ob sie genau spürten, wie allein und voller Schmerzen und Sehnsucht er war, und ihm versichern wollten, dass sie für ihn da seien.

Hinter ihnen konnte Rudra den Sandstrand und die weißen, schaumgekrönten Wellen sehen, er konnte hören, wie das Meer sein eigenartiges Schlummerlied für ihn oder den Vollmond sang, der die Welt in einen sanft schimmernden Silberglanz getaucht hatte.

Drei Tage später arbeitete Rudra wieder. Mundpropaganda, die Genauigkeit der Vorhersagen und vor allem die Tatsache, dass sämtliche Besucher nicht beurteilt oder herablassend, sondern mit Mitgefühl behandelt und ihnen zur Lösung von ernsten Problemen einfach zu bewerkstelligende Veränderungen vorgeschlagen wurden, die Erleichterung und Hoffnung in das Leben der Menschen brachten – das waren einige der Hauptgründe, aus denen die Menschen zu dem kleinen Haus und dem eigentümlichen Mann strömten, der eher wie ein völlig ausgebrannter Hippie aussah, der es aber aus irgendeinem unerfindlichen Grund schaffte, mit seiner Hand genau ihren Lebensnerv zu treffen, die drückende Last ihrer Probleme zu lindern und Balsam auf ihre wunden Herzen aufzutragen.

„Nun, wie geht's denn meinem berühmten Kind, das Tee machen kann, vor dem sogar die Himmel Reißaus nehmen?"

Rudra warf sich vor Baba nieder und umklammerte seine Füße. Tränen strömten aus seinen Augen auf Babas Füße hinab. Baba ließ sich neben dem jüngeren Mann auf dem Boden nieder und streichelte sein Haar.

„Bitte, verlass mich nicht. Ich will gar nichts mehr. Weder menschliche Beziehungen, noch bei klarem Verstand sein, keinen Frieden, noch nicht einmal in den Himmel kommen will ich mehr. Nur dich. Geh nicht weg und verlass mich, Baba."

„Mein dummer Junge, wohin kann ich denn gehen, wenn du nicht willst, dass ich gehe – ich bin immer mit dem Herzen, das nach mir ruft und mich an seiner Seite haben will. Ich kann meine Kinder nicht verlassen, sogar dann nicht, wenn sie mich vergessen. Mein Kind, wenn du meine Gegenwart die ganze Zeit spüren möchtest, musst auch du die ganze Zeit an mich denken. Das ist alles, was ich verlange. Doch du, mein Junge, bist immer mit mir. Jede Mahlzeit habe ich mit dir zusammen gegessen, da du sie mir immer zuerst angeboten hast, bevor du auch nur einen Bissen zu dir nahmst. All die wunderschönen Sonnenauf- und -untergänge habe ich mir mit dir angeschaut, weil du mich dazu aufgefordert hast, jedes Mal zugegen zu sein, wenn die Sonne ihren illusionären Tanz veranstaltete."

„Ich hab keinen Schimmer von all dieser hochkarätigen Spiritualität, Baba. Ist mir auch alles egal, ich will einfach nur, dass du bei mir bist. Körperlich und spirituell."

„Mein Junge, körperlich und spirituell muss man Augen haben, um zu sehen. Die meiste Zeit bittet Gott regelrecht darum, von den Menschen gesehen zu werden, wird aber ignoriert. Das Leben auf der Erde ist wunderlich, mein Kind, lass dich nicht von seinen Illusionen gefangennehmen. Richte deine Aufmerksamkeit mehr und mehr auf Gott und deinen Guru und du wirst Ihre Präsenz spüren, innerlich und äußerlich, denn Sie müssen bei Ihrem Schüler sein, das ist Ihre Pflicht. Das schulden Gott und Guru Ihren Kindern. Genauso wie es die Pflicht des Schülers ist, aufrichtig, freundlich und ehrenhaft zu sein und ebenso zu handeln, so sind auch Gott und Guru an die Regeln der Ashram-Lebensschulen von einst gebunden, wo Ihre körperliche Anwesenheit Pflicht war. Ich werde für ein paar Tage leibhaftig hier bleiben, um dir etwas übers Heilen beizubringen. Aber, oh weh, die Kunst, dich in die altehrwürdige Weisheit einzuweihen, wie man guten Tee zubereitet, geht wahrlich weit über die Kräfte dieses alten Mannes hinaus, den du Baba nennst."

Sie tranken Tee und aßen dazu Plätzchen, die ein Geschenk von einer der zahllosen Familien waren, die alle kamen, um Führung, Vorhersagen und Ratschläge zu erbitten. Die Küche quoll mit Delikatessen aus der ganzen Welt über. Einige Leute spendeten Blumen, Räucherstäbchen und Öl. Einige Zigarren. Andere Plätzchen. Wieder andere Bargeld. Rudra legte all die Opfergaben zuerst vor Shirdi Sai Babas Bild am Altar nieder und machte dann mit ihnen, was er für richtig hielt. Jetzt zeigte er Baba alle Gaben, die er bekommen hatte. Der alte Weise lächelte und segnete Rudra.

„Wo ist mein Anteil am Tabak?"

„Oh, den habe ich in der blauen Proviantasche gelassen." Rudra stand auf und reichte Baba die Tasche, in der er Babas Anteil an Zigarren und Tabak aufbewahrt hatte. Es war offensichtlich, dass Baba nicht körperlich anwesend sein musste, um über alles Bescheid zu wissen, was Rudra tat.

„Wie du sehen kannst, habe ich mehr für dich aufgehoben, als ich selbst geraucht habe. Das letzte, was ich will, ist, dass ich von einem Zigarren rauchenden Weisen beschuldigt werde, ich hätte Ihn um Seinen Tabakanteil gebracht."

Wie ein Kind durchstöberte Baba den Inhalt der Tasche und schaute sich all die fremdartigen Zigarren und feinen Tabaksorten an, dann gab Er alles an Rudra zurück.

„Ich bin mit meinem eigenen Tabak zufrieden. Doch glaube noch nicht einmal einen Moment lang, dass ich nicht alles bekomme, was du für mich aufhebst. Ich empfange und segne alles, was du mir zu Füßen legst. Mir ist wichtig, dass du alles, was du hast, mit mir teilst. Teile mit mir all deine Freude und deinen Schmerz, dein Essen und deine Zweifel, deine Zigarren und deine Illusionen, deine Liebe und deine Unruhe. Ich will alles. Schließe mich von nichts aus. Von gar nichts. Ich bin du und du, mein Kind, bist ich. Jedes Kind ist in mir und ich bin in jedem Kind. Ich bin der Sonnenaufgang und der Sonnenuntergang. Ich bin der Mond, der zunehmende wie der abnehmende Mond. Ich bin Licht und Feuer und die Hitze, die es verbreitet. Glaube nie, dass ich von Materie und Geist abgetrennt bin. Ich bin alles. Und alle sind in mir. Ich war in Jesus und Zoroaster, in Ram, in Meher Baba und Kali, genau wie Sie in mir sind. Wir sind eins und existieren alle in einem. Nur Narren versuchen, Unterscheidungen zwischen Uns anzustellen. Narren haben bei Narren Erfolg. Du aber sei weise. Kannst du die Welle vom Meer unterscheiden? Kann das Licht getrennt von der Flamme wahrgenommen werden? Kannst du die Sonnenstrahlen von der

Sonne oder das Feuer von seiner Wärme abtrennen und unterscheiden? Die Frucht entsteht aus dem Samen und produziert wiederum Samen, um weitere Früchte entstehen zu lassen. Die Natur ist allumfassend und stellt nie Unterschiede an. Nur die unwissenden Menschen stellen Unterscheidungen an und bemühen sich, damit irgendwelche unsinnigen Überlegenheitsansprüche zu beweisen. Komm jetzt, lass uns mit deinen drei Freunden hier spazieren gehen."

Baba, Rudra und die drei verspielten Hunde gingen der untergehenden Sonne entgegen, die gerade dabei war, ein reinigendes Bad in dem aufflammenden Meer zu nehmen.

„Denke immer daran: Die wichtigste Regel beim Heilen lautet, dass nur Gott und Guru heilen können. Andere Heiler gibt es nicht. Jeder andere ist nur ein Heilkanal. Du, mein Sohn, bist nichts weiter als ein Medium, ein Klavier, durch das göttliche Musik erklingen kann. Du bist weder der Musiker noch die Musik, nur das Instrument. Doch auch das Instrument muss perfekt gestimmt und in Harmonie sein; seine Saiten dürfen weder zu fest noch zu lose gespannt sein. Also kommt auch dem Instrument eine große Bedeutung zu. Ein Musiker mag noch so begnadet und eine Melodie noch so wohlklingend sein, wenn jedoch das Instrument nicht in exzellenter Verfassung und richtig gestimmt ist, dann kann die Musik, die durch es erklingt, einfach nicht so wohltönend und wohltuend sein, wie sie es sein könnte. Natürlich kann ein wahrer Meister der Musik auch noch aus einer rostigen Blechdose erstaunliche Musik hervorholen, aber das lohnt weder Anstrengung noch Aufwand, denn es gibt Abertausende von Instrumenten, doch nur wenige Meister. Also ist es am besten, das Instrument immer perfekt zu warten und instandzuhalten.

Genau wie jeder Mensch ein Kanal für Vorhersagen, Führung und Beratung werden kann, so ist auch jeder Mensch ein Heilkanal. Jeder Einzelne von uns! Nimm zum Beispiel deine Kinder. Ich weiß, dass sie immer, wenn sie krank waren, zu dir kamen – dann schliefen sie auf deinem Schoß ein oder du hieltest sie fest in deinen Armen und verbrachtest den ganzen Tag und die ganze Nacht mit ihnen. Meistens fühlten sie sich sofort besser, oder zumindest weniger elend und viel geborgener. Das geht den meisten Kindern so. Sie mögen noch so krank sein, in dem Moment, in dem ihre Eltern oder ihre Lieben sie halten oder bei ihnen sind, fühlen sie, wie Krankheit oder andere Schmerzen gelindert werden. Jeder Mensch, ob groß oder klein, wird sich gleich besser fühlen, wenn er mit seinen Eltern oder mit älteren Anverwandten oder Vertrauten, wie zum Beispiel mit Großeltern, Patentanten, einer älteren Magd oder seinem Lebensgefährten zusammen sein kann. Genauso gut funktioniert es, wenn man sich in seinen vertrauten vier Wänden befindet, wie zum Beispiel im eigenen Haus oder Schlafzimmer. Warum? Der Grund ist einfach: Unbewusst findet eine Heilung statt. Ich erinnere mich daran, wie du deine Kinder eng an dich drücktest, wenn sie krank waren. Auch wenn du dir dessen nicht bewusst warst, gabst du ihnen deine eigene Energie, so dass sie stärker werden und die Krankheit, die ihre kleinen Körper befallen hatte, bekämpfen konnten. Ich weiß, wie schlecht es dir selbst ging, wenn deine Kinder krank waren. Sie mögen dies vergessen. Ich niemals.

Meister und Natur heben alle Rechnungen auf. Weder Liebe noch andere positive Emotionen gehen jemals verloren. Wir empfangen und bewahren alles. Also, mein Sohn, der keine Neigung zum Leben verspürt, aber voller Sehnsucht ans Sterben denkt, sei dir immer bewusst, dass alle Lebewesen Kanäle und Instrumente sind, durch welche die drückende Last des Karma, das die Menschen unter sein Joch zwingt, ausgelöscht und beglichen werden kann. Aus diesem Grund kann man so oft beobachten, dass ein Haustier, ein Hund oder Pferd, stirbt, wenn sein Herrchen oder Frauchen sehr krank ist. Das Haustier stirbt nicht nur an emotionalem Trauma, sondern weil es wünscht, dass sein Besitzer gesund sein möge und ihn unbewusst heilt, indem es ihm seine eigene Energie gibt und ihn mit seinem Prana oder seiner Lebensenergie erfüllt. Warum glaubst du wohl, dass große Meister damals wie heute beständig krank waren und zeit Ihres Lebens an Beschwerden, Krankheit oder Schmerzen litten? Frage irgendeinen Schüler irgendeines Meisters und du wirst herausfinden, dass der Meister sich fast die ganze Zeit über unwohl oder krank fühlt. Warum? Weil es die bewusste Entscheidung des Meisters ist, das Karma und die Krankheiten Seiner Schüler und Anhänger auf Sich zu nehmen – aus diesem Grund werden spirituelle Meister von Krankheiten heimgesucht. Sieh dir Shirdi Sai Baba, Meher Baba, Ramakrishna Paramahansa, Ramana Maharshi und Kamu Baba an: Alle waren krank, alle nahmen zeit Ihres Lebens Karma und Krankheiten Ihrer Schüler auf Sich und erduldeten große Schmerzen. Es ist durchaus nicht so, dass Sie Sich nicht hätten heilen können, im Gegenteil, es wäre Ihnen ein Leichtes gewesen. Aber Sie unterwerfen Sich freiwillig bestimmten energetischen und karmischen Gesetzen. Glaubst du ernsthaft, dass irgendein Mensch auf der Erde oder irgendeine Kraft im Universum es hätte fertig bringen können, Jesus auch nur ein einziges Haar zu krümmen, wenn Jesus Sich nicht damit einverstanden erklärt hätte? Glaubst du wirklich, irgendjemand hätte Ihm aus eigener Kraft eine Dornenkrone aufsetzen oder Ihn ans Kreuz schlagen können? Nein. All dies geschah einzig mit Seiner Einwilligung. Er wollte das gesamte Karma der Menschheit auf Sich nehmen. Er nahm diese Last auf Sich und ließ es zu, dass Er all den Schmerz, die Qualen und Schmähungen erduldete, wie es nur ein wahrer Meister für Seine Kinder tun kann. Ein Meister kann Schmerzen stoppen oder sich vor ihnen schützen, aber das tut Er nicht, denn solch ein Eingreifen wäre nicht im Einklang mit Seinem Plan und dem karmischen Gesetz.

Denke daran, das Gesetz der Natur funktioniert nach einer einfachen Methode: Freigesetzte Energie muss von irgendjemandem absorbiert werden. Irgendjemand muss die Rechnung zahlen. Ob nun ein bestimmter Mensch oder aber der Meister die Rechnung begleicht, ist für das Gesetz von Karma und Natur nicht von besonderem Belang. Derselbe Vorgang gilt für Heilungen und das Karma von Schmerz und Krankheit: Irgendjemand muss die kosmische Rechnung zahlen, wie ich schon vorher sagte. Im Kosmos gibt es nichts umsonst, und schon gar keine Extrawurst. Wenn also Gurus oder Meister – oder aber auch Medien bei Heilungen – im Lauf ihrer Arbeit Energien und Karma verändern, muss jemand dafür Rechenschaft ablegen und zahlen. Energie und Karma wollen nur eines wissen: ‚Wohin soll ich jetzt gehen?' Ihr Bestimmungsort ist Verhandlungssache: Das energetische oder karmische Netzwerk kann dazu überredet werden, die eigentlich vorgesehene Person zu übergehen, aber irgendwo muss es hin. Du kannst Materie nicht zerstören, sondern nur ihre Form verändern. Aus demselben Grund kannst du auch nicht das Karma eines anderen Menschen auslöschen, sondern es nur übertragen. Es mag der

Wunsch des Meisters oder der Meisterin sein, dass einer Seiner oder Ihrer Schüler nicht länger an Krebs leiden möge. Doch das Karma dieses Schülers besteht darin, an Krebs zu erkranken und durch all die Erfahrungen zu gehen, die mit dieser Krankheit verbunden sind. Der Meister weiß es am Besten und trifft die Entscheidung, dass Sein Kind nicht länger an dieser Krankheit leiden soll. Der Schüler soll geheilt werden. Bis zu diesem Punkt gibt es kein Problem im Kosmos. Der karmische Buchhalter kann dazu veranlasst werden, die Rechnungsadresse zu verändern, aber verschickt und bezahlt muss die Rechnung werden. Irgendjemand muss die Rechnung begleichen. Das Karma muss abgetragen werden. Es macht nichts, wenn die Krebsenergie von einem Menschen entfernt wird, aber die Verantwortung für diese Energie muss übernommen und abgearbeitet werden. Sie braucht ein anständiges Begräbnis. Sie kann nicht weiterhin im karmischen Kosmos umherirren, sondern muss erlöst werden. Die Energie wird automatisch zu der Person tendieren, die die Ursache ihrer unerfüllten Mission ist. Sie sucht ein Zuhause und wird automatisch von der Person angezogen, welche die Ursache ihrer Heimatlosigkeit ist. Sie hält sich an den Meister oder das Medium. Der Meister nimmt die karmischen Überbleibsel in Sich auf und geht durch alle Schmerzen und Qualen, kann dies aber aufgrund Seiner spirituellen Größe in relativ kurzer Zeit bewerkstelligen. Doch gerade weil Er das Karma in einer kurzen Zeit abträgt, sind die Schmerzen umso unerträglicher. Alles, was die Krankheit bewirken und lehren sollte, nimmt der Meister auf Sich und verdaut dies in ein paar Tagen. Du kannst dir wohl vorstellen, wie qualvoll dies sein muss. Unerträglich! Und das ist das Karma von nur einem Schüler. Der Meister hat Tausende oder Millionen von Schülern.

Das ständige Übernehmen von Karma zehrt beträchtlich an den Kräften des Meisters, so dass Seine Gesundheit schließlich ruiniert ist, aber auch dann hört Er nicht damit auf, das Karma Seiner Schüler weiter in Sich aufzunehmen. Aus diesem Grund sagen Wir, dass der Guru an erster Stelle kommt, noch vor Gott. Gott hat die Gesetze erschaffen und ist deshalb Selbst an diese Gesetze gebunden. Und bedenke: Gott ist gerecht. Gott kann Sich nicht milde und nachsichtig gegen einige und schonungslos gegen andere erweisen, solange der Guru Ihn nicht darum bittet. Wenn es der Wunsch des Gurus ist, Karma zu ändern oder zu übertragen, stimmt Gott zu. Der Guru ist wie eine Mutter, voller Barmherzigkeit, und Sein Herz schlägt und blutet für Seine Schüler. So kann der Meister die Gesetze für den Frieden und die Glückseligkeit Seiner Schüler beeinflussen, aber dafür muss Er einen Preis bezahlen, der so qualvoll ist, dass niemand ihn gänzlich verstehen oder nachvollziehen kann. Halte dir ständig vor Augen, dass es keine Heiler gibt. Nur Gott und Guru sind Heiler, alle anderen sind nur Kanäle für Heilungen. Bezeichne dich niemals selbst als Heiler. Bezeichne dich immer als Kanal, als Instrument für Heilungen. Das ist nicht nur eine bescheidene, sondern schlicht und ergreifend die einzige Aussage, die der Wahrheit entspricht.

Probleme entstehen durch die Menschen, die keine Meister sind, aber dazu bestimmt sind, Heilungskanäle zu werden oder eine wirklich starke Sehnsucht dazu verspüren. Da sie keine Meister sind, besitzen sie auch nicht die Fähigkeit, mit dem Karma anderer Menschen und der Verlagerung von Energie umzugehen. Da sie aber Heilungskanäle sind, besitzen sie durchaus die Fähigkeit, den Prozess der Umleitung von Karma und Energie in Gang zu setzen. Sie können die Krankheit entfernen, sie können auch an karmischen und energetischen Mustern arbeiten – aber danach geht es ja erst wirklich zur Sache. Energie verlangt den ihr zustehenden Tribut, sie will ihr Pfund Fleisch, und so strebt sie auf den Kanal zu. An dieser Stelle fängt das Problem an. Hat der Kanal die Kraft, seinen Körper und seine Aura zu schützen? Ist der Schutzschild, den der Kanal aus einer Haltung von Demut, innerer Distanz und Losgelöstheit vom eigenen Ego aufgebaut hat, stark genug, um der Übertragung von Energie auf ihn selbst standzuhalten und stattdessen die Energie in den Kosmischen Fluss, den Meister, weiterzuleiten? Der Meister ist eins mit Gott. Meister und Gott bilden eine Einheit – wie das Meer und die Welle eins und doch getrennt sind. Durch die Anstrengung des Schülers kann der Meister die Verlagerung von Karma und Energie bewirken und sie dann in Sich Selbst aufnehmen. Um diesen Transfer vornehmen zu können, ist es aber unbedingt nötig, dass sich der Schüler in völligem Einklang mit dem Meister befindet, er muss ein leeres Gefäß und stark genug sein, den Energietransfer weiterzuleiten. Er darf sein Ego nicht mit ins Spiel bringen.

Wenn der Heilungskanal jedoch nicht die richtigen Schritte unternommen hat, sich zu schützen, und sich stattdessen mit den Klienten und seiner eigenen Heilfähigkeit identifiziert, also sein Ego nicht hinter sich gelassen hat, dann sind Probleme vorprogrammiert, da der Transfer der Krankheit von dem Klienten in den Kosmischen Fluss nicht stattfindet. Du kannst dir den energetischen Transfer wie bei elektronischen Banküberweisungen vorstellen. Wenn eine Überweisung nicht auf das richtige Konto gelangt, funktioniert die Verbindung nicht, und so bleibt das Geld auf dem Konto des Absenders liegen, was in diesem Fall das Konto des Heilungskanals bedeutet, denn alle Gelder bzw. Krankheiten sind ja schon auf sein karmisches Konto überwiesen worden und warten auf ihre Weiterleitung in den karmischen Tresor des Meisters. Wenn nun die Überweisung nicht weitergeleitet wird, muss der Heilungskanal aus eigener Tasche Zinsen zahlen, da der Klient seine Krankheit bzw. die Geldsumme, die für den Meister bestimmt war, ja schon eingezahlt hat, bloß die Überweisung zum Meister fand nicht statt. Jede Sekunde Verzögerung bedeutet jedoch wachsende Zinsen. Manchmal ist die eingezahlte Geldsumme so hoch, dass der Kanal es sich noch nicht einmal leisten könnte, Zinsen zu zahlen, geschweige denn die ganze Summe. In solch einem Fall sollte einem Kanal dringend geraten werden, sicherzustellen, dass die Überweisung ohne jede Verzögerung und in voller Höhe vorgenommen wird. Die Karma-Bank unterliegt strengen Regeln. Sogar Könige sind hier schon zu Bettlern geworden. Nur wenn man sich aller Überweisungsmodalitäten genauestens vergewissert hat und davon überzeugt ist, dass die Verbindung mit dem Tresor des Meisters perfekt funktioniert, sollte man ein Heilungskonto eröffnen. Später mehr übers Heilen, denn jetzt kann ich deutlich sehen, wie in meinem karmischen Bauplan Beschwerden, Schmerzen und Verdauungsstörungen vorgezeichnet sind. Peinige mich mit deinen Kochkünsten. Ha, ha!"

„Oh, du mein allerwitzigster Weiser."

Die Sonne war schon vor einer Weile untergegangen, aber die Dunkelheit hatte sich noch Zeit gelassen, den Himmel mit ihrer schwarzen Decke einzuhüllen. Die zwei Männer und ihre drei Freunde gingen zusammen auf das kleine Haus zu. Letzte Nacht hatte es geregnet, doch schon jetzt war deutlich spürbar, dass der Sommer seine glühende Gegenwart mit einer warmen Umarmung ankündigte. Aus irgendeinem Radio erschallte eine

Melodie aus einem alten indischen Film. Normalerweise wäre Rudra jetzt von Depressionen und Gedanken an seine Kinder eingeholt und überwältigt worden, aber nicht so heute Nacht. Heute hatte er seinen Vater, seinen Alten Freund und Weisen bei sich. Heute Nacht würde er gut schlafen. Ohne Träume.

Zwei Wochen später verschwand Baba wieder, und sofort danach tauchten, wie gerufen, kranke Leute bei Rudra auf. Baba hatte Rudra gelehrt, zu einem Heilungskanal zu werden.

„Denke daran, ob du nun ein Medium für Heilungen bist oder nur manchmal für die Gesundheit einer einzelnen Person beten willst, ist und bleibt es das Allerwichtigste, dass dein Körper, Geist und Herz alle an einem Strang und in eine Richtung ziehen, ohne sich mit irgendjemandem oder irgendetwas zu identifizieren und ohne mit starken persönlichen Gefühlen beteiligt zu sein. Dein Inneres sollte ein ruhiger, klarer Spiegel sein, ohne von irgendwelchen Interessenskonflikten getrübt zu werden. Außerdem solltest du selber nicht krank sein. Vergiss nicht, du bist kein Meister, sondern ein Medium, und aus diesem Grund kann dein Körper nicht zu viel an negativer Energie aufnehmen. Wenn du nicht in der richtigen inneren Verfassung oder krank bist, sind die Chancen, dass negative Energien in dich eindringen und deine Aura verdunkeln können, sehr hoch. Obwohl du in solch einem Falle immer noch dabei mitwirkst, einen Heilungsprozess bei deinem Klienten in Gang zu setzen, wirst du jedoch die Krankheit des Klienten auf dich ziehen und selber krank werden. Wenn die Krankheit ausbricht, hast du schon so viel negative Energie und Krankheit absorbiert, dass deine eigene innere Lebenskraft fast zum Erlöschen gekommen ist. Wenn das Feuer in dir anfängt zu flackern und dabei ist zu erlischen, werden dein Körper, Geist und deine Aura dem Ansturm von Krankheit, Unruhe, Negativität, Lethargie und all den dunklen Emotionen erliegen. Deshalb ist es von größter Wichtigkeit, dass du selbst gesund bist, gesund an Körper, Geist, Herz und Seele. Wenn du das Gefühl hast, dass es dir gut geht, solltest du als Erstes meditieren und beten. Eine Heilung sollte immer vor einem Feuer vollzogen werden – eine Öllampe, Räucherstäbchen und Kampfer sind auch geeignet. Ich habe dir das Gebet beigebracht. Dieses Gebet sollte immer aufgesagt werden, ob du nun professionell als Medium arbeitest oder für einen Kranken um Hilfe bittest. „Lasse meinen ganzen Körper, Geist, Seele, Aura, Schwingungen und Kanäle, jeden Tropfen Blut, meine DNS, alle meine Zellen und mein ganzes Wesen von Deinem Schutz und Deiner Führung, Deiner Stärke und Würde, Deinen spirituellen und heilenden Energien erfüllt werden. Vergib mir, führe, leite und beschütze mich und habe Erbarmen mit mir."

Danach kommt das Heilgebet, das von allergrößter Bedeutung ist. Vergiss nie, dass eine Krankheit verschiedene Ursachen haben kann: Sie kann entweder von dem Kranken selbst geschaffen oder karmischen Ursprungs sein. Falls die Krankheit karmisch bedingt sein sollte, bedeutet dies, dass du Änderungen an der karmischen Matrix dieser Person vornimmst, wenn du versuchst, sie zu heilen. Vielleicht möchte die Natur, dass diese Person durch die Krankheit geht, und nun erscheinst du auf der Bildfläche und willst diese Person von der Erfahrung wie auch der Unbequemlichkeit der Krankheit befreien. Vielleicht ist die Krankheit aber genau die Chance für deinen Klienten, einen bedeutenden Lernschritt in seinem Leben zu machen. In diesem Fall kannst du anstellen, was du willst, dein Klient wird nicht geheilt werden, und dies wird wahrscheinlich verstärkte Frustrationen, Zweifel und Sorgen bei dir wie auch bei deinem Klienten auslösen. Deshalb ist es wichtig, dem ersten Heilungsgebet ein weiteres kleines Gebet folgen zu lassen. Bete um Folgendes: „Bitte benutze mich als Medium, um Dein Kind hier zu heilen. Lasse nur Deine Energie und Gnade durch mich fließen, um Dein Kind hier zu heilen. Bitte heile den Körper, Geist und die Seele dieses Kindes, heile seine Aura, Schwingungen und Kanäle, heile jeden Tropfen Blut, alle Zellen und die ganze DNS dieses Kindes. Sollte aber irgendein Grund bestehen, dass dieses Kind durch die Krankheit und die Erfahrung der Krankheit gehen muss, dann verleihe diesem Kind bitte Weisheit und Stärke, Liebe und Mitgefühl, um durch die Krankheit mit Würde, positiver Hingabe und einer zufriedenen und sogar lebensfrohen Grundeinstellung zu gehen."

Das ist ein sehr wichtiges Gebet, da du den Kosmos darum bittest, diese Krankheit zu heilen, falls sie selbst-erschaffen und heilbar sein sollte. Sollte es aber, aus was für Gründen auch immer, nötig sein, dass dieser Mensch durch die Krankheit geht, dann bittest du darum, er möge imstande sein, dies mit Würde und positiver Hingabe zu tun. Auf diese Weise mag zwar die Krankheit weiter ihren Verlauf nehmen, aber die Person wird beginnen, sich mental, emotional und spirituell besser zu fühlen und fähig sein, mit körperlichen Beschwerden sehr viel gelassener umzugehen."

Rudras erster Klient war ein fünfundfünfzigjähriger Mann. Er arbeitete als Kassierer in einem Kaufhaus, das zwanzig Kilometer entfernt war. Sein Fahrer hatte ihm von Rudra vorgeschwärmt. Die Tochter des Fahrers hatte als vermisst gegolten.

Mit Hilfe von Rudra hatte Baba den trauernden Vater darüber informieren können, dass seine Tochter gegen Mittag des nächsten Tages wieder zu Hause eintreffen würde. Ihr ginge es gut, sie sei aber wütend auf ihn. Baba wies den Vater dazu an, sich nicht weiter wie ein Tyrann aufzuführen. Kinder seien wie Blumen. Man müsse sie mit Liebe, Fürsorge und natürlich auch mit Bestimmtheit erziehen, allerdings müsse man sich dabei nicht wie ein Elefant im Porzellanladen anstellen. Der Mann hatte gefragt, was zum Teufel denn ein Porzellanladen sei. Die Tochter kam am nächsten Tag um halb zwölf Uhr wieder nach Hause. Beide, Vater und Tochter, besuchten Rudra am Abend ihrer Wiederkehr und brachten ihm als Geschenk köstliche selbst gemachte Chips mit. Auf Grund dieser Vorkommnisse war der fünfundfünfzigjährige Hosi, ein Zoroastrier, zu Rudra gekommen. Normalerweise arbeitete Rudra vom späten Vormittag bis zum Abend. Meist verbrachte er auch die ganzen Vormittage mit Vorhersagen und Heilungen, obwohl die offizielle Zeit für Sitzungen erst um vier Uhr Nachmittags begann. Aber niemand nahm die offizielle Zeit sonderlich ernst, auch Rudra nicht. Die Leute spazierten einfach herein, wenn ihnen danach war.

Hosi hielt nicht gerade viel von Heilern. Er betrachtete Rudra von oben bis unten, und es war klar, dass ihm Rudras Hippie-Look gegen den Strich ging. Aber Hosi hatte eine lange Anreise gehabt und stieß nun innerlich Verwünschungen gegen seinen Fahrer Mukesh aus, diesen dämlichen Blödmann, der wieder und wieder davon angefangen hatte, von diesem komisch aussehenden Mann mit den langen Haaren und dem Tuch um den Kopf zu reden.

Rudra sprach seine Heilungsgebete, schloss dann die Augen und betete zu Baba. Danach legte Rudra die Innenfläche seiner rechten Hand über die Innenfläche von Hosis linker Hand. Ihre Handflächen berührten sich nicht, ein Abstand von vielleicht zwei bis drei Zentimetern lag dazwischen. Rudra schloss die Augen, und nach einer Weile begann Hosi zu fühlen, wie das Zentrum seiner linken Handfläche heiß wurde. Anfangs war da nur ein Kribbeln, dann wurde es warm und schließlich heiß.

„Ich fühle mich, als ob ich gleich ersticke. Ich habe Atemnot. Mir ist schwindlig. Die Welt dreht sich vor meinen Augen. All das passiert, weil Sie nicht wissen, wie man richtig atmet."

Dann öffnete Rudra die Augen und nahm seine Hand herunter.

„Ich glaube, Ihr Problem ist, dass Sie einfach nicht richtig atmen."

Hosi sah aus, als ob er nichts lieber täte, als im nächsten Moment einen kräftigen Schwinger auf Rudras Nase zu platzieren.

„Ich glaube, ich höre nicht richtig! Versuchen Sie mir etwa zu sagen, dass meine Krankheit hauptsächlich davon verursacht wird, dass ich nicht richtig atme?"

„Ich versuche Ihnen zu sagen, dass Ihre Krankheit im Wesentlichen davon verursacht wird, dass Sie nicht richtig atmen. Ich bin kein Arzt und kann Ihnen deshalb nicht den medizinischen Begriff für Ihr Problem nennen, aber Sie atmen nicht richtig – und das ist der Grund Ihrer Beschwerden."

„Nun passen Sie aber mal auf. Ich respektiere, was Sie für die Armen und Kranken tun, aber jetzt will ich Ihnen mal was erzählen. Seit zwanzig Jahren leide ich schon an diesen Ohnmachtsanfällen. Alles, was es an Kuren und Behandlungen gibt, habe ich schon ausprobiert. Ich bin nach Kanada gereist, habe mich dort untersuchen lassen und jeden bekannten Spezialisten konsultiert, der mir hätte helfen können. Dabei habe ich ein Vermögen ausgegeben, und jetzt kommen Sie daher und sagen mir, dass ich ohnmächtig werde, Zuckungen und Black-outs kriege, weil ich nicht richtig atme."

Rudra nahm einen tiefen Atemzug. Schließlich war er ein Neuling auf diesem Gebiet. Es war ihm bewusst, dass er keine rationale Erklärung für all das hier bieten konnte. Er war sich auch sicher, dass er Atemnot, Schwindel und Übelkeit wahrgenommen hatte, als er die Energie des Mannes erspürte. Der Mann hatte offensichtlich seine Hausaufgaben gemacht und sich schon von einer Wagenladung von bedeutenden Ärzten untersuchen lassen. Ach, Baba! Plötzlich verspürte Rudra, wie ein warmes Gefühl seinen Körper erfüllte. Seine Atmung wurde regelmäßiger. Stärkeres Selbstvertrauen und größere Autorität breiteten sich in ihm aus. Rudra lächelte. Ihm wurde bewusst, dass der Alte Mann in der Nähe war.

„Ja. Sie werden ohnmächtig, weil Sie nicht richtig atmen. Sie stehen viel unter Stress, und Ihre Reaktion auf Stress ist es, dass Sie aufhören zu atmen, dann nur ganz flach weiteratmen und als Folge davon ohnmächtig werden."

„Menschenskind, das ist doch alles überhaupt nicht logisch …"

„Es ist auch nicht logisch, dass Sie hier sind. Glauben Sie etwa, dass Ihr Herkommen irgendetwas mit einem rationalen oder logischen Schritt zu tun hat? All dieses Channeln und der andere paranormale Kram ist doch wohl das Unlogischste, was es nur geben kann. Um das zu kapieren, muss man nun wirklich kein Raketenwissenschaftler sein. Glauben Sie etwa, dass Leute hierher kommen, weil sie konventionelle und logische Sprüche von mir hören wollen? Auch Sie sind hier, weil Sie nicht wissen, wo Sie sonst noch hingehen können. Meine Diagnose ist, dass Sie nicht richtig atmen. Fangen Sie damit an, tiefe Atemzüge zu nehmen. Fangen Sie damit an, sich auf Ihren Atem zu konzentrieren. Wenn Sie sich gestresst fühlen, schließen Sie Ihre Augen und nehmen mehrere tiefe Atemzüge. Das rate ich Ihnen. Wenn meine Methode nicht funktioniert, haben Sie kein Geld verloren, nur ein wenig Zeit, und was ist schon Zeit – nichts weiter als eine Frage der inneren Einstellung. Nun tun Sie sich selbst einen Gefallen und atmen. Wenn Sie das tun, glaube ich, dass Sie nicht mehr ohnmächtig werden; und wenn Sie ohnmächtig werden, dann nur, weil Sie nicht richtig atmen."

Der Mann blickte eine Weile auf Rudra und lächelte schließlich.

„Sie sind schon ein komischer Vogel, was?"

„Der allerkomischste in der ganzen Gegend, mein Freund. Trotzdem ist es eine Tatsache, dass sich Lösungen zu Problemen meist direkt vor unserer Nase befinden. Meist wollen wir sie bloß nicht zur Kenntnis nehmen."

Drei Wochen später spazierte Hosi wieder durch Rudras Tür. Keiner machte sich noch groß die Mühe anzuklopfen. Sie nahmen es einfach als selbstverständlich an, dass Rudra hocherfreut sein würde, sie zu sehen. Was meistens auch zutraf.

„Wissen Sie was, Sie verrückter Kerl, ich bin tatsächlich nicht mehr in Ohnmacht gefallen. Zum ersten Mal seit zwanzig Jahren bin ich nicht mehr umgekippt! Vor einer Woche, als ich in einer Apotheke war, wurde mir schwindlig, aber ich bin hinausgegangen und habe angefangen, tief ein- und auszuatmen. Und obwohl jeder wahrscheinlich dachte, dass da wieder mal einer dieser verrückten Parsen eine Schau abzieht, ging es mir schon bald wieder besser."

„Jai Baba (Baba sei gepriesen). Atmen Sie denn jetzt richtig?"

„Oh ja, und das ist Ihr Verdienst. Ich habe einen Freund, der mit mir in derselben Abteilung arbeitet. Er heißt auch Rudra.

Wenn ich ihn sehe oder jemand seinen Namen erwähnt, fange ich an, richtig zu atmen, weil ich mich an Sie erinnere", sagte er und musste laut auflachen. „Kommen Sie, lassen Sie uns einen trinken gehen. Hier in der Nähe gibt es ein Restaurant, wo das Personal zwar direkt von der Gestapo rekrutiert worden sein könnte, aber wo es klasse Essen und gutes Bier gibt."

Rudra grinste. Na und ob er dieses Lokal kannte!

Rudra erlebte zum ersten Mal am eigenen Körper, welche weitreichende Auswirkungen eine Heilsitzung auf ein Medium haben konnte, als eine Mutter und ihr Kind zu ihm kamen. Sie wollten einfach nur eine Beratung, keine Heilung. Das Erste, was Baba sagte, war, dass das Kind kränklich sei und vor jeder Art von Entzündung im Brustraumbereich behütet werden müsse. Rudra beantwortete alle Fragen, konnte aber mit der Zeit den pfeifenden Atem des Kindes vernehmen. Er teilte dies der Mutter mit, die daraufhin ihr Ohr an die Brust ihres Kindes legte.

„Ich kann nichts Außergewöhnliches hören, aber er hat schon seit seiner Geburt an Atemproblemen und Asthma gelitten."

Rudra sah den Jungen an und atmete tief ein. Der Junge war im selben Alter wie sein Sohn. Wenn er den Jungen anschaute, musste er an seinen Sohn denken. Er wollte nicht, dass sein Sohn oder dieser Junge jemals krank sein müssten.

Zwei Stunden später hatte Rudra hohes Fieber, sein ganzer Brustraum war verschleimt und jeder Atemzug tat ihm weh. Rudra wusste, was passiert war: Er hatte sich emotional identifiziert und so seinen Schutzschild beiseite gelegt. Er hatte gewünscht, dass dieses Kind geheilt werden möge, weil es ihn an seinen eigenen Sohn erinnert hatte. In der Nacht ging es Rudra sehr schlecht. Ständig hatte er krampfartige Hustenanfälle, Schüttelfrost und litt an schwerer Atemnot. Es dauerte zwei volle Tage, bis es Rudra ein wenig besser ging, und eine Woche, bis er sich vollends erholt hatte. Zehn Tage später erschienen die Mutter und ihr Junge wieder bei Rudra. Sie hatten ihm verschiedene Geschenke mitgebracht.

„Vielen Dank." Die Mutter schaute Rudra an und der lächelte. „In der Nacht, nachdem wir bei Ihnen gewesen waren, konnte mein Sohn zum ersten Mal seit Jahren ohne Medikamente oder Inhalationsapparat einschlafen. Schon seit mehr als einer Woche hat er nicht ein einziges Mal wieder Symptome gezeigt. Ich weiß, dass Sie die Krankheit auf sich genommen haben. Möge Gott Sie segnen."

Rudra lächelte. Er blickte auf den Jungen und streichelte sein seidenes Haar.

„Machen Sie sich keine Sorgen um diesen Jungen. Baba und meine Gebete sind immer mit ihm." Rudra konnte fühlen, wie ihm Tränen in die Augen stiegen. Er nahm einen tiefen Atemzug und beobachtete, wie Mutter und Sohn zu ihrem Auto gingen und wegfuhren. Der Junge hatte sich umgedreht und ließ Rudra nicht aus den Augen, bis das Auto außer Sichtweite war. Eins stand für Rudra mit großer Klarheit fest: Wenn noch mehr Kinder zu Sitzungen kämen, würde er wirklich in die Bredouille geraten, denn für ihn bestand keine Möglichkeit, sich nicht mit einem Kind in Not zu identifizieren.

Viele Leute kamen zu Heilungs-Sitzungen. Einige gingen geheilt wieder fort; allen ging es hinterher besser. Während der Behandlungen konnte Rudra nicht nur einen Blick auf die Ursache der Krankheiten werfen, sondern auch Einblicke in die Gemüter seiner Klienten nehmen, in ihre Ängste und Wünsche, ihre Vergangenheit, Gegenwart und Zukunft. Das jagte vielen eine Heidenangst ein und brachte wiederum mehr Leute zu ihm, die geheilt werden wollten.

Es wäre falsch zu sagen, dass die Sitzungen allen zugute kamen. Es wäre auch falsch zu behaupten, dass jede von Rudras Vorhersagen zutraf. Oftmals musste Rudra sich dazu zwingen, Sitzungen abzuhalten, obwohl er krank, müde oder deprimiert war. Manchmal kamen auch seine Gefühle mit ins Spiel, wenn er mit Familienproblemen konfrontiert wurde. Zu solchen Zeiten funktionierte die Verbindung zu Baba nicht hundertprozentig.

„Energie kann gar nicht falsch oder ungenau sein. Die Energie in dir wird immer zutreffende Aussagen machen, sie befindet sich in deinem Inneren und wird dich immer zuverlässig leiten. Aber wenn du es zulässt, dass deine Emotionen die freie Zufuhr, welche die Energie zum Fließen braucht, blockieren, dann kann es durchaus zu Problemen und falschen Voraussagen kommen. Deshalb ist es von größter Wichtigkeit, dass du dich in einem Zustand der Leere befindest. Dieser Zustand der Leere ist erforderlich, damit die Energie frei von Hindernissen oder Manipulationen strömen kann. Energie ist so empfindlich, dass sie, wenn sie auf Hindernisse trifft, dir Bilder vorgaukeln kann, die dein Geist falsch interpretiert und folglich Botschaften übermittelt, die nicht unmittelbar von der Quelle stammen. Bei den Wörtern „Liebe“ und „Hiebe“ ist nur ein einziger Buchstabe anders, aber was für einen Unterschied macht er aus! Welten – Himmel und Hölle liegen zwischen diesen Wörtern! Wenn du nicht innerlich leer bist, kannst du nicht anders, als an der Energie herumzupfuschen, und genau dann passieren Fehler. Es wird dir nicht gelingen, ganz genau zu übersetzen, was dein sechster Sinn und Baba dir mitteilen wollen. Die Wörter der Botschaft kommen durch einen Tunnel, mein Sohn, und du musst schon genau hinhören können, um zu verstehen, was die energetische Schwingung versucht, dir zu übermitteln.

Sohn, bei der Übermittlung Unserer Energie kann schon ein kleiner Fehler ausreichen, einen Menschen und seine Familie zu zerstören und denen Sorgen und Nöte zu bescheren, die um Führung baten. Ein Fehler des Mediums – und die, die eigentlich eine Kur haben wollten, gehen mit einer noch tödlicheren Krankheit als vorher nach Hause. Nur ein Fehler, eine momentane Konzentrationsschwäche, nur ein geringes Abweichen von dem Zustand innerer Leere – und du kannst eigenhändig einen Menschen, eine Familie oder sogar eine ganze Gemeinde in den Ruin treiben. Stelle dir nur vor, du sagst einem Geschäftsmann, er solle expandieren, wenn er eigentlich genau das Gegenteil tun sollte. Der Mann wird daraufhin eine neue Fabrik eröffnen. Doch diese Fabrik ist dem Untergang geweiht. Kannst du dir vorstellen, wie viele Familien darunter zu leiden haben werden? Nicht nur die, die erst kürzlich in der neuen Fabrik eingestellt worden sind, sondern viele mehr, denn auch die alten Firmeneinrichtungen des Geschäftsmannes könnten doch als Folge seines Bankrotts geschlossen werden müssen. Einen Moment warst du nicht hundertprozentig da – und schon bist du verantwortlich für den Ruin von hunderten von Familien. Was das für deine karmische Bilanz als Medium für Konsequenzen hat, davon wollen wir erst gar nicht reden. Aber kannst du ermessen, wie viel Leid du direkt und indirekt verursacht hast? Also, mein Sohn, wie du siehst, trägt ein Medium große Verantwortung. Sei dir dessen immer bewusst und achte die Verantwortung, die auf deinen Schultern ruht."

Obwohl viele Menschen zu Rudra kamen, weil sie Vorhersagen oder Heilungen zu bekommen wünschten, merkte er doch bald, dass in Wirklichkeit ihre Meister oder Baba sie an die Hand nahmen und auf den Weg von Spiritualität und Wohltätigkeit führten. Viele seiner regelmäßigen Besucher erzählten Rudra, wie sich ihre Denkweise und Lebensführung nach den Sitzungen positiv verändert hätten. Es war beileibe nicht so, dass all ihre Probleme auf einmal verschwunden oder sie plötzlich auf Rosen gebettet wären, nein, im Gegenteil, oft war ihr Leben sogar schwerer geworden, aber sie hatten die Fähigkeit gewonnen, den Stürmen und Schwierigkeiten, die das Leben mit sich bringt, zu widerstehen. Sie konnten Problemen und Sorgen mit mehr Würde begegnen, ohne ihre lebensfrohe Grundeinstellung einzubüßen. Aber den Ausschlag für ihren neuen Lebenswandel gab, dass sie damit begonnen hatten, mehr von ihrem Einkommen an die Armen, Bedürftigen, Verlassenen und Kranken zu geben. Sie hatten angefangen, die Hungrigen zu speisen – Menschen, Tiere und Vögel. Viele mitfühlende Menschen hatten begonnen, Kleidung, Medikamente, Wohnraum, Geld und sogar Arbeitsplätze für Bedürftige zur Verfügung zu stellen. Nichts konnte Rudra glücklicher machen, als zu wissen, dass die Armen versorgt waren und die wohltätigen Spender gleichzeitig ihre karmische Bilanz verbesserten. Es war ein göttliches Spiel, in dem es nur Gewinner gab. Warum realisierten nicht mehr Menschen, dass sie, wenn sie anderen in Not halfen oder etwas spendeten, sich selbst am meisten halfen? Der Kosmos nahm sich zehnmal mehr derjenigen an, die sich der Armen und Bedürftigen annahmen. Wie Baba oft zu sagen pflegte: „Wenn du Hilfe willst, dann gib der Vorsehung einen Grund, dir zu helfen. Der beste Grund ist, das Universum davon zu überzeugen, dass du dich um die Bedürftigen, Kranken, Hungrigen und Vernachlässigten kümmern wirst." Viele Mitglieder aus Rudras neuer Großfamilie hatten begonnen, einen bestimmten Prozentsatz ihres Einkommens an das Universum zurückzugeben, indem sie denen halfen, die ihre Hilfe am nötigsten brauchten. Keiner ist jemals zu arm, um zu helfen. Man sollte entsprechend seiner Fähigkeiten geben, pflegte Rudra gewöhnlich zu sagen. Man sollte sich um seine eigene Familie kümmern, dabei aber nicht vergessen, sich auch um Gottes arme Familie zu kümmern.

Rudra konnte Klarheit darüber gewinnen, dass fast immer diejenigen, die der Meister wirklich liebte, durch größere Leiden und Ängste als andere gehen mussten. Die, welche der Meister als Sein Eigen ansah und von ihrem karmischen Gepäck erlösen oder deren karmische Bilanz Er ausgleichen und bei Sich auf der Geistebene halten wollte, waren gleichzeitig die, welche die größten Prüfungen und Hindernisse zu bewältigen hatten.

„Mein Junge, der es mit seiner Kocherei fertig bringt, dass sich sogar in himmlischen Gefilden Furcht und Schrecken verbreiten, Gold wird nur dann wirklich rein, wenn es mit Hilfe eines starken Feuers gereinigt wird. Erstklassiges Gold kriegt man auf keine andere Art und Weise. An diesem Reinigungsprozess führt kein Weg vorbei. Um reines Wasser trinken zu können, musst du vorher auch erst einmal allen angesammelten Mist aus ihm rausgekocht haben, mein Junge. Solch ein Reinigungsprozess fühlt sich mit Sicherheit nicht gerade besonders toll an. Aber alles muss durch sein eigenes Feuer gehen, um rein und geläutert daraus hervorzugehen. Stelle dir folgende Szene vor: Zwei Kinder spielen im Dreck, und beide haben sich verletzt. Die Mutter des einen Kindes stellt sicher, dass ihr Kind mit heißem Wasser und Seife gereinigt und mit einem antiseptischen Mittel behandelt wird. Klar wird das dem Kind wehtun. Höchstwahrscheinlich wird das Kind vor Schmerzen brüllen, vielleicht schreit es sogar seine Mutter an oder beschimpft jeden in seiner Umgebung. Schließlich kann das Kind doch seinen Freund sehen, der immer noch fröhlich draußen im Dreck spielt und bei dem keine Menschenseele darauf besteht, ihm ein Bad oder Antiseptikum zu verpassen. Jetzt sag mir mal, Sohn, wer von den beiden ist denn nun besser dran? Das Kind, das dazu gezwungen wird, seine Wunde reinigen und mit einem antiseptischen Mittel behandeln zu lassen, oder das andere Kind, das immer noch draußen im Dreck spielt und von keinem eine Wundbehandlung verabreicht bekommt? Wenn der Meister ein Kind nach Hause holen will, dann muss dieses Kind erst einmal gereinigt und desinfiziert werden, muss sogar – wenn erforderlich – geimpft werden und Medikamente einnehmen. All dies oder Ähnliches muss geschehen, weil der Meister das Kind liebt und der Überzeugung ist, dass es jetzt nach Hause kommen und an seinem angestammten Platz leben solle. Deshalb macht sich der Meister all die Mühe, das Kind zu reinigen. Oftmals wird das Kind sich wünschen, doch wieder zurück auf die Straße laufen zu dürfen, und mehr als einmal glaubt es sicherlich auch, dass seine Mutter es hasst oder nicht so cool wie die Mutter seines Freundes ist, die ihm erlaubt, ohne eine Wundbehandlung weiter draußen im Dreck zu spielen. Ja, so etwas passiert oft, aber die Mutter kümmert all das nicht. Sie wappnet ihr Herz und verarztet die Wunden ihres Kindes, so dass es keinen weiteren

Schaden nehmen kann. Wenn Menschen durch eine schwierige Phase gehen, schauen sie oft himmelwärts und beschuldigen ihren Meister oder Gott, sie verlassen zu haben. „Warum ich?", wird dann oft klagend ausgerufen. Obwohl es in Wahrheit so ist, dass diese Menschen gerade besonders geliebt, verarztet und gereinigt werden. Wenn sie doch nur durch diesen Reinigungsprozess in dem Bewusstsein gehen könnten, dass ihr Meister sie so sehr liebt, dass Er sie von all dem Mist und Dreck befreien will, der sich in ihnen angesammelt hat, und sie näher zu Sich holen will! Glaube mir, wenn sie das sehen können, wird sich ihr Leben grundlegend verändern. Es wird wert werden, gelebt zu werden.

Alle Antworten befinden sich in jedem einzelnen Menschen. Alles, was der Mensch tun muss, ist, still zu werden und nach innen zu gehen. Konzentriere dich auf deinen Atem und beginne langsam damit, die Reise zurück in deine wahre Heimat anzutreten. Dafür braucht man kein Medium, keinen Ashram, keine Bücher, keinen Pseudomeister, nur den Glauben daran, dass sich dein wahrer Meister in deinem Inneren befindet und sehnsüchtig darauf wartet, dich zurück nach Hause zu führen. Setze dich ruhig hin, schließe deine Augen, lasse all deine Gedanken los und konzentriere dich allmählich auf deinen Atem. Nach einer Weile wirst du feststellen, dass du zu deinem eigenen Atem geworden bist, und dass du durch deinen Atem eine Ebene betreten hast, in der heitere Gelassenheit, Alleinsein sowie Spiritualität herrschen und in der ebenfalls alle Weisen und Seher beheimatet sind. Alle Antworten auf alle deine Fragen befinden sich in deinem Inneren, Sohn – nicht im Äußeren. Vergiss Auras, Chakras, paranormale Begebenheiten, New Age, Pyramiden, Tarot, Channeling und all die anderen schicken Begriffe, die zurzeit 'in' sind, und verbinde dich mit dem Grundlegendsten überhaupt – mit dem Nichts, denn genau darin wirst du den Schöpfer entdecken. Er hat alles aus dem Nichts erschaffen, und deshalb musst auch du zum Nichts zurückgehen, um wieder zu Ihm zu finden. Das hat Er schlau eingefädelt, unser Guter Alter Schöpfer: Er hat alles, was rein ist, mit einer Schicht aus illusionärem Glitzerglanz überzogen; und wir erliegen dem glitzernden Glanz dieser Illusionen, so dass wir eine geraume Zeit benötigen, bis wir wieder zum Zustand des Nichts zurückkehren. Wieso? Ganz einfach. Wenn du ein Puzzle schaffst, dann möchtest du doch sichergehen, dass es komplex genug und eine wirklich harte Nuss zum Knacken ist, nicht wahr? Und genau das hat der Schlaue Alte Fuchs gemacht. Aber die wahre Komplexität des Puzzles liegt in der Tatsache verborgen, dass es eigentlich das Einfachste auf der Welt ist, es zu knacken; nur nehmen wir halt gerne jeden Umweg auf uns, der uns vom Weg der Einfachheit wegführt und stattdessen in einem Netz von vielfältigen Verstrickungen herumkreisen lässt. Auf diese Weise kommen wir immer weiter und weiter von der Antwort ab. Wie Paramahansa Yogananda schon sagte: „Gott ist einfach. Alles andere ist kompliziert."

Erinnere dich auch daran, was Avatar Meher Baba oft zu sagen pflegte: „Gott ist die reine Gnade, aber der Weg zu Gott ist gnadenlos" Mein Sohn, kehre zurück zu Einfachheit und Reinheit, und verschmelze auf diesem Weg mit Gott. Vergiss auch nie, dass jeder Mensch durch Meditation und Gebet nicht nur sein noch ausstehendes Karma abträgt, sondern auch einen Schutzschild aufbaut – entweder werden Gebete kommendes Unheil abwenden oder sie werden dem Menschen Stärke und Weisheit, Liebe und Mitgefühl verleihen, mit deren Hilfe er allen weiteren

Ereignissen in seinem Leben mit Würde, Humor und positiver Hingabe begegnen kann. Das Beste, was jeder Mensch mit seinem Leben anfangen kann, besteht darin, zu beten und zu meditieren sowie rein, liebevoll, freundlich und wohltätig zu sein. Möchte man sein Karma abtragen sowie sich selbst und seine Familie schützen, besteht der leichteste Weg darin, zu beten, zu meditieren und all das, was der Meister für einen vorgesehen hat, in einer positiven Weise zu akzeptieren. Völlige Hingabe an den Meister ist der einzige Weg zur Einheit mit Gott, dem Allmächtigen. Gib, so viel du nur kannst, gib alles, was dir nur möglich ist. Ein armer Mensch mag nicht viel Geld geben können, aber er kann sich bemühen, ein anständiger Mensch zu sein und seiner Familie, seinen Freunden und all denen, denen er begegnet, zu helfen. Ein anständiger Mensch zu sein, ist die beste Art von Wohltätigkeit, die es geben kann."

Neun Wochen waren vergangen. Inzwischen war es Mitte Januar. Der Winter hatte kühleres Wetter mitgebracht. Morgens und Nachts war die Temperatur angenehm, wohingegen die Nachmittage noch heiß und feucht waren. Rudra schlief auf dem Sofa auf der Terrasse und schaute in den Nachthimmel hinauf. Unzählige Sterne glitzerten am Himmel, und irgendwo in der Nähe veranstaltete eine einzelne Heuschrecke, die an akuter Schlaflosigkeit zu leiden schien, einen Höllenlärm. Die Hunde lagen auf der Terrasse, nachdem sie ein Abendessen aus gekochtem Gemüse und Hühnerbrühe sowie ein paar extra Knochen, die Rudra noch als Zugabe beigesteuert hatte, um den Gourmet-Effekt zu vervollständigen, restlos aufgegessen hatten. Zweimal in der Woche kochte Rudra für sie und bewahrte ihr Fressen im Tiefkühlfach auf. Wenn er sie fütterte, fühlte er sich auf eine Weise auch mit seinen Kindern verbunden. Rudra schloss die Augen und stöhnte auf. Er befand sich in einer ziemlich schlechten Verfassung. Der ganze Körper tat ihm weh. Sein Atem ging flach und sein Kopf schmerzte. Die Kopfschmerzen waren viel schlimmer geworden, und seine Energie befand sich fast auf dem Nullpunkt. Er war sich bewusst, dass er in wenigen Wochen sterben würde. Er konnte spüren, wie seine Zeit ablief. Er erinnerte sich, wie er als Kind eine Sanduhr gehabt hatte. Zumindest sollte dies – aufgrund der lautstarken Beteuerungen der anderen – die korrekte Bezeichnung für diesen Zeitmesser sein. Es dauerte genau fünfzehn Minuten, bis der Sand aus dem oberen in das untere Behältnis geronnen war. Rudra richtete seine Arbeitszeit nach dem Rhythmus dieser Sanduhr aus. Viermal Umdrehen bedeutete eine Stunde – allerdings pflegte Rudra meist eineinhalb Stunden zu arbeiten, da er es gewöhnlich vergaß, die Sanduhr jedes Mal umzudrehen, wenn der Sand sich unten angesammelt hatte. Rudra war sich sicher, dass sein Sand jetzt unten angekommen war. Das konnte er in allen Knochen spüren und an seiner Atmung ablesen. Der Tod hatte seine kalten Finger schon nach ihm ausgestreckt und würde ihn bald in eine letzte Umarmung schließen. Sein ganzes späteres Leben lang hatte er nichts mehr ersehnt, als zu sterben, aber jetzt, da es bald so weit sein würde, wollte er Mutter Erde auf einmal nicht mehr verlassen. Oder nur nicht ganz so bald. Rudra lächelte vor sich hin. Sogar Lächeln tat jetzt weh. Er wusste, dass auch diese Phase vorübergehen und er seine Kraft zusammennehmen und wieder arbeiten und als Heilinstrument dienen würde. Woher die Kraft dazu kam oder wieso er sich überhaupt dazu zwang, zu beten und als Medium zu wirken, war ihm ein Rätsel. Es war fast so, als ob er programmiert und jetzt auf Automatik geschaltet worden sei – er selbst hatte keine andere Möglichkeit, als mit dem Fluss zu fließen und das zu tun, was auch immer das Programm von ihm verlangte.

Er seufzte und setzte sich aufrecht auf dem Sofa hin. Er hatte Blasen im Mund, auf der Zunge und weit bis in die Kehle hinunter. Die letzten drei Tage hatte er keine Nahrung mehr zu sich genommen und konnte kaum etwas Wasser trinken. Sogar bloßes Atmen schmerzte. Seit er zum Medium für Heilungen geworden war, fühlte sich jedes kleine Bisschen seines Körpers wund und zerschunden an – außer seiner Willenskraft. Er scherzte oft mit seinen Hunden, dass die Schmerzen ihren Ursprung in seinem Hintern hätten und durch den Kopf herausgehen würden. Menschen von weit her kamen zu ihm, und sie kamen in Wagenladungen. Mundpropaganda machte dies möglich, und außerdem mussten wohl Schmerzen, Pein und Hilflosigkeit unter den Menschen in so großem Maße verbreitet sein, dass sie bereit waren, zu allem und jedem Zuflucht nehmen, um einen Weg aus der unerträglichen Tretmühle ihres täglichen Einerleis, den karmischen Verstrickungen und der unerbittlichen Schicksalsvergeltung über astrologische Einflüsse zu finden. Rudra gab sich keiner Illusion hin, dass so viele Menschen wegen seiner sogenannten Kräfte zu ihm strömten. Obwohl Rudra von vielen Leuten versichert worden war, dass sich ihr Leben aufgrund seiner Anwesenheit, Gebete, Führung und Vorhersagen entscheidend verändert habe, pflegte er solche Aussagen mit einer Handbewegung vom Tisch zu wischen. Er tat nichts weiter als das, was Baba getan haben wollte, und er gab sich keinen Illusionen über sich selbst hin. Auch war er sich durchaus darüber im Klaren, dass all die, die jetzt an ihn glaubten, ihn lautstark verfluchen würden, sobald nur eine falsche Vorhersage über seine Lippen käme. Die Menschheit war eine seltsame Mischung aus diversen kleinlichen Emotionen, ein Schmelztiegel aus Himmel und Hölle. Schließlich musste sich sogar der Liebe Gott kräftig abrackern, um bei dem, was da alles aus diesem Schmelztiegel herauskam, auf dem Laufenden zu bleiben. Rudra wusste genau, dass die Leute, die zu ihm kamen, nicht wirklich an ihm, seiner Gesundheit oder seinem Wohlergehen interessiert waren. Solange er ihnen als Medium zur Verfügung stehen könnte, würden sie kommen, und sollte er schon auf dem Sterbebett liegen. Aber all das machte Rudra nichts aus, er nahm es ihnen nicht übel. Er wusste Bescheid über menschliche Emotionen und Unsicherheiten und verstand die menschliche Natur. Aus irgendeinem Grunde liebte er die Menschen. Vielleicht war es ihm möglich, andere Menschen so gut zu verstehen und sich mit ihnen zu identifizieren, weil er selbst so viele Fehler, Schwächen und Probleme hatte.

Ganz gleich wie stark die Kutsche oder wie geschickt der Kutscher auch sein mag, solange nicht alle Pferde an einem Strang ziehen und einen Weg verfolgen, ist nichts als der Teufel los. Das reinste Chaos, sonst gar nichts! Im Hier und Jetzt zu leben, den Namen Gottes zu rezitieren und auf dem Pfad des Herrn zu wandeln, lässt nicht nur ein zielgerichtetes Streben, sondern auch solch einen Einklang entstehen, dass man wahrhaft in Schwung kommt und das Leben zu einer angenehmen und beseligenden Reise wird.

Auf Erden herrscht ein unfehlbares Gesetz: Gratismahlzeiten gibt es nicht. Auf die eine oder andere Weise musst du für alles bezahlen. Rudra lächelte. Gratismahlzeiten spendiert nur der Meister. Nur von einem Guru kannst du erwarten, etwas ohne Bedingungen und Haken zu bekommen. Der Meister will nichts weiter von dir, als dass du den rechten Weg verfolgst und mit Gott verschmilzt. Dabei ist Er/Sie Sich durchaus der Tatsache bewusst, dass das Kind unzählige Fehltritte begehen und unzählige Male und Leben einen Riesenmurks veranstalten wird, bis es sich schließlich aufrafft und geradeaus auf dem rechten Weg nach Hause marschiert, ohne weiter nach rechts oder links zu schauen. Bis zu diesem Zeitpunkt bleibt der Guru an der Seite des Kindes und will nichts weiter als seine sichere und endgültige Heimkehr. Auf eine Frage Rudras, wie man denn seinen Guru lieben solle, hatte Baba einmal geantwortet:

„Liebe Guru und Gott, wie ein Hund seinen Herrn und seine Familie liebt – bedingungslos. Was will ein Hund von seinem Herrn? Nichts außer Liebe und Zusammensein! Er gehorcht jedem Befehl. Ein Hund lebt für ein Lächeln und eine Umarmung seines Herrn. Der Hundebesitzer mag reich oder der ärmste Mensch auf Gottes Erdboden sein, sein Schicksal mag ihn von einem König in einen Bettler verwandelt haben, er mag berühmt oder die best gehasste Person im Universum sein – sein Hund wird ihn immer bedingungslos lieben. Der Hund wird schlafen, warten, essen, atmen und sein ganzes Leben dergestalt ausrichten, dass er seinem Herrn gefällig und mit ihm zusammen sein kann. Der Hund verlangt nichts weiter als Liebe und Zärtlichkeit. Er stellt keine Bedingungen. In den Augen des Hundes kann sein Herrchen nie etwas Falsches tun. Der Herr mag seinen Hund verprügeln, aber zehn Minuten später wird der Hund wieder mit dem Schwanz wedeln, wenn er sein Herrchen sieht. Das ist wahre Liebe. Wenn es die Menschen vermögen, wie ein Hund zu lieben, dann – so glaube mir – wird das spirituelle Königreich für sie zum Greifen nahe sein. Liebe bedingungslos. Liebe total. Werde zur Liebe. Dein Hund wird für dich leben und sterben. Seine Augen werden dir folgen, wohin du auch gehen magst, und auf dich warten, bis du wieder nach Hause kommst. Außer deiner Liebe will er nichts als Gegenleistung. Genau so sollte jeder lieben. Hunde wurden erschaffen, um der Menschheit zu zeigen, was Liebe und Treue bedeuten. Bedauerlicherweise kommt es heutzutage schon teilweise dazu, dass Hunde sich mehr wie Menschen benehmen, anstatt dass die Menschen die Möglichkeit ergriffen hätten, von ihnen zu lernen. Im Lauf der Welt kann es zu bedauerlichen Entwicklungen kommen."

Zwei Nächte später lag Rudra in seinem Zimmer und musste vor Schmerzen laut stöhnen. Sein Kopf fühlte sich an, als ob er von einem glühenden Eisenstab durchbohrt werde. Er konnte nicht einmal mehr atmen, es tat einfach zu weh. Seine Kehle war genau wie sein Mund und seine Zunge von Blasen übersät. Seit Tagen hatte er nichts mehr gegessen. Sein einziger Trost bestand darin, dass er nun wenigstens kein Geschirr mehr abwaschen müsste. Er musste grinsen. Rudra, alter Junge, deine Prioritäten sind ja völlig schief gelagert! Draußen auf der Terrasse konnte er seine Freunde hören. Er unternahm eine heldenhafte Anstrengung und schaffte es aufzustehen. Langsam, Schritt für Schritt, steuerte er auf die Küche zu. Glücklicherweise war da noch ein Napf mit Essen für die Hunde. Allerdings war dies auch der letzte. Er seufzte. Was sollten seine geliebten kleinen Scheißer morgen zu Essen bekommen? Er hatte ja kaum noch die Kraft, sich von einem Zimmer ins andere zu schleppen. Zum Markt zu gehen, kam sicherlich nicht mehr in Frage. Aber es würde wohl sein müssen. „Baba, das ist ein SOS. Gib entweder mir die Kraft oder finde jemand anderen, der meine Freunde hier versorgt. Lieber Vater, meine drei Freunde sind absolut nicht an Channeling, Heilen oder Energietransfer interessiert. Was sie interessiert, ist Liebe, Fürsorge und FRESSEN!" Rudra lächelte. Er war sich sicher, dass Baba ihn gehört hatte.

Der Essensgeruch verursachte ihm Magenschmerzen. Verzweifelt sehnte er sich danach, etwas essen zu können. Aber er konnte nicht. Rudra ging langsam auf die Terrasse hinaus. Sofort begrüßten ihn Schwanzwedeln, glückliches Winseln und auch ein paar frohe Kläffer. Rudra blickte auf seine Freunde, und Tränen stiegen ihm in die Augen. Er goss das Essen in die drei verschiedenen Näpfe und sackte dann langsam auf dem Sofa in sich zusammen. Wie üblich wartete Blondie auf Rudras Befehl, mit Essen zu beginnen. Aber Rudra konnte diesen Befehl nicht geben, da er nicht länger sprechen konnte. Blondie wartete. Rudra versuchte zu flüstern, aber kein vernehmbarer Laut drang aus seinem Mund hervor. Er signalisierte Blondie zu essen. Blondie wartete. Mit letzter Kraft hievte Rudra seinen Körper aus dem Sofa, schleppte sich zu Blondies Napf und ging in die Knie. Dann nahm er einen Bissen Essen aus ihrem Napf und hielt ihn Blondie vor die Schnauze.

Blondie aß den Bissen und sah Rudra dabei tief in die Augen. In Strömen rannen Tränen seine unrasierten Wangen hinunter. Rudra nahm einen weiteren Bissen Essen aus dem Napf und fütterte seine Freundin. Dann setzte er sich neben den Napf und bedeutete Blondie, mit Essen zu beginnen. Nachdem sie noch eine beträchtliche Weile gezögert hatte, fing Blondie endlich an, langsam zu essen. Es lag klar auf der Hand, dass ihr Herz nicht bei der Sache war. Die anderen beiden Hunde fraßen ihr Essen auf und setzten sich dann zu Rudra. Eine lange Zeit saßen sie alle so auf der Terrasse, beobachteten den Himmel und hörten dem beruhigenden Wiegenlied der Wellen zu. Die Luft war ein wenig frisch, und so stand Rudra auf, ging in sein Zimmer und durchsuchte seine spärlichen Siebensachen, bis er drei Betttücher gefunden hatte, die er auf die angestammten Plätze der drei Hunde auf der Terrasse legte. Blondie ging auf Rudra zu. Sanft rieb sie ihren Körper an Rudras Beinen entlang. Rudra seufzte und machte sich langsam wieder auf den Weg zurück in sein Zimmer, in dem Öllampen brannten und Babas Schwingung den ganzen Raum durchdrang.

Langsam kroch er ins Bett und schloss die Augen. Er hatte keine Ahnung, ob er schlief oder wach blieb. Auch wusste er nicht mehr, ob es Tag oder Nacht war. Doch er wusste, dass seine Zeit gekommen war. Er vermisste seine Kinder. Sehnte sich nach ihnen. Er erinnerte sich an alle zu Hause. An seine Familie; seine Kindheit, seine Freunde. An den Spaß, den seine Kinder und er in den elf gemeinsam verlebten Jahren gehabt hatten. Er erinnerte sich an seine Lieben. An die Frauen, die er geliebt, und an die Frauen, die ihn geliebt hatten. So viele hatte er verletzt, doch nie mit Absicht. Er erinnerte sich an alle, die sein Leben auf ihre wunderbare und liebevolle Weise bereichert hatten. Erstaunlicherweise konnte er sich weder an Hass noch an Ärger erinnern. Nur mit Liebe an jeden Einzelnen denken und an ihre Liebe für ihn. Er erinnerte sich an all die, die zur Beratung und zum Heilen gekommen waren, und ein sanftes Gebet ging an Baba, sich ihrer anzunehmen. All derjenigen, die er in diesem und vergangenen Leben gekannt hatte, und all derer auf der Erde, in der Geisteswelt und in den Zwischenreichen – Rudra betete für sie alle.

Dann sah Rudra, wie Baba das Zimmer betrat. Baba schaute ihn an und lächelte. Baba setzte sich neben ihn und streichelte Rudras Stirn. Rudra wollte aufstehen, um Babas Füße zu berühren, aber er vermochte es nicht. Er wollte Baba sagen, dass er ihn wahrhaft liebe, aber kein Laut drang aus seinem Mund. Das letzte Bild, was seine Augen wahrnahmen, war, wie Baba ihm zulächelte, und Rudra lächelte zurück.

„Du musst sterben, um ewig leben zu können, mein Sohn. Schlaf jetzt, mein Beta. Wenn du wieder wach wirst, wird alles gut sein. Vertraue auf das, was dir dein Fakir sagt."

Rudras aufgesprungenen Lippen entrang sich ein Aufseufzen. Er hatte Baba bei sich. Mehr wollte er nicht. Weniger auch nicht. Er sah tief in Babas Augen und langsam hüllte ihn Dunkelheit ein.

Ein paar Sekunden später kamen seine drei Haustiere ins Zimmer, gefolgt von einem jungen Paar. Die Hunde setzten sich still neben Baba. Das junge Paar bemerkte, dass Rudra im Bett lag. Sie sahen, wie die drei Hunde auf Rudra schauten. Nie zuvor hatte das junge Paar einen so friedlichen Ausdruck an Rudra wahrnehmen können. Irgendetwas an Rudra veranlasste sie dazu, seine Füße zu berühren. Dann schauten sie sich in dem sparsam möblierten Zimmer um. Außer den hell brennenden Flammen und Rudras drei Freunden war der Raum leer, aber aus irgendeinem Grund hatten beide, Mann und Frau, das Gefühl, von göttlichen Augen betrachtet zu werden. Sie warfen noch einen Blick auf den schlafenden Mann und verließen still das Zimmer.

Baba schaute auf die drei Hunde. Er lächelte. Sofort ging ein Schwanzwedeln los, das gar nicht mehr enden wollte.

GLOSSAR:

Avatar	Göttliche Inkarnation
Baba	Vater, Meister
Beta	Sohn
Bhajans	Spirituelle Lieder, in denen meist einer der verschiedenen Aspekte Gottes gepriesen wird.
Biryani	Reisgericht, das traditionellerweise ganze Gewürze und Fleischstücke enthält.
Brahman	Hinduistische Gottheit, die den Aspekt des Schöpfergottes verkörpert.
Chillum (F)	Pfeife, in der entweder normaler Tabak oder Haschisch geraucht wird.
Dal	Linsen
Diya	Öllampe

Durga	Segen spendender sowie kämpferischer Aspekt der Göttlichen Mutter, die auf einem Löwen reitet, was Ihre Herrschaft über alle Triebe und Instinkte verkörpert.
Dwarka	Stadt in Gujarat; legendäre Stadt Krishnas
Dwarkamai	(„Mutter von Dwarka"), Yashoda war Krishnas Adoptivmutter.
Ganesha	Elephantenköpfiger Gott, Sohn Parvatis und Shivas, der Hindernisse beiseite räumt.
Gatha	Geschichte, die mittels eines Liedes erzählt wird.
Guru	Lehrer, Meister
Guru Nanak	(geb. 1469 bei Lahore; gest. 1539), indischer Heiliger und Religionsstifter des Sikhismus.
Hanuman	Sohn der Äffin Anjani und des Windgottes Vayu, gleichzeitig Inkarnation Shivas, der Rama dabei half, Seine Gemahlin Sita aus den Händen des Dämons Ravana zurückzuerobern. Er hatte übernatürliche Kräfte, wird aber vor allem als Sinnbild von absoluter Hingabe an Rama (Gott) verehrt.

Kali	Ein furchterregender, kämpferischer Aspekt der Göttlichen Mutter, die Dämonen bekämpft und besiegt.
Krishna	Inkarnation Vishnus. Schon als Kind besiegte Er verschiedene Dämonen, die versuchten, ihn umzubringen. Er verkörpert den Aspekt Gottes als Liebender, dem sich der Gottsuchende in völliger Liebe und Verehrung hingibt, um mit Ihm eins zu werden.
Ma Mookambika	Name für die Göttliche oder Universelle Mutter, die Quelle aller Energie
Maharaj	(„Größer als ein König") respektvolle Anrede für einen Meister oder Guru
Masjid (F)	Moschee, Platz der Anbetung Allahs für Moslems
Meher Baba	(geb. 1894, gest. 1969) Der Sohn eines zoroastrischen Derwischs wurde mit 19 Jahren durch den Kuss einer islamischen Heiligen erleuchtet und wurde von seinen Anhängern Meher Baba (mitfühlender Vater) genannt. Die letzten 44 Jahre Seines Lebens verbrachte Er schweigend. Seine Lehre gibt der Liebe zu Gott – unabhängig von Kaste, Geschlecht oder Religionszugehörigkeit – Vorrang vor

	jedwedem Ritual. Einer Seiner berühmt gewordenen Anhänger ist Pete Townshend, Gitarrist und Songwriter von *The Who.*
Namaste	Respektvolle Grußgeste; man legt beide Handflächen mit den Fingerspitzen nach oben gegeneinander, erhebt sie auf Kopfhöhe und neigt den Kopf.
Paisa	Kleinste indische Geldeinheit
Parse	Anhänger Zarathustras in Indien, Zoroastrier
Prana	Lebensatem, Lebensenergie
Rama	Eine Inkarnation des Gottes Vishnu, der als König von Ayodhya ein legendäres Königreich schuf, nachdem Er die Dämonen in Sri Lanka, die Seine Frau Sita entführt hatten, besiegt hatte. Rama symbolisiert den perfekten Sohn, Bruder, Ehemann und König.
Sanatana Dharma	Ewiges Gesetz, göttlicher Urplan, der allem Leben und allen Religionen zugrunde liegt.
Seva	Dienst

Shirdi Sai Baba

(geb. um 1838 oder 1856; gest. 1918 in Shirdi) war ein Yogi und Fakir, der in Shirdi in der Nähe von Mumbai im Staat Maharashtra wirkte. Sai Baba (heiliger Vater) wurde Ihm als Ehrentitel von Verehrern verliehen. Er vollbrachte viele Wunder und Wunderheilungen und versuchte die Unterschiede zwischen Moslems und Hindus zu überwinden.

Shiva — Hinduistische Gottheit, die den Aspekt des Zerstörens und Transformierens verkörpert.

Swami — Meister, Mönch

Vishnu — Hinduistische Gottheit, die den Aspekt des Erhaltens und Bewahrens verkörpert.

Wazoo — Reinigungsprozess

Zoroastrier — Anhänger Zarathustras